PUBLIC DIGITAL

パブリック・デジタル

DIGITAL TRANSFORMATION AT SCALE
Why the strategy is delivery

巨大な官僚制組織をシンプルで機敏なデジタル組織に変えるには

Andrew Greenway
Ben Terrett
Mike Bracken
Tom Loosemore

translation supervised by
Hironori Iwasaki
translated by
Chitose Kawasaki

アンドリュー・グリーンウェイ
ベン・テレット
マイク・ブラッケン
トム・ルースモア
岩嵜博論［監訳］　川﨑千歳［訳］

英治出版

DIGITAL TRANSFORMATION AT SCALE
Why the Strategy Is Delivery
Second Edition
by
Andrew Greenway
Ben Terrett
Mike Bracken
Tom Loosemore

「信頼、ユーザー、デリバリー」。GDSのシンプルで短いミッション。

電子政府はテクノロジー・メディアだけの話題ではない。
〔訳注：GDS を紹介した「タイムズ」紙の記事。2014 年 11 月 4 日。〕

GOV.UK の立ち上げまでのカウントダウン。

2013 年デザイン・オブ・ザ・イヤーを受賞した GDS メンバーと他の公務員たち。
Photo by the Design Museum.

ロンドンの蚤の市で見つけた英国王家の紋章。古いデザインが新しいものを生み出す。

find what works
not what's popular
User research isn't about finding out what users like, but what works best for them.
userresearch.blog.gov.uk
Government Digital Service

「流行りのものではなく機能するものを見つけよう」。政府機関に規律あるユーザー・リサーチを導入することで、ユーザー中心のサービスが可能になった。
Written by Ella Fitzsimmons, designed by Mark Hurrell, illustration by Wil Freeborn.

キャシー・セトルとニール・ウィリアムズ。模範的な「官僚ハッカー」とデジタル・デリバリーの担い手。

デリバリーを文化につなげる。GDS では各プロジェクトが成し遂げられるとそれを讃えるミッション・ワッペンが作られ、チームに贈られた。

ミッション・ワッペンのアイデアは、ヒューストンのリンドン・B・ジョンソン宇宙センターへの旅行から生まれた。

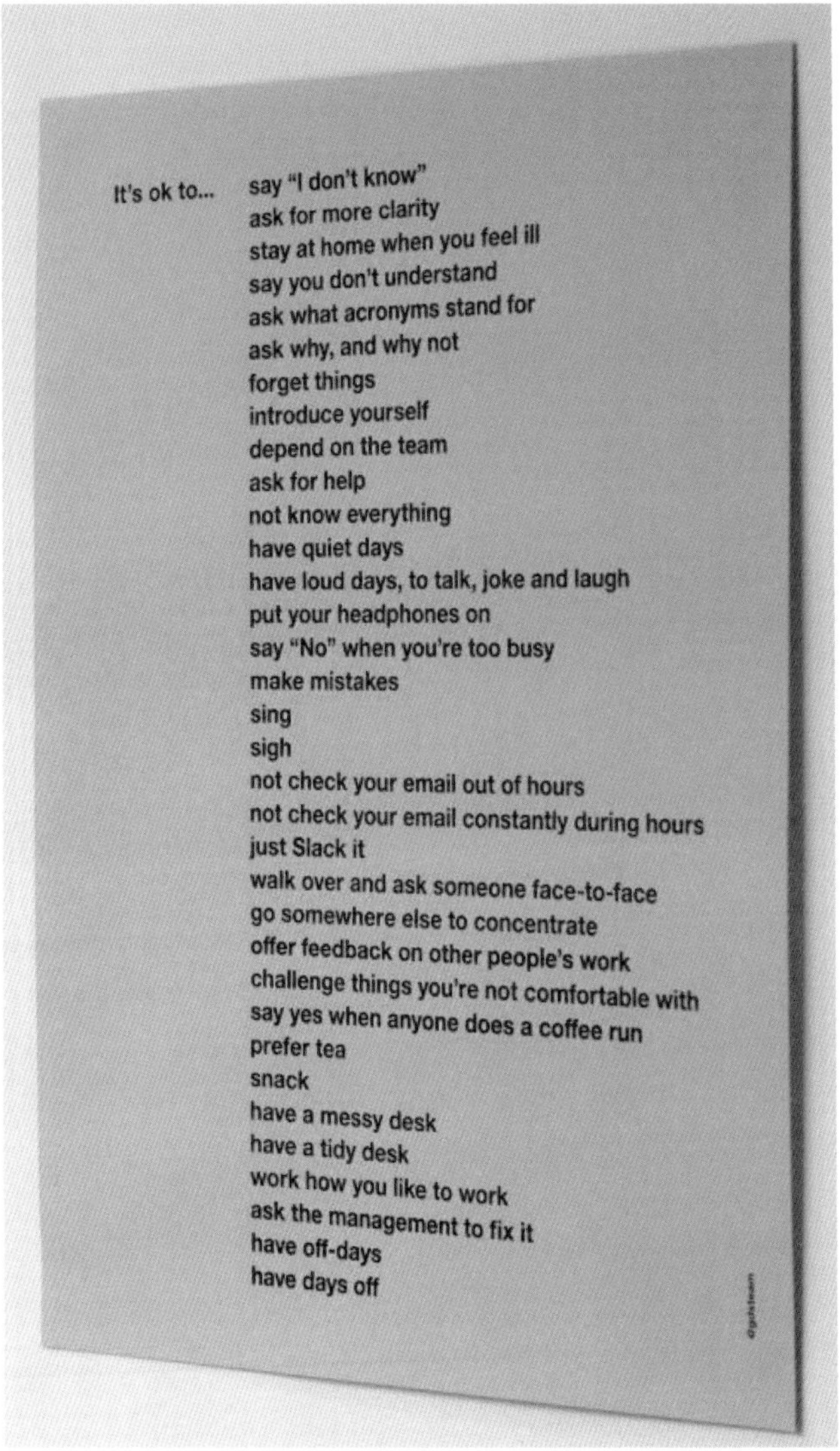
It's ok to...
say "I don't know"
ask for more clarity
stay at home when you feel ill
say you don't understand
ask what acronyms stand for
ask why, and why not
forget things
introduce yourself
depend on the team
ask for help
not know everything
have quiet days
have loud days, to talk, joke and laugh
put your headphones on
say "No" when you're too busy
make mistakes
sing
sigh
not check your email out of hours
not check your email constantly during hours
just Slack it
walk over and ask someone face-to-face
go somewhere else to concentrate
offer feedback on other people's work
challenge things you're not comfortable with
say yes when anyone does a coffee run
prefer tea
snack
have a messy desk
have a tidy desk
work how you like to work
ask the management to fix it
have off-days
have days off

良い職場文化は拡散する。GDS の「It's ok to...」ポスターは世界中に広まった。〔訳注：GOV.UK のブログに作成の経緯等が記されている。ポスターのダウンロードも可能。https://gds.blog.gov.uk/2016/05/25/its-ok-to-say-whats-ok/〕
Poster by Sonia Turcotte and Giles Turnbull, photo by Graham Higgins.

言葉はサービスだ。コンテンツデザインは GOV.UK の成功に不可欠だった。〔訳注：政府の情報を「ダミング・ダウン（難しさのレベルを下げて単純化）するのではなく、オープンにする」ことを訴えたポスター。〕

Written by Sarah Richards, designed by Mark Hurrell.

監訳者序文

公共サービスや行政関連の手続きと聞いてみなさんはどんなイメージを持つだろうか。政府、役所のすることは効率が悪く、届出などの手続きをするのが面倒で、扱いづらい。日本では政府・行政がしばしばこのようなイメージで語られるし、それに近い実態もあるだろう。しかし海外に目を向けると、各国で近年、公共領域のデジタル化が進んでいる。

いち早く行政のデジタル化に成功した国の一つがイギリスである。その成果を体現するのが本書の主題である政府組織、政府デジタルサービス（GDS：Government Digital Service）だ。

GDSが運営する代表的ウェブサイトであるGOV.UKは、公共サービスに関する全ての情報が一元的に提供されるポータルサイトだ。税金の納付やパスポートの取得など、ありとあらゆる行政情報をワンストップで調べることができる。

GOV.UKの導入以降多くの国民はデジタルの手続きを利用するようになったという。拍子抜けするほどシンプルなウェブサイトを実際に使ってみるとその理由を理解できるだろう。

トップページにある検索窓を経由して、すべての情報が同じフォーマットで、シンプルかつわかりやすい説明とともに提供される。省庁や組織をまたぐ情報であっても、ユーザーはたらい回しにあっている印象はまったく受けないだろう。同じことを日本の行政のウェブサイトで検索したらどうなるか実際にやってみると GOV.UK の偉業に改めて気付かされる。

GDSの成果は GOV.UK だけに留まるものではない。GDS設立以前の英国政府では、相次いで大型のITプロジェクトが頓挫していた。長い期間と多額の税金を投入したプロジェクトがことごとく失敗していたのだ。こうした背景を受けてGDSは2011年に設立。4年後には政府のテクノロジー関連支出を40億ポンド削減することに成功した。

GDS設立以降、オープンデータを公開する行政サービスの数は増加し、多くの取引がデジタルプラットフォーム上で行われるようになった。様々な変革が実を結び、英国は国連の電子政府ランキングで1位を獲得するに至った。

GDSは英国政府という伝統的で官僚的な組織をDXによって変革した中心的な存在だ。彼らはなぜ、そんな変革を実現できたのだろうか。

■巨大な伝統的・官僚的組織をデジタルで変える

本書はGDSの立ち上げに貢献したリーダーである、アンドリュー・グリーンウェイ、ベン・テレット、マイク・ブラッケン、トム・ルースモアによって書かれた *Digital*

Transformation at Scale: Why the Strategy Is Delivery の待望の翻訳である。

ＧＤＳの設立を通じて英国政府という巨大な官僚機構をどのように変革していったかが、当事者の手によって著されている。初版は２０１８年に出版され高い評価を得た。その後、新型コロナウイルス感染症の影響を踏まえた第2版が２０２１年に出版された。本書は、パンデミックに関連するいくつかの章が追加された第2版の翻訳である。

本書の魅力を一言で言えば、伝統的で官僚的な組織をデジタルによって変革するための組織論である。原題の"at Scale"が示唆するように、巨大組織のＤＸ（デジタルトランスフォーメーション）を論じているのも特徴だ。ＤＸの本質は、デジタルテクノロジーを手法として表面的に導入することではない。組織そのものをデジタルに適した形に変革することである。本書ではテクノロジーそのものに関する言及は控えめだ。３００ページを超える内容の多くはデジタル組織をつくるための、組織や人材のあり方、マインドセットの持ち方、プロセスについて述べられている。

本書において繰り返し強調されるのは、ユーザーの目に触れるデジタルプロダクトをつくることだけではなく、表面からは見えない組織内部の運営方法を変えることの重要性だ。そのために必要なこととして、新しいリーダーシップ、デジタル組織に適切なチーム、そしてデジタル組織が掲げるミッションのあり方について述べられている。

チームのあり方については、さらに詳細にプロダクトマネジャー、デリバリーマネジャー、開発リーダー、デザイナー、ユーザー・リサーチャー、コンテンツ・デザイナーといったデジタル組織特有の新しい職能が挙げられている。仕事のやり方についてもアジャイルや、オープン、フラットといった概念が議論されている。一見、行政組織の組織論に聞こえないかも知れないが、これがデジタル組織の新しい前提なのである。そしてその前提は行政組織だけではなく、広く多くの組織のＤＸの参考になるだろう。

したがって本書は「行政組織のＤＸ本」であるだけでなく、ＧＤＳというイギリス政府の変革を題材にした、伝統的で巨大な組織をデジタル組織にするための指南書と言える。

■ツールや技術の前に「組織」が問題だ

英国政府が経験したデジタル組織への変革は、そのまま大企業のデジタル組織への変革にも当てはめることができる。官僚的な大組織は綿密に計画されたことを間違いなく遂行することに長けている。一方でデジタル組織に求められるのは、不確実な中で試行錯誤しながら小さく実行を積み重ねるという行動原理だ。ある意味、官僚的な大組織とデジタル組織は真逆の特徴を持っていると言える。

官僚的な大組織がデジタル組織に変革するためには、既存組織の課題を俯瞰して相対化する必要がある。今の組織の前提は未来の組織の前提ではない。デジタル組織に求められる前提を認識し、組織としての変革が必要なのである。英国政府はＧＤＳにおいてそれを実行し変革を実現した。

ＧＤＳのワークスタイルやオフィスの様子を紹介する記事や動画を見ると、その姿はもはや政府機関には見えない。スタートアップ企業やデザインファームだと言ってもわからないくらいだ。多様性があるメンバーがカジュアルな服装で、ビジュアルを用いてフラットにディスカッションしている様子は、新しい組織文化の形成に成功したことを示している。

世の中には、スタートアップ企業のようにゼロからデジタル組織を作る方法や、大組織へのデジタルやデータ関連のツール導入については多くの言説が存在する。一方で、政府組織のような、巨大な組織そのもののデジタル化に関する言説は少ない。本書の存在意義は、ＧＤＳにおけるＤＸを題材にしながら、官僚的大組織のデジタル化について様々な観点から議論をつくしていることにある。

行政に関わる読者だけでなく、大企業のＤＸに奮闘している方々も本書が描くデジタル時代の組織論から多くの示唆が得られることだろう。

今、多くの日本企業に共通して問われている課題はデジタルによる新たな事業創造だ。本書が示すのは、この課題を達成するためには、そのための組織論が必要だということだ。

モノづくりの世界とデジタルの世界ではその行動原理がまったく異なる。日本企業が得意としてきたモノづくりの世界では、綿密な計画と正確な実行が競争優位性の源泉であった。デジタルの世界では、小さく始めて失敗と学習を繰り返しながら精度を上げることが推奨される。これに、組織としての多様性やオープンさ、姿勢としてのユーザー中心思考やアジャイルやイテレーションといった要素が加わる。

組織をデジタル化するということは、こうした新しいワークスタイルを標準的に取り入れるということだ。日本の伝統的な組織ではまだ縁遠いものだろう。もちろん、伝統的な大企業が突然スタートアップ企業のように振る舞うのは難しい。大規模組織には大規模組織に適した変革の形がある。本書が示すのは、英国政府という大きな組織を変革した道筋だ。そのため、組織内政治や調整についても議論されているのが特徴だ。具体的なツールやテクノロジーの検討を行うことも必要だが、その前提となる「大規模組織におけるＤＸの進め方」がどのようなものかを、本書を通じて体得していただければと思う。

■多様な分野の知見を公共領域のＤＸに活かす

著者についても紹介しておきたい。アンドリュー・グリーンウェイはアクセンチュアの戦略コンサルタントを経て、イギリス政府の公務員に転じ、ＧＤＳに参画。ＧＤＳでは主にプログラムマネジャーとして活躍した。ベン・テレットはグラフィックデザインのバックグラウンドを持ち、デザインコンサルティングファームや広告会社を経てＧＤＳに参画。デザインディレクターとして、政府ポータルサイトであるGOV.UKのデザインに貢献した。マイク・ブラッケンは、イギリスの新聞大手ガーディアンのデジタル部門を経てＧＤＳに参画。エグゼクティブディレクターとして政府のＤＸをリードした。トム・ルースモアは、英国放送（ＢＢＣ）のインターネット部門や民放大手のチャネル4のデジタル部門を経てＧＤＳに参画。事務局のリーダーとして活躍した。

このように、ＧＤＳの立役者である4人は、ＧＤＳ参画前はほとんど行政職員としての経験を持っていなかったことが興味深い。伝統的な大組織を変革するためには、彼らがそれまでのキャリアで培った経験を外部知として持ち込むことが大きな貢献となった。マイクとトムは行政組織ではないが、イギリスの伝統的な組織をデジタルで変革した経験を持っていたし、アンドリューはコンサルティング会社と行政組織の両方の経験をＧＤＳに活かした。ベンはクリエイティブのバックグラウンドを活かして政府組織のデザインリテラシーの向上に貢献した。ＧＤＳの成果がこうした行政組織の外から参画した多様な専門家によって生み出されたことも示唆的である。

4人の著者は、ＧＤＳが一定の成果を上げた後、協働してきた政治家の退任などを機に政府組織から離れ、ＤＸの支援を行うコンサルティング会社、Public Digital を設立した。本書の邦題はこの社名に基づいている。同社は政府や行政組織などの巨大な公共組織をインターネット時代に即したデジタル組織に変革することで、多くの人々の生活を向上させることをミッションとしている。ＧＤＳでの経験を活かして世界中の政府や行政組織を変革するという新しい挑戦を行っているのだ。２０１５年の設立以降、世界の6大陸にまたがる30以上の行政機関に対してサービスを提供している。活動範囲はイギリスやオーストラリアといった先進国だけでなく、ペルーやマダガスカルといった途上国にも及び、支援先も国家の政府組織からカリフォルニア州のような州政府やペルーで公共事業を展開するインターコープ社などの民間インフラ企業まで幅広い。彼らが取り組むのは、デジタル組織の立ち上げや、デジタルサービス開発のためのプロセス設計、組織アセスメント、幹部に対するコーチングなど多岐に渡る。

著者たちのもう一つの挑戦は、異なる領域のクリエイティブ専門組織と協業し、より複雑で難易度が高い社会の課題に向き合おうとしていることだ。Public Digital は2020年10月に、博報堂DYホールディングスの戦略事業組織「kyu」に参画した。kyu は領域の異なる複数のクリエイティブ専門組織の集合体（クリエイティブ・コレクティブ）であり、コラボレーションによって高度な課題に取り組むことを目的として掲げる。世界的に著名なデザインファームであるIDEOや、組織変革を専門にするSYPartners の他、アーバンデザインの世界で名前が知られているGehl も参加している。Public Digital は以前からIDEOと協働しており、ペルーのインターコープ社の事例も両社の協業で進められたものだ。

パンデミックで我々がまさに経験したように、公共の課題はこれまで以上に複雑で不確実になり、政府や行政などのパブリックセクター単体での解決が難しくなっている。パブリックセクターとプライベートセクターが協調し、また異なる専門性をもったプロフェッショナルがその両者を行き来しながら、よりよい未来の社会に貢献する姿が期待される。

日本では2021年9月にデジタル庁が発足した。新型コロナウイルス感染症の拡大とその対策に関しても政府の対応や効率性が盛んに取り沙汰されたように、政府・行政のデジタル化は喫緊の課題となっている。もちろん民間企業においても同様だ。そして、そこでは本書で語られるように、ツールの導入だけでなく「組織」を変えることが重要であり、さまざまな専門性を持つ人々がセクターの枠を超えて協働することが必要だ。本書がそのような人たちが日本社会に変化を起こしていく一助になることを願っている。

武蔵野美術大学クリエイティブイノベーション学科教授
岩嵜博論

Contents

目次

（編集部注）

※本文中の［1］、［2］等は原注。巻末にまとめて掲載。

※本文脇の ＊1、＊2 等は訳注。左ページに傍注として掲載。

※可読性を高めるため、一部、原書にはない改行を追加した。

初版への序文

「フランシスへ。心からの賛辞の表れが剽窃《ひょうせつ》という行為だとすれば、きみはさぞかし気をよくしていることだろう」

このメールを受信したのは2015年の初めのことだった。差出人はマルコム・ターンブル。[*1] 本稿を執筆している現在はオーストラリアの首相だが、当時は通信担当大臣を務めていた。メールによると、最近オーストラリアにデジタル・トランスフォーメーション・オフィスを設置した[*2]という。これは英国の政府デジタル・サービス（GDS：Government Digital Service）に相当する組織で、私たちが英国でつくったものを手本にしていることは明白だった。これに先立ち、オバマ大統領が米国政府デジタル・サービスをつくって[*3]おり、これも同じテンプレートからコピーされたものだった。

私は2010年の総選挙までの期間、野党だった保守党に政権を取らせるための準備作業を指揮

＊1　Malcolm Bligh Turnbull：1954生まれ。2015年9月にオーストラリア首相に就任。2018年まで在任。
＊2　Digital Transformation Office：2016年にDigital Transformation Agencyに改編されている。
＊3　US Digital Service：2014年8月に設置された。

していた。英国では財政危機が深刻化し、財政赤字がGDPの11％を超えていた。そればかりか、英国の名は、コストのかかるITを抱えて火の車になっている政府を表す代名詞として世界中で使われるようになっていた。もっとよい方法があったはずなのだ。

私が目指したのは、英国を世界一のデジタル政府になれる国にすることだった。だが、単にウェブからフォームをダウンロードでき、それを印刷して手書きで記入して郵便で送り返せればよいという話ではない。利用者のニーズに沿ってつくられたサービスを国が提供できなければならない。そこで私はマーサ・レーン・フォックス[*4]に今後の進め方に関する提案書の作成を依頼した。オンラインで済ませられる行政サービスはすべてオンラインで行われるようにする——つまり、デジタルを標準《デフォルト》とする方法について教えを仰いだのだ。後はご存じのとおり。数百もあったばらばらのウェブサイトは、英国政府のただ1つのウェブ・ドメイン、GOV.UKに置き換えられた。政府とのやり取りの多くがデジタルを標準とするようになった。政府で働くなど夢にも思わなかったであろう人たちがこの改革への参加を表明し、誇らしげに公務員になった。2016年、国連は英国を世界第1位のデジタル政府と認めた。

この改革の過程で私たちが学んだのは、困難な破壊的変革を政府内で起こすには何をすべきか、ということだった。失速した事業の立て直しを経験した人にしてみれば当たり前と思えるものも、なかには含まれているだろう。だが、こうして効率化に取り組んだことにより、5年間で累計500億ポンド超の経費節減が実現した。そのほとんどは政府の運営費だった。簡単なことは1つもなかったし、やるべきことはまだたくさんある。

英国が始めたこの取り組みを、私はとても誇りに思う。本書をきっかけに同じことをする人が他にも現れることを願っている。

フランシス・モード
ホーシャムのモード男爵
2018年3月

＊4　Martha Lane Fox：1973年生まれ。英国の起業家。旅行予約サイト、lastminutes.com の共同創業者。

第2版へのまえがき

よく言われることだが、技術の進歩は早く、政府の動きは遅い。だが、話はそれほど単純ではない。本書の初版を書いて以降の3年間でそれがわかった。

ブロックチェーン、ロボティック・プロセス・オートメーション（RPA）、チャットボットなど、2018年当時に画期的な技術として喧伝された技術の多くは、少なくとも国民や顧客の日々の体験にポジティブな変化をもたらすという点で、これまでのところ期待外れと言える。一方、世界中の政府機関で働くデジタル・サービス・チームは、前例のない世界規模の課題に驚異的な速さで対応してきた。最前線の仕事ではなかったかもしれないが、彼らの仕事が人々の命や暮らしを守ったことに間違いはない。

デジタル・サービス・チームというかなり特殊な取り組みを行う存在はほんの一握りの国にしかなかったが、今では世界中で増殖している。英国の政府デジタル・サービス（GDS）が誕生してから10年が経つが、GDSが起こしたさざ波は各方面へと広がり、バングラデシュ、マダガスカル、ドイツ、日本、ペルーなどで見られるようになった。本書の初版にも同様の現象が見られたことには大いに驚かされた。

今回の改訂第2版では、まず、パンデミックを最もうまく乗り越えたのはどのチームだったか、そしてその理由は何だったのかを振り返った。新たに加筆した最終章では、GDSが後にたどった軌跡を振り返り（政府機関をはじめとするさまざまな組織でデジタル・サービスに携わっている多くの人々は、今でもGDSを指針としている）、これから発展・成熟していく他のチームがそこから得られる教訓を探った。

デジタル政府というものが目新しく、少しばかり危険視されていた頃から何年も経っているというのに、驚くほど多くの国がまだ山の麓に留まっている。新しい働き方をしっかりと身に付け、組織上の駆け引きよりも先にユーザーのニーズを検討できるようになるには、技術だけでなく文化も変える必要がある。だが、これには時間がかかるし、幸運な状況が重ならなければ開始することもできない。

とはいえ、まとまりのないスタートアップから名声を確立した巨大企業《スケールアップ》へと移行して久しい組織は他にも数多く存在する。そうした組織は、自分たちもその一端を担っている公的機関を改革しようとするなかで、新たな課題に直面することになるだろう。だが、これまでずっとそうしてきたように、サービスを利用する人々が遭遇する煩わしさを取り除くために力を尽くしていれば、成功はおのずと手に入るはずだ。

プロローグ
Prologue

本書で述べている内容は、当然と思われるようなことばかりかもしれない。

政府や大企業は複雑なものと重要なものとを混同する癖がある。テクノロジーが話題に上ると特にそうだ。組織が大きくなると、自分たちの世界ほど複雑で特殊なものはないという考えに陥りやすくなる。そうした組織で使用されているテクノロジー、プロセス、ビジネス・モデルは彼らが認識している現実のとおりになっている。

そのうえ組織は、階層が増えれば増えるほど不安定になる。大きな組織の多くは新しいものか複雑なものに取り組まざるを得ず、逃げ道はない。ところが、それまでに何度も挑戦してきたことをやり続けてしまっていることがよくある。そのような場合は、どれほど複雑なものでもつなぎ止めておける能力があだになりかねない。とうの昔に寿命が尽きているのに、崩壊しかけた建物を持ちこたえさせてしまうこともあるからだ。

結局は皆、複雑にしすぎたもののツケを払う羽目になっている。

英国政府も例外ではない。2011年9月、英国政府は国民保健サービス（NHS）[*1]の国家プログラム[*2]を中止した。欧州最大の従業員を抱える組織のために120億ポンドが投入されたこのプロジェクトは、この種の非軍事ITプロジェクトとしては史上最大のものだった。これほど複雑なプロジェクトは他にはなかなか思い浮かばない。ほとんどの予算がそのままドブに捨てられた。高くついたうえに恥ずかしい思いまでした。

失敗の原因は政治にも技術にもあった。さらに悪いことに、NHSのプログラムは珍しいものではなかった。2003年に始まった英国初の出入国管理プログラム、e-Bordersは、英国を出入りするすべての人のデータを収集・分析することを目的としたものだったが、11年の歳月と8億3000万ポンドが投じられたあげくにボツにされ、後には「非常に手作業が多くて非効率的」なシステムが残された[1]。2010年9月に政府が大手IT事業者の上位14社を対象に実績調査を実施したところ、「good（良）」以上の水準に達している事業者は皆無だった[2]。消え去る運命にあるこの出入国管理プログラムをめぐっては、7桁の金額を稼いだ納入業者だけが入会できる「ミリオネア・クラブ」の噂も飛びかった。

度重なるこうしたITトラブルを受け、英国は2011年に政府デジタル・サービス（GDS：Government Digital Service）を立ち上げた。政府のDX（デジタル・トランスフォーメーション）を担う新しい機関として、GDSはインターネット時代の公共サービスをデザインした。政府の

＊1　National Health Service：税金で運営されている英国の公的医療機関およびそのサービス。加入者は自己負担なしで医師の診察を受けることができる。
＊2　National Programme for IT：患者情報の統合を目的とした取り組み。

テクノロジー関連支出を40億ポンド削減し、公共部門の委託事業を何千社もの新しい納入業者に開放した。また、リリースしたオンライン・サービスは非常にできがよく、大規模なマーケティング・キャンペーンを行わなくても国民はオフラインよりもオンラインのサービスを選んだ。他の国や民間企業からも注目された。

デジタル革命を迫られたとき、大組織で働く多くの人々は、どうせまた複雑さが増すだけだろうと反射的に思う。なかにはデジタルと聞いて、ファックスの性能が上がるとか、馬の足が速くなるとか、ロウソクの炎が明るくなるようなものだと思う人もいる。だがデジタルとはむしろ、インターネット時代の文化や行動様式、ビジネスモデルや技術を応用して、高くなった人々の期待に応えることなのだ。これは新しい組織部門ではない。ましてや既存の組織部門――IT部門でも通信部門でもよい――を新しい方法で運営することでもない。これは新しい組織運営法なのだ。DXが成功すれば、よりシンプルでより優れたプロダクトやサービスをより安く提供できるようになるばかりか、オンライン時代のなかで組織全体を効果的に運営できるようになる。かつてGDSの同僚だった人物が書いているように、デジタルな組織とは、少なくとも「基本的なデジタル能力と好奇心と自信」を備えた人が指揮する、オープンで対応の早い効率的な組織のことを指す。[3]

本書は、言ってみれば、デジタル組織のつくり方をまとめたガイドブックだ。世界中の企業や政府機関で増えつつある改革者たちが、それぞれの組織をこの新しい働き方に転換させた。本書ではその方法を解説し、他の人が彼らの経験から学べる教訓について見ていく。

ただ、これはGDSの物語ではない。英国の公的機関のデジタル化には、何百人もの優秀な人々が貢献した。彼らの多くはGDSで働いていたわけでもなければ、政府のために働いていたわけでもない。他にも何千人という人々が他国での同様の取り組みに貢献してきた。彼らの功績を讃えたいが、あいにく紙面に余裕がないためそうもいかない。何人かの名前を挙げれば、称賛すべき大勢の人の名前を割愛することになるため、（直接引用した少数の人たちを除き）ここには名前を挙げないことにした。また、本書では全員を含む「私たち」という表現を至る所で使っている。GDSでの意思決定は、リーダーシップ・チームかプロダクト・チームが行うこともあれば、個人が行うことも、集団で行うこともあった。名前を挙げるべき人たちにはひたすら謝るしかない。政府をよりシンプルに、より安く、よりスピーディーにするために尽力してくださった皆さんに感謝を申し上げる。該当する方たちにはお分かりいただけるだろう。

この後の内容は英国政府での経験をもとに書かれているが、そこで起こったことのすべてが網羅されているわけではない。当時の話には、私たちより他の人に語ってもらったほうがよいものがたくさんあるからだ。たとえば、各省庁のデジタル・チームが英国最大の公共サービスのいくつかをどうやって変革したのか、それについて本書ではあまり触れていない。また、変革が頓挫しなかった背景には、見えないところで密かに交わされた政治的議論があったが、それについての記述もほとんどない。だが、国と国に技術を提供する納入業者との関係を変え、サービス提供について検討するときに役人たちの頭にオープン・スタンダードという考えを真っ先に浮かぶようにしたGDSの手法については、別にまるまる一冊の本が書ける。

これらのトピックは非常に重要であるため、本編に記述されている。だが、他の国や企業での経験からすると、これらの分野での最適な対応は、組織が直面している個別の状況によって決まることが多い。インターネットに対応した組織を構築する方法はいくつもあるのだ。そこで、本書ではデジタルな未来を検討しているあらゆる組織が取るべき行動に焦点を当てる。困難を極めるのは、往々にして旅を始めるときの最初の何歩かだ。本書に書かれているアドバイスを読めば、成功に向けて歩き出せるに違いない。その成功がどのようなものかは、読者の皆さんが決めることだ。

DXに最も苦労するのは、古くて、大きくて、臆病で、防衛的で、壊れた技術を抱え込み、自分たちにとってインターネット時代が意味することを知ろうとしない組織だ。そうした組織は利用者——顧客、国民、従業員、株主、納税者——を失望させる。本書に掲載している事例は、私たちが直接経験したものということもあり、中央政府に関するものが多いが、企業や慈善団体や他のレベルの行政でも似たような結論に至るはずだ。

これから述べる内容には、不可解なものも、意外なものも、予想外なものもないはずだ。私たちが提唱する具体的な手順は、前例のないものでもなければ斬新なものでもない。当たり前のことばかりだということが分かり、それをきっかけにして読者の皆さんが自分たちの組織を振り返り、その当たり前をしてこなかった理由やしようとしない理由、あるいはできない理由をじっくり考えていただけることを願っている。

マイケル・スラビー――バラク・オバマの大統領選を陰で支えた、技術担当チームの責任者――はＩＴ事業者に仕事を委託するのではなく、デジタルの専門家数名を正規に雇用してチームの中心部に据え、2回の大統領選を勝利に導いた。彼はこの挑戦の本質を理解していて、次のように述べている。「あるべき姿にするのは複雑なことではない。ただ大変なだけだ」[4]

Testing times

第1章

試練のとき

私たちの役目は、テクノロジーを人々の元に届け、人々のニーズに適応させ、最も不便を被っている人々がテクノロジーを活用できるようにすること。つまり、リテラシー（受動的な能力）ではなくコンピテンス（能動的な能力）を育てることだ。

――オードリー・タン、台湾のデジタル担当大臣

危機が訪れると、見たくない真実が暴き出されるものだ。暴き出された真実に立ち向かうか無視するか、それは組織が選択できる。だが、すでに明らかになり始めていた時代の流れが新型コロナウイルス感染症の世界的流行《パンデミック》によってますますはっきりしたことで、多くの組織がこの対決を前倒しせざるを得なくなった。

パンデミックが照らし出した真実のなかには、胸にじんとくるものもあった。それらは、人類全体の問題にチームで取り組めば、優しくなれるし頑張れることを思い出させてくれた。だが、

こりごりだと思わされたものもある。パンデミックが鏡に映し出した世界中の政府や各種組織の姿は、人々を感心させるものばかりではなかった。新しいアプリが前評判ほどではなかったり、公共サービスの提供がうまくいかなかったりすると、人々は腹を立てた。その原因は、期待値の管理に失敗したという単純なものではない。

政治や政治家に対して元から持っていた不信感も原因の1つだ。また、世界規模の危機への対応は煩雑で、手間がかかり困難だから、という理由もある。国民である私たちは、うまく行かないものがあっても大目に見ざるを得ず、結果がどれほど苛立たしかったり悲惨であったりしても受け入れるしかない。

それでも私たちが驚かなかったのは、ずっと前から入り始めていた壁の亀裂がようやく目に見えるようになっただけだからかもしれない。パンデミックは、私たちの誰もが頼るようになっていた政府機関に、100年に1度あるかないかの厳しい試練を課した。うまく乗り切った政府もあるが、失敗した政府もある。

パンデミックが始まって以降の最大の勝者――大惨事を抑制できた組織や大儲けした組織――の多くは、インターネット時代に生まれた組織だった。世界の小売取引に占める電子商取引の割合は、2019年の約14%から2020年は約17%に増加している。その大部分は創業20年未満の企業によるものだ。南米のEコマース・サイトMercado Libre（メルカドリブレ）は、2020年第2四半期の1日当たり販売点数が前年の2倍になった。アフリカの電子商取引プラットフォームJumia（ジュミア）では、2020年上半期の取引件数が50%も跳ね上がったという[5]。

オンデマンド・サービスのバイク便が街なかをせわしなく走り回り、オンラインで購入された商品が世界各地で玄関口に置き配された。

ウェブが登場する前からある組織は、気づけばたびたび損をしていた。だがそれは、大昔に作られた組織の仕様書どおりの行動をずっと続けてきた結果だ。難しい議論はしない、投資はしない、現状で満足しておく。このような態度を続けていたために、苦戦を強いられたのだ。投資額が小さかったときは被害も小さかった。だが、2020年には金額が大きく膨れ上がった。

パンデミックの影響はあらゆる種類の組織に及んでいるが、なかでも最も大きな影響を受けてきたのが政府だ。自分たちの政府機関はインターネット時代に適合しているのだろうかという疑問が時事ネタになった。公的調達、政府のウェブサイト、サービスのデザイン、オープンソースのソフトウェアなど、ある種の技術系官僚くらいしか問題にしてこなかった領域がトップ・ニュースになった。

穏やかな時代であれば、官僚はほとんど天気と同じように扱われ、たまに文句の矛先が向かうことはあっても、私たちの力の及ばぬものとみなされる。だが、困窮しているときは公務員や代議士に対する人々の要望が大きくなる。四方八方からコロナウイルスに責め立てられ、政府の人間的な弱さが露呈しかかった。2020年5月には、これを評した次のような記事が『ワシントン・ポスト』紙に掲載された。「コロナウイルス・パンデミックに対する（米国）政府の対応の遅れは、慢性的な構造的欠陥、長年の投資不足、国民の信頼を損ねる政治的レトリックが招いた結果だ」[6]

こう結論づけられたのは合衆国連邦政府だけではない。デジタル化推進本部を新たに設置したことを発表した日本政府は初会合の記念写真を公表したが、写っているのは20名以上の参加者と大量の紙だけで、デジタル機器が1つもないと揶揄された。[7]

オーストラリアでは、「AI機能がないことがわかっていた」のに、AI機能が搭載されていると勘違いしてビクトリア州政府が420万豪ドルのIBMプラットフォームを購入するという「見当違いの手痛いミス」を犯していたことが議会委員会で発覚した。[8]

こうしたつまずきは、恥じるべきことではあっても、まったく許されないことではない。だが、はるかに深刻なものが他にあった。接触追跡アプリはほとんどが当初の期待に応えることができなかった。接触追跡アプリの効果を100万人都市でシミュレーションしたオックスフォード大学の研究によると、ウイルスを抑え込むには推定80%のスマートフォン・ユーザーがアプリを使用する必要がある。だが、2021年の夏時点で普及率がこのレベルに達した国はないと見られている。シンガポールではほとんどの労働者が法的に義務づけられているにもかかわらず、政府がリリースした接触追跡アプリTraceTogether（トレース・トゥギャザー）をダウンロードしたのは、2020年6月末時点で3人に1人だけだった[9]。英国では廃棄されたバージョンのアプリに少なくとも3500万ポンドが支出され[10]、オーストラリアのアプリに至っては、2021年1月時点の検出済み接触事例の総数がたったの17件で、1件につき40万豪ドルを連邦政府が負担した計算になった[11]。公共サービスが未熟でコロナ禍に対処できなかったために人々は苦難や困窮に陥り、救える命が救われないという事態が世界中で起きた。このように人の命が失われたばかりか、「テクノロジーが私たちを救ってくれる」と言って獲得した現金や信用や機会費用が浪費されたことで、いちばん必要とされているときに組織の信用がさらに損なわれた。

だが、思いがけない出来事もあった。実にうまくことが運んだ例もあったのだ。英国政府研究所（Institute for Government）は英国政府を次のように称賛した。「専門的な技術や知識、デジタル・ツールやデジタルな手法への何十年にもわたる投資、（中略）明確な政治方針、外部事業者との提携関係のおかげで、歳入税関庁は一時解雇された労働者や自営業者を支援する3つの新しいサービスを迅速に構築することができ、労働年金省も前例のない需要にユニバーサル・クレジット*1を対応させることができた」[12]。NHS 111*2は、ピーク時の利用者数がそれまでの最多記録の95倍に達し、1日のサービス利用者数が81万8000人を超えた。だが、サービスは持ちこたえた。他のほとんどの国より早く平時に近い状態に戻った台湾は、政府が保有するデータを公開し、市民テクノロジストによる課題解決を促した。彼らはこの期待に応え、配布済みマスクの数を可視化するアプリからナイトクラブ利用者の接触者を追跡するアプリまで、あらゆるものに対応するアプリのエコシステムを開発した[13]。台湾は接触追跡をきちんとできるようにした数少ない国の1つで、しかもこれが迅速だった。韓国とベトナムも初期の模範国として際立っていた。

世界中の政府が、インターネット時代の企業がうらやむようなレベルのサービスを国民に送り届けられることを証明した。また、政府自体のデジタル改革がまだ始まっていなかったら、こうはいかなかった可能性がはるかに高いことも証明した。成功も失敗も、パンデミックが始まってからの恐怖に満ちた数カ月間に強烈なプレッシャーのもとで働いていた人々の行動が左右したわけではない。そうした人々が勇敢に働けたのは、何年も前に下された決断があったからだ。一部の政府機関は、肝心なときにより早く、より安全に、より安くサービスを届けることを可能にする道を選んだ。だが、そうしなかった政府機関もある。

新型コロナウイルスへの対応を成功させた政府には、次の4つの土台があった。

■適任の人材が揃っていた

危機対応はチーム・スポーツだ。一般的な公務員の能力と、サービス・デザイン、データ・サイエンス、ユーザー・リサーチといったインターネット時代のスキルを併せ持ったチームが存在する行政管区はすぐに活動を開始できた。さまざまな専門家を1つのチームにまとめるという考え方が十分に浸透していたため、医療関係の専門家が新たに加わってもチームが変調を来すことはなかった。最も動きが速かった組織は、所属を意識させることなく内部職員と外部スタッフの混合チームをまとめることにも慣れていた。より大きな目標のためにスタッフが自己判断で「出身組織」のバッジを外すことができない組織は、サービスを届けるのに苦労した。

＊1　低所得層向けの包括的な給付制度。
＊2　症状に応じた最適な対処法をリモートで確認できるオンライン・サービス。

■技術の選択肢ではなくユーザーに焦点を当てる仕事のやり方が定着していた

ユーザー中心の働き方の実践と体系化ができていたチームは、パンデミック下で適応可能なフレームワークが自チームにすでにあることに気づき、これを拡大した。米国カリフォルニア州政府は、新型コロナウイルス感染症が世界的な問題と認識されてから数週間後に「Crisis Standard（危機管理基準）」を公表し、コロナウイルス対策に関する州の公式ウェブサイトの質を維持できるようにした[14]。組織内で期待される仕事のやり方を定義する明確な原則をつくったことで、文化的な支柱ができあがり、新しいチームが前任者を真似しやすくなる一方、新しいことを試してみる余地も生まれた。

■複製できる型《パターン》を持っていた

サービス・デザインの型として、利用実績のある再利用可能な共通の型があると、国民がオンラインで公共サービスを利用したときの体験に一貫性を持たせることができ、新しいサービスを迅速かつ容易に構築できる。英国の国民保健サービス（NHS）には開発済みのデザイン・システムがすでにあったため、過去の研究やNHSの他のデジタル・チームの経験を活かしつつ、一貫性があって利用しやすいユーザー・インターフェイスをコロナ関連の新しいオンライン・サービス用として簡単に構築できた。[15]

文化面での型も重要だ。リーダーがチームに権限を与えるとなったときには、すでに確立された行動の型があったため、より自然かつより迅速に権限委譲を始めることができた。資金供給、採用、調達をより機動的に行うための処理の型があったことも、対応の迅速化に寄与した。

■基盤となるプラットフォームがあった

プラットフォームとは、利用実績のある再利用可能な共通部品で構成されたエンド・ツー・エンドのサービスのことで、一度構築すれば何度でも利用できる通知送信機能などが組み込まれたものを指す。いくつかの国の政府はこれを非常に効果的に使った。

カナダ政府は、英国政府のコードベースを使ってGC Notifyという通知サービス・プラットフォームを開発した。これを利用する行政サービスは本稿執筆時点で125件を超え、すでに1300万件を超えるメッセージが送信されていた[16]。バングラデシュでは、国のデジタル・イノベーション・チームであるa2iが、2016年からデジタル決済に取り組んでいる。わずか3年で、400万人いる同国政府職員の40%がデジタルで給与を支給されるようになったが、これはa2iの尽力のおかげだ。彼らは2021年に政府職員の90%をカバーすることを目標にしていたが、新型コロナウイルスの影響で前倒しせざるを得なくなった。バングラデシュのデジタル決済システムでは現在4億2000万ドル以上が取引されている。[17]

CASE

ノバスコシア州の「Safe Check-In（セーフ・チェックイン）」[18]

新型コロナウイルス感染症の第一波が始まったとき、カナダのノバスコシア州を出入りする人の位置情報や健康状態を記録する処理は完全に手作業だった。旅行者は州に入る際に用紙を渡され、そこに必要事項を手書きで記入する。それを州境管理官が手作業でスキャンしてデータ入力をする。州境を越えてきた人々には公務員が毎日直接、「隔離確認」の電話をかけたが、1回の確認に約2分かかるうえに、相手の数は数千人に及んだ。

この状況を改善するためにノバスコシア州政府が構築したのが、「Safe Check-In（セーフ・チェックイン）」と呼ばれる州境管理を行うデジタル・システムだ。これは州政府と連邦政府の多くの部署の協力によって作り上げられた。このサービスが成功した要因は、専門知識を持った職員が少なくとも6つの異なる省庁から集結し、1つのチームとして共通の目標に向かって行ったことにある。

ノバスコシア州のデジタル・サービス・チームではデジタルを活用した仕事のやり方が確立されていたが、政府の他の部署にはあまり馴染みがなかった。だが、緊急事態に対応するためには関係者全員がリスクを納得したうえで積極的に試行錯誤せざるを得なくなり、実験結果の評価・解析を通じてサービスを改良していくプロセスを短いサイクルで何度も繰り返した。平時であれば、このような形でサービスが導入されることはなかっただろう。

だが、このような取り組み方法でなければ、ユーザーの新たなニーズや政府の医療ガイドラインの変更に即座に対応できず、開始から20日以内で最初のサービスを作り上げて市民の手に渡すことはできなかっただろう。サービスは完璧ではなかったが、ユーザーの役に立つ機能を徐々に追加し、データを集めて次のサービス改善に活かしている。完璧なものを作ろうとして何も完成しないという事態は避けなければならないということを、チームは認識していた。

「セーフ・チェックイン」プログラムのデジタル部分は、別の用途ですでに政府内で利用されていた、拡張と再利用が可能なコンポーネント、コード、プラットフォームを基盤にして構築された。役立ったのは、再利用可能なこうした部品が存在していたということだけでなく、それらの入手方法をチームが知っていたことだ。どれも無料で簡単にコピーすることができたのだ。

2020年8月から2021年4月までの期間に「セーフ・チェックイン」から100万通近くのメールが送信され、法令遵守率は90%を超えていたことが報告されている。他のほとんどの地域と同じで、ノバスコシア州もパンデミックが始まって以来、大きな痛みを経験してきた。だが、他の行政管区と比べて被害の抑制がうまくいっており、人口100万人当たりの死亡者数も多くの管区より少ない。

パンデミック対応を成功させるために必要なことは、分野横断型のチームを構成して権限と目標を与えることと、大規模な導入を想定して計画的に設計された実証済みの部品を揃えたツールボックスをこのチームに持たせてやることだった。この2つができていた一部の政府は、迅速かつ大規模な対応ができただけでなく、それまでと同じ明確で一貫性のあるユーザー体験を提供できた。だが、それ以外の政府は、多額の費用をかけて後は幸運を祈るしかなかった。

前述した4つの土台は極めて重要だが、時機を知ることも重要だ。大規模な組織に見られた最も顕著なパンデミックの影響の1つは、新型コロナウイルス感染症によって仕事上の通常のルールが棚上げされた格好になったことだ。リーダーは多くの決断を迅速に下さなければならなかったが、関連情報が揃わない状態ではそれもかなわず、チームに任される仕事が増えていった。気づいたときには、スピードを維持できる独創的な別の管理手法が編み出されていて、パワーポイントを使ったプレゼンテーションは行われなくなっていた。そうして、予算を注ぎ込む、うまくいっていないものをやめる、新人を採用する、組織の垣根を越えて仕事をするといったことが、突然できるようになった。だが、世界中でこれが起こったわけではないし、これのおかげで私たち全員が完璧な人間になったわけでもない。危機のさなかにあっても、わがままな人や臆病な人や競争意識の強い人が大勢いて、そうした人たちの行動がスムーズな進行を妨げた。

だが、新型コロナウイルス感染症は、すべてのデジタル組織が必要とする2つのものをもたらした。それは、本当に重要なことを最優先する冷徹さと、手段ではなく結果に焦点を当てようとする強い意欲だ。

パンデミックによって世界経済が停止してから1年以上が経過した今、多くの組織が疑問に思っていることがある。それは、通常ルールの棚上げは一時的なのか、それとも永遠に続くのか、というものだ。この異常な時代でも続けていくものは何なのか、やめるべきものは何なのかを、私たちは考えなければならない。

だがこれは、簡単に答えが出る問題ではない。危機に陥ったときにDXを推進することのメリットは明白だ。パンデミックが始まってから3カ月の間に達成した大きな進歩は、以前なら何年もかかると思われていた類いの変革であり、どのような変革だったのかを訊ねれば、公的機関か民間企業かに関係なくほぼすべての組織から異なる物語を聞くことができるだろう。そうした物語を聞いて喚起される、「自分たちにもきっとできる！」という勢いと自信は、貴重な贈り物だ。

だが、パンデミックが発生したことで整った、組織変革に都合のよい諸条件がこのまま永遠に続くと考えるのは間違いだ。多くの企業や政府が行った新型コロナウイルス感染症への驚くべきデジタル対応は、何百万もの人々の努力の上に成り立っており、最前線で奮闘した人もいれば舞台裏で尽力した人もいる。私たちはそうした人々の顔をいくつかのぞき込んだことがある。みんな疲れ切っている。これを永遠に続けることはできない。続くと期待するのは間違っているはずだ。

危機とはそもそも一時的なものだ。必要以上のアドレナリンが噴き出す、大義のために個人の安心を後回しにできる、ろくに睡眠を取らなくても大丈夫、頭がさえていていつでも即決できる

――このような高揚した状態をいつまでも維持できる人は、どの組織のどのレベルにもほとんどいない。組織のＤＸを望んでいる人たちが今やらなければならないのは、パンデミックのときの状態をいつまでも維持することではない。必要以上にパンデミックの状態を長引かせたい人はいない。むしろ、この経験から学んだ教訓をしっかりと受け止め、持つに値しないことがはっきりした組織の荷物を手放し、継続すべき新しい行動習慣を確固たるものにするべきだ。

こうして分かったことのいくつかは――前述した4つの土台などがそうだが――初めて聞くものではない。それどころか、官や民の大規模な組織でＤＸを成功させるために必要な基本的要素だと10年以上も前から言われてきた特性だ。ところが、他にも考慮すべきものがあることが今回のパンデミックで分かってきた。これまであまり注目されてこなかったものではあるが、今後は、インターネット時代の高度かつ機能的な組織の特徴として、これまで以上に注目されるようになるだろう。

■データ

1つ目で、おそらく最も明白なものがデータだ。ここ数年、ほとんどではないにしろ、多くの政府機関や企業が「データ駆動型《ドリブン》」を自認しているが、ほぼすべてのケースでそうした主張はせいぜい部分的なものに留まっている。これは、データ駆動型であることの価値を組織のリーダーが分かっていないからではない。それを実現するために必要なインフラとスキルがないからだ。

ほとんどの政府機関では、他の領域の公共サービスの設計で一般的になりつつある（とはいえ、まだまだ浸透が足りない）多分野横断型のアプローチがデータに対して取られていない。政策立案者と戦略策定者に意見があり、統計学者にも、ＩＴ部門にも、嫌われ者の「知識管理」チームにもそれぞれの意見がある。一般的に言って、異なる部族が混ざり合うことはまずない。また、部族が異なるとはいえ、政府のこととなれば戦略と政策が最優先になりがちなため、政策主導のデータ・アプローチが優勢になるのが普通だ。このアプローチは知的好奇心をそそるものであり、内部の大枠合意を反映してはいる。だが、現実とは少し乖離することになる。

パンデミック対応は、信頼性があって共有が可能な自動制御のリアルタイム・データを持つことが必要なのであって、単に望んでいるだけではだめだということを示すほぼ完璧な事例だ。英国の初期のパンデミック対応で中心的役割を果たした上級顧問のドミニク・カミングスの証言は、政治の中枢である首相官邸でのレトリックと現実との隔たりを浮き彫りにした。カミングスの言葉を借りれば、２０２０年3月の英国のデータ・システムは次のようなものだった。

> 私がホワイトボードを引っ張り出してくると、（中略）紙切れに書かれた数字をサイモン・スティーブンス（ＮＨＳの最高経営責任者）が読み上げた。（中略）私はそれを左側に書き、iPhone を取り出して ×2、×2、×2と入力した。[19]

カミングスの証言は、公開されたという点だけで注目に値する。同じような光景が世界中の権力の回廊で繰り広げられてきたことだろう。

データで厄介なのは、基盤インフラを新たに構築することでそれまで人知れず地中に埋もれていた惨状が必然的に掘り起こされるという点だ。国民のプライバシーと国家の有用性との折り合いをどうつけるかは、激しい論争になる重大な問題だ。また、部局ごとの責任範囲が縦割りになっているため、政府全体で使えるデータ・インフラにするために必要な横方向のつながりが断ち切られるという問題もある。

インターネット時代の新しいデータ・インフラの構築と維持は、政治家が非常に嫌がりそうなプロジェクトの特徴をすべて備えている。コストはかかるし、時間もかかる。おまけに古いものの交換が必要になるため、既得権益者を不快にさせもする。また、そうまでしてやってみたところで、成果が表れるのはたいてい自分が退任した後だ。仮にまだ居座っていたとしても、そのような成果はほとんど得票につながらない。

組織の遺物を何十年間もそのままにしている政府にデータ・インフラへの投資を促したいのなら、次の2つの主張を唱えるのが最も効果的だ。まずは、こう言ってみよう。「この投資を行わなかったら、あなたが実現しようと思っている将来の政策目標のほとんどに、確実に別れを告げることになりますよ」。次はこうだ。「今のシステムはガタがきていて、あなたの政権下で崩壊するかどうか運任せの状態です。もし崩壊すれば次の選挙の結果は覚悟しなければなりませんが、それでも運を天に任せますか？」

大半の政府機関のデータは無秩序な状態にあり、これが公共サービスの提供を妨げている。だが、一部の人にとっては無秩序なのが仕様であってバグではなかったりもする。きちんとした論理的な土台があり、政府内をデータが理路整然と流れている状態は、晴天のときであれば見事と言えよう。だが、無秩序で混乱している状態には、危機に強いという利点がある。心がけのよいユーザーがデータを有効活用できないと感じるなら、悪意を持ったユーザーもそれをかなり難しいと感じるはずだ。公的機関と民間企業はこのリスク・バランスの問題にも、（家が倒壊するまで）目に見えない組織の基盤に多額の投資をするという厄介な問題と同様、パンデミック後の経済の重要課題として取り組むべきだ。そうしなければ、宣伝過剰の機械学習や人工知能といった選択肢を実用化できるのはかなり先になるだろう。

■主権

インターネット時代には、かつてないグローバルな展開で政府の事業にも私たちの日常生活にも影響を及ぼす企業が誕生した。これらの巨大企業――アマゾン、アップル、グーグル、ファーウェイ、アリババなど――は、自社の製品やサービスを利用する何十億もの人々に利便性と価値をもたらしてきた。

だが、利益には弊害が付きものだ。巨大テクノロジー企業の成功は世界規模での市場支配につながり、独占的な力を強めている。個人レベルで言えば、これは選択肢の減少を意味する。だが、問題は個人に対するものだけではない。テクノロジー企業の力と行動は政府にも大きな影響を与え、政府は自由にものを選べなくなりつつある。国家の利益と、国民一人ひとりの個人的主権と、グローバルなテクノロジー市場を整合させることが、２０２０年代を特徴づけるガバナンス上の問題の1つになるだろう。

選ばれたいくつかの民間企業によって、多くの分野で国家活動が自由に行えなくなっている。そのことに各国政府がこれまで気づいていなかったとしても、パンデミックによって明らかになった。2020年の夏には、接触追跡アプリをめぐって主導権争いが起きた。各アプリは、詳細なデータを収集して集団の中で人から人へと感染が拡大する様子を分析する手段として細心の注意を払って設計されている。だが、政府が収集する個人データが多すぎるとしてプライバシーが大問題となった。多くの国から圧力をかけられたグーグルとアップルは難しい選択を迫られた。ユーザーの信頼は失いたくない。だが、調停役にもなりたくない。人権に関する歴史に目立った「汚点」がない政府だから信用してアクセスを許可しても個人データを誠実に扱ってくれるはずだ、などと判断する役目は担いたくはないのである。個人データへのアクセスを無効にすべき場合や理由の決定を強いられるのもごめんだった。

そこで、本来ならば激しいライバル関係にあるこの2社は、同じ立場を取る約束を密かに交わした。両社は他人との接触情報を個人の端末内に留める分散型のシステムを共通規格とすることを決定し、仕様変更の要望に一切応じず、交渉の余地のない選択肢を各国政府に提示した。グーグルとアップルが義務づけたやり方を遵守した接触追跡アプリをリリースした政府もあったが、英国政府をはじめとする他の政府は、両社の言いなりになっていては必要な機能を備えたアプリを作ることはできないと考え、グーグルとアップルがスマートフォンのセンサーに設定している厳しい制御をかいくぐろうと試みた。英国政府はグーグルとアップルが提供するAPIを使用しない集中管理型のコロナウイルス・アプリの開発に取り組んだ。しかし2020年6月にこのプロジェクトを丸ごと破棄し、これら米国企業の立場に適合する分散型アプリに戻した。これに続いて、イタリア[20]とドイツも降伏した。[21]

接触追跡アプリはデジタル主権をめぐる議論の節目となる出来事だったが、その理由は、結果もさることながら戦いそのものにある。世界的なテクノロジー企業が政治的な力を行使できることがこれによって明らかになったのだ。世界の公衆衛生政策は、接触追跡アプリのデータへのアクセスと使用に関して具体的なルールを設定したグーグルとアップルによって実質的に決定されたことになる。そのため、各国政府は政策や政策の実施方法を自由に選択しにくくなった。公衆衛生やプライバシー・ポリシーの観点からこの決定が「正しい」ものであったかどうか、それは答えられない。重要なのは、この決定が民主的観点ではなく営利的観点からなされたことだ。

■公共財

インターネットはオープンソース・ソフトウェアでできている。世界のほとんどの経済がオープンソースで動いていて、徐々に行政サービスもそうなってきている。特に低所得国にとってオープンソースは、基盤となる技術インフラをプロプライエタリ*3なシステムで構築するということれまでの既定路線を改める手段となる。そうしたシステムを使っていると、技術コストやサービス

＊3　独占的。仕様やソースコードが公開されておらず開発者・開発企業でなければ改変できないこと。

設計の面で将来的に細かい制約にたびたび縛られることになりかねないのだ。出資者や国際組織がこの危険性を徐々に認識し始めたこともあり、オープンソースの原則に基づく「デジタル公共財」の開発に向けた活動が活発になりつつある。

政府によるオープンソース・ソフトウェアの使用を促す根拠は十分にあるし、出資者が自身の影響力を利用してオープンソース・ソフトウェアのエコシステムに利益をもたらすチャンスも確かにある。たとえば、営利団体が市場を見出せないような新しいソフトウェアの作成を支援することや、1つのベンダーに大きく依存している国に対して代用できる既存のオープンソース製品を紹介することができる。高額なライセンス費用がかかる特定のベンダーから脱却することが目的であれば、オープンソース・ソフトウェアを選択することで目的を達成できるだろう。

多くの技術分野がそうであるように、オープンソースにも熱狂的な支持者がいる。その存在は多くの企業にとって競争上の直接的な脅威となる。というのも、一度購入したら逃れることが難しくなるようなプロプライエタリ・ソフトウェアのエコシステムを販売し、驚くほど業績を伸ばしてきた企業もなかにはあるからだ。だが、気をつけなければいけないのは、オープンソースの世界でも同じことが起こり得るという点だ。オープンソースの支持者も実質的にエコシステムを販売しており、彼らも特定のテクノロジーの「ソリューション」を押しつけるようになる危険がある。オープンソースの活用が熱狂的に支持されると、プロプライエタリなテクノロジーと長く付き合うことに慣れている組織や、社内にデジタル・スキルがほとんどない組織では問題が生じる可能性がある。政府がオープンソースを選ぶときは、他の技術を戦略的に選ぶときと同様に、必ず、戦略やサービスや政策の目的を最初に検討し、具体的な製品や技術の選択はその後にすべきだ。また、相手が誰であろうとタダで何かをくれる人などいないことも忘れてはいけない。

■成長と均衡

新型コロナウイルス感染症が世界的に流行したことで、90年以上ぶりに最大規模の世界不況が発生し、2020年3月には現代史上で最も激しい経済ショックに見舞われた。だが、2021年は過去40年間で最速の経済成長が予測されている。ジェットコースターの両極に対処することは、デジタル・チームにとって課題でもありチャンスでもある。

政府でも民間企業でも、何を優先してデジタル化を進めるのかは経済環境によって決まる。短・中期的には、不釣り合いに大きな打撃を受けた国民や企業からの公共サービスに対する需要がさらに増大するとみられる。パンデミックによる悪影響は一様でないためだ。均衡を取り戻すための重点的措置は政治が行わなければならない。とりわけ社会的弱者の救済にはコストがかかり困難なものになりがちであるからなおさらだ。政治に求められているのは、公共サービスを求める前例のない規模や種類の声に迅速に対応することであり、ここがまさに正念場で、政治方針だけでなく政府のデジタル成熟度までもが試されることになるだろう。

デジタル・サービスの提供に対する政治的な関心が高まれば、プレッシャーがかかり、監視の目が向けられることになるだろうが、同時にチャンスにもなる。各国政府にとってこれは、目指す経済成長の方向性を大胆なアプローチで決定できるうえに、それをデジタルの視点から検討できるという、またとない機会だ。

パンデミックが発生するまで、ＤＸの経済的意義の多くは効率性の向上にあると考えられていた。「テクノロジー・コストの削減」、「安価なオンライン・サービスへの乗り換え」、「不具合解消需要の除去」の3つが支出削減の大きな柱なのだ。老朽化したテクノロジーやプロセスを使用している組織は、これからほぼ確実に状況を大幅に改善できる。とはいえ、パンデミックをきっかけに、デジタル・チームはサービスを改善して成長や収益を促進する方法を明らかにするためにさらに詳しい調査もできるようになった。また、退屈な日常業務に向けられていた従業員のエネルギーを、共感や創造性といった人間らしさを必要とする仕事に振り向けさせることもできる。

パンデミック以前から同じことを考え始めていたオーストラリアのニューサウスウェールズ州政府は、２０１９年の半ばに「Digital Restart Fund（デジタル・リスタート基金）」を設立していた（詳しくは218ページを参照）。基金設立の背景には、技術を活用すれば役所の仕事を減らすことができ、それによって国民の満足度を向上させられるという考えがあり、住民サービス担当大臣のビクター・ドミネロは次のように発言している。「アップルやグーグルやアマゾンのような企業と張り合えるようでなければ、よい政府とは言えない。顧客サービスやデジタル・ツールは使えて当然なのだ」。パンデミックの状態に陥ってから数週間後、政府は基金の予算を16億豪ドルに増やし、中核的な公共サービスのデジタル化に成功したのはこの基金のおかげであると明言した。また、基金を通じて成長を支援し、サイバー・セキュリティなどの分野で価値の高い雇用が創出されるよう促した。

ＤＸを経済政策の道具と捉える人が増えるにつれ、さらに高度な方法でこの道具を活用することが必要になるだろう。経済成長と効率向上はどちらも目標としてはかなり漠然としている。経済成長の恩恵がどこで誰にもたらされるのかをさらに厳しく検討することが重要になる。よりよい公共サービスの構築やデジタル・インフラへの投資による経済的利益は、理論的には万人に及ぶはずだ。だが、パンデミック中に向上したデジタル・リテラシーを活かすことや、ほぼすべての国に存在する地域格差に注目することをしなければ、それが長く続くとは考えにくい。

■人材

お金のために公務員になる人はいない。政府で働くことの利点は民間企業のそれとは違う。給料が少なめでも、その分は多めにもらえる休日と年金、そして雇用の安定で相殺される。トップを目指す人にとっては、影響力と権力が手に入ることや、秘密を握ることで味わえるスリル、そして何より目的意識を持てることも魅力だ。大きなものの一員でいられることが、給料のいくらかを犠牲にしても構わないと多くの人に思わせる大きな要因といえる。

長所と短所が相殺し合う両者のこの関係は長い間変わらなかった。だが、影響力と働きがいは公務員と変わらないのに民間企業なみの諸手当をもらえる仕事があるとしたら、人はどうするだろうか。これは仮想の質問ではない。なぜなら、そうした選択肢が急増しているのだ。英国政府が２０１８／１９年に請負業者やコンサルタントに支払った額は10億ポンド近く[22]で、この額はパンデミックが始まってから急激に大きくなった。コンサルタント会社は多くの国のパンデミック対応で極めて重要な役割を果たした。一方で政府内部の人間は、政府では正規職員よりも外部アドバイザーの意見のほうが通りやすいことに長年不満を訴えてきた。政府の最前線で影響力のある仕事をしながら、住み替えるたびに住居のグレードを上げていけるような企業並みの給料をもらえるとしたら、野心的な28歳の若者がこの道を選ばないはずがない。公的機関が昔から切り札にしてきたものにさえ魅力がなくなってきているようだ。公務員の年金のステータスは数十年前のような輝きを放っていない。雇用の安定性が好材料になる場合もあるが、それが決め手になる可能性は前の世代よりはるかに低そうだ。２０３０年までに転職すると予想している英国の成人は39％で、この数字はパンデミックの間に約2倍になった。[23]

デジタル・チームはこれまでずっと人材の獲得に苦労してきた。デザイナー、開発者、プロダクト・マネジャーなどが務まる優秀な人材は滅多にいない。社会の最大の課題に取り組んでくれる優秀な人材を、厳しい労働市場のなかでいかにして惹きつけるか。政府はもっと大胆なアプローチを取ることが必要になるだろう。人は何を求めて公務員の職に就くことを検討するのか。これについての基本的な再調査は、とっくに済んでいなければならない。そうでなければ、必要不可欠な多様な人材をその気にさせるのがますます難しくなるだろう。

課題は他にもあるが、こうした課題はウィズ・コロナ時代を迎えるにあたり、すべての政府が直面することになる問題だ。それらに対して出された回答は他の本に譲るが、今回のパンデミックでよく分かったのは、多くの組織がスタートラインのはるか手前にいて、先にすべきことがまだたくさんあるということだ。では、どこから手をつければよいのだろうか。

SUMMARY

・新型コロナウイルス感染症が世界的に流行したことで、すでに勢いを増していたＤＸへの流れが加速した。

・デジタル・チーム、プラットフォーム、働き方に投資をしていた組織は、そうでなかった組織と比べて不確実なものや危機への対応がいつもはるかに優れていた。

・データ・インフラ、公共財、デジタル主権、人材確保は、ますます緊急性が増している、政府の取り組むべき課題である。

・ＤＸに向けた最初の本格的なステップをまだ踏み出せていない企業や政府機関が数多く存在する。

Why change?

第2章

なぜ変革が必要なのか

［官僚］は物事を管理することには非常に長けているが、変えるのはあまり得意でないことがわかった。*1

――トニー・ブレア、元英国首相（在任期間1997～2007年）

何はともあれ万事順調だ。もちろん完璧ではない。まだまだ改善できる。だが、着実に進歩している。組織の戦略に「デジタル」という単語が何度も出てくるではないか。

それなのに何かがおかしい。組織はいつも、骨の折れる何かしらの「変革プログラム」に取り組んでいる真っ最中といった感じなのに、何かが本当に変わったとは思えない。

それどころか、サイバー攻撃や重大なIT障害に見舞われたことすらあったかもしれない。多額の費用をかけた技術プロジェクトや政策導入が暗礁に乗り上げかかっているというのに、関係者は誰も何もできないらしく、残念そうに頭を振るばかりだ。

組織には大量のデータがあるのに、まったく活用できていない。従業員からは不満の声が聞こえてくる——「コンピュータの起動に毎朝20分もかかる。寒いとなかなかエンジンがかからない古い車みたいだ」。

競合他社との差はますます広がっているように思える。燃えさかるプラットフォーム[*2]に気づいて行動を起こしてはみたものの、それが何を意味するのかまだはっきりと認識できていないのかもしれない。

だが、SF作家のウィリアム・ギブスン[*3]が言ったように、「未来はすでに到来している。どこにでも同じように到来していないだけだ[*4]」。

＊1　2017年8月10日にBBC Radio4で放送されたインタビュー番組での発言。
＊2　組織変革を成功させるために人の心理的な抵抗をマネージする手法として、組織変革コンサルタントのダリル・コナーが1995年に発表した著書『Managing at the Speed of Change』の中で使った言葉。1988年に北海の石油掘削用プラットフォームで爆発事故が発生した際に、助かる保証はないがそこで焼け死ぬよりはと150フィート（約46メートル）の高さから極寒の海に飛び込んで命を取り留めた作業員の実話に由来する。組織変革を成功させるには、他に選択の余地がない切迫した状況を作り出す必要があることを示した言葉。
＊3　William Ford Gibson：1948年生まれ。代表作『ニューロマンサー』など。
＊4　1993年8月31日、アメリカの非営利公共ラジオ・ネットワークのFresh Airという番組のインタビューでの発言とされるが、異なる表現による類似内容の発言などもいくつかあり、由来については諸説ある。

成果

2011年、英国は公共サービスのDXを担う政府デジタル・サービス（GDS：Government Digital Service）と呼ばれる小さなチームを政府の中枢に設置した。

英国政府がITに費やしていた金額は少なくとも年間160億ポンド。その5分の4が、わずか18の大手事業者に支払われていた[24]。オックスフォード・インターネット研究所所長*5（当時）のヘレン・マーゲッツ教授*6は議会で次のように証言した。「英国の政府調達市場は寡占状態で、（中略）少数の納入業者が委託案件の大部分を受注している」。これが、政府がITで満足な成果を上げられない状況が続いている主な要因の1つだ[25]。中央政府の各部門が管理していたウェブサイトは2000を超え、どのサイトでも共通して使われている一貫性のあるデザイン要素というものは1つもなかった。ネット詐欺師はこの混乱に乗じて、公式サイトと勘違いするほどのウェブサイトをつくり、人々からお金をだまし取った。

政府の用事をオンラインで済ませようとする人はほとんどいなかったが、それはお粗末なデザインと難解な専門用語のせいだった。彼らにしてみれば、電話をかけるか書類を送付するほうがまだ簡単だし、時間もかからなかったのだ。英国は国連の電子政府ランキング*7で10位[26]。最悪とまではいえないが、ウェブの生みの親であるティム・バーナーズ＝リー卿*8を国民の1人に数える国としては、とても誇れる順位ではなかった。そんななか、65年ぶりの連立政権*9のもと、英国は第二次世界大戦前以来の大不況*10から脱しつつあった。[27]

当時の英国の状況はごく典型的なものであったし、現在もそうだ。ちなみに、2019年の合衆国連邦政府のIT支出は約960億ドルで、これは世界の約3分の2の国々の国内総生産（GDP）予測を上回る数字である[28]。米国会計検査院によると、「こうした投資はたびたび失敗し、コストの超過やスケジュールの遅延を招き、そうでなくても目的にかなった成果にほとんど寄与していない」。2015年5月現在、政府が行った738件の大規模投資——総額87億ドル——の4分の1ほどが、要注意のリスク案件だった[29]。巨額の支出がよく行われるのは政府に限った

＊5　Oxford Internet Institute：インターネットそのものと、インターネットが政策や社会に与える影響を研究することを目的として、2001年に英オックスフォード大学に開設された学際的研究機関。

＊6　Helen Margetts：デジタル・テクノロジーと政府、政治、公共政策との関係性を専門とする政治学者。社会とインターネットを担当する教授。所長在職期間は2011年10月〜2018年4月。2018年からアラン・チューリング・インスティテュートの公共政策担当ディレクター。

＊7　オンライン・サービス指標（OSI：Online Service Index）、人的資本指標（HCI：Human Capital Index）、通信インフラ指標（TII：Telecommunications Infrastructure Index）の3つの指標から算出する電子政府発展度指標（EGDI：E-Government Development Index）を順位付けしたもの。順位付けは2003年から始まり、2008年以降は隔年で発表されている。

＊8　Timothy "Tim" John Berners-Lee：1955年6月8日生まれ。ロバート・カイリューとともにWorld Wide Web（WWW）を考案し、ハイパーテキスト・システムを実装、開発した。URL、HTTP、HTMLを最初に設計した人物でもある。

＊9　2010年5月6日に英国議会の下院議員総選挙が行われ、12年間政権与党であった労働党が議席数を大きく減らし、野党であった保守党が第一党となったものの過半数の議席を確保できず、自由民主党と連立して政権を発足。保守党の党首デイビッド・キャメロンが首相に任命された。

＊10　2008年のリーマンショック後の世界規模の不況のこと。

話ではない。ガートナーの推定によると、2021年の全世界のIT支出は4兆1000億ドルという実に途方もない額に達する。[30]

GDSの設置から4年後、英国政府はIT支出を40億ポンド以上削減したと発表した。デジタルに関する専門知識や技術を供給できる市場が新たに開設され、1200を超える中小企業（半数は新規参入）が政府にサービスを提供できるようになった[31]。ただ1つのウェブサイト「GOV.UK」が、オンラインで公共サービスを利用するすべての国民と企業の入り口《ポータル》となり、何百もあった古い政府系ウェブサイトは閉鎖された。自動車税の納付や有権者登録など、新たにデジタル化されたサービスのデジタル版が利用される割合は90%を超えた。それも、インターネットを利用していない人がまだ900万人以上いる国での話だ。新しいウェブサイトのフォントやデザインが評価され、政府は国内の民間団体から賞を授与された。[*11] オープン・データが公開された行政サービスは約800で、そこで処理される取引は年間30億件以上になる。英国は国連の電子政府ランキングで1位を獲得した。[*12] 他国の後塵を拝していた英国は、議員の任期である5年を待たずして先頭に躍り出たのだった。

DXを本当の意味で採り入れたGDSや他の政府機関の事例を見ると、変革の利点がよくわかる。DXで支出を節減できる。それも多額の支出だ。市場の硬直が緩和され、新たな市場が生まれる。雑然としていた状態が解消し、すっきりと美しくなる。苦労が報われ、称賛され、正当な評価が得られる。だが、こうしたもののどれよりもはるかに重要なのが、国民、企業、利用者にとって物事がよりシンプルになり、より安く、よりスピーディーになることだ。

ＤＸは政府にとって、国民と国家との関係を改善する手段だ。真の成果は、国家のエフィカシー[*13]が大幅に向上すること、そしてその結果として民主主義への関心が高まることだ。企業にとっての成果は、最も尊く壊れやすいもの――信頼と評判に基づく顧客との良好な関係――が手に入ることである。

カタツムリから逃れる

このようなご褒美は魅力的だが、「忙しすぎて手が回らない」と言い訳したくなるものだ。もちろん、いずれは時間を見つけるつもりでいるが、今この瞬間はＤＸに専念している余裕がない。未決箱は急を要する重大事案でいっぱいだ。まずはそちらの応急処置をしなければならない。余裕は後から出てくるだろう。

この理屈には説得力があるが、間違っている。どの大企業も、そして間違いなくどの政府も、

＊11　2013年にDesign Museumからデジタル部門の最優秀賞とデザイン・オブ・ザ・イヤーを受賞。Design Museum（デザイン・ミュージアム）はファッションから産業デザインまであらゆる形態の現代デザインを扱うロンドンの博物館。毎年、優れたデザインに対して賞を贈っている。建築、ファッション、家具など7つの部門別に最優秀作品が選出され、そのうち1作品にデザイン・オブ・ザ・イヤーが授与される。
＊12　1位となったのは2016年。
＊13　しかるべき結果を生み出す能力。

未決箱はいつも緊急事案でいっぱいなのだ。閣僚が机の上に足を投げ出し、「今日は何も問題がないから、そろそろこの案件をしっかりと検討してみようか」、などと言える日が来ることは決してない。しっかりとした戦略を立てずに漠然と場当たり的な修正を繰り返しているうちに、旧態依然とした大組織を変革しない道を選んだツケがゆっくりと積み上がっていく。

技術革新のスピードが速いからついて行けない企業や政府が出てくるだろう、と騒ぎ立てる声をよく耳にする。古い体質の企業がインターネット時代を生き延びられなかったのは、このめまぐるしい変化への対応が遅かったからだ、というのが定説になっている。だが、これはまったくナンセンスだ。インターネットの先駆者で元BBC職員のトム・コーツは、2006年に書いたブログ記事でこのことを非難している。ブロードバンドが従来のテレビを消滅させることになるかもしれない、という目新しいとはいえない分析に怯えるメディア企業を指し、巨大なカタツムリに追われているようなものだと言った。動きが速いわけでもないのに逃れることができない。そこで、叫び声を上げる。「カタツムリだ！　カタツムリが来るぞ！　どうやって逃げたらいいんだ？」　コーツが指摘するように、「問題は、この20年間さまざまな方法で近づいてきていたカタツムリに注意を払わなかったことだ」。多くの大企業は、インターネットが普及していくのを見ていながら、適応しようとしなかった。どうやら生き残る気がないようなのだ。

政府は小売業界やメディア、銀行、保険業界などと違い、競争に負けてしまうかもしれないというプレッシャーがほとんどなく、組織を変革しなければカタツムリに轢き殺されてしまうこともまずない。とはいえ、無能な政権は選挙で負ける。どの政権の任期中であっても、公約と現実との乖離が大きくなりすぎるときが必ず訪れる。政権を維持したいとの思いから、政治家は自分が操縦しているこの機構をうまく動かしたいと強く願うようになる。大臣ともなれば、自分がレバーを引けば必ず何かが動くという自信を持ちたがるものだ。気づいたらレバーはとっくの昔に壊れていた、ということがよくあるのだが。

政治的に中立な官僚には政権を維持する義務がない。だからといって、彼らが自然と現実に順応して政治家の邪魔をするわけではない。役人とその担当大臣はコインの裏表の関係にあるのではなく、やっている仕事が違うのだ。役人もまた人間であり、大多数は明らかによい仕事をしたいと思っている。大勢が変革を切望しているのだ。

多くの人がすでに最善を尽くしているというのが実情だが、彼らの所属する機構がそれを妨げている。『ワイアード』誌の創刊編集長であるケビン・ケリーはかつて、「組織は組織を残すために敢えて問題を解決せずにおこうとする」と述べ、組織と組織行動の専門家であるクレイ・シャーキーに敬意を表してこれを「シャーキーの法則」と呼んだ[32]。ある経験豊かな英国の役人が言ったように、官僚組織もまた、「組織の存続に有利なように曖昧さを解消する」傾向がある。そのため、官僚の意向を無視して官僚の仕事をなくすことまで考えられる人がいるとは、官僚には思いもよらないことなのだ。このような気持ちを持っている人に、痛みを伴う不確かな改革に全力で取り組むことなどできはしない。

多くの開発途上国は公的機関が未熟であったり存在しなかったりするため、こうした国には、招くと招かざるとにかかわらず、デジタル企業が参入している。フィリピンでは、アクティブなインターネット・ユーザーの94%以上がFacebookに登録している[33]。ケニアでは成人の80%以上が銀行口座を持っており、世界平均をはるかに上回る保有率となっているが、これは携帯電話で金融サービスを提供するM-Pesa（エムペサ）などの企業に負うところが大きい。通信は長い間、国家インフラの1つであり、国家とその役人が従来から支配してきた。しかし、これはもはや当たり前ではない。

十分に確立された公的機関に巨大なカタツムリの襲来があるかどうかを判断するのは時期尚早かもしれない。もしあったとしても、その進路にいる人々は、規制や罰金や火のついた松明《たいまつ》などを武器にしてカタツムリを追い返すかもしれない。もしかしたらそれでうまくいくかもしれない。だが、おそらくうまくいきはしないだろう。

官僚や政治家へのメッセージははっきりしている。国民と国家との関係をインターネット時代に合ったものに早急に変更しなければ、誰かにその関係を奪われてしまうだろう。しかも、どんな方法によるのか予測できるとは限らないのだ。

ゆくゆくはデジタル企業がこの役割を果たすようになることが常によいことなのかどうか、これはかなり怪しい。このような議論はすでに確たる政治的議題になっている。ロンドンなどの都市がウーバーの企業行動に対する対抗措置として営業許可を一時停止したことによる悪影響に、今後の政治的議論を左右する争点の兆候がみえる。2021年、ウーバーはロンドンのドライバーに労働組合への加入を認めると発表した。これはドライバーの労働環境改善への画期的な第一歩だ[*14]。政府がいつまでも消極的な態度をとり、その場しのぎの解決を繰り返すようでは、よい結果は望めそうにない。この対極にあるのは、中国でインスタント・メッセージング・サービスを展開するテンセントQQだ。国境なき記者団によると、テンセントQQは、政府当局がキーワードやフレーズを使ってオンライン上の会話を監視し、会話の発信元をユーザー番号から特定することを容認している。[34]

GDSの初代プロダクト・マネジャーであるリチャード・ポープは、ある記事のなかでこう書いている。「ソフトウェアは今や政治だ」。今後、そうでなくなることがあるとはとても想像できない。

イノベーションは二の次

人は恐ろしいものや不快なものを目の前にしたとき、それから逃避するための行動を思いつくのがとても得意だ。たとえば本書は全編とも、本来ならもっと急を要することをしていなければならなかった時間を使って書かれた。

組織というものは総じてこの問題に弱い。それが特によく見られるのは規模の大きい古めの組織

＊14　労働者としての法的権利をめぐりウーバーとそのドライバーが争った事案で、英最高裁は「ドライバーは労働者である」との判断を示した。これを受けて同社はドライバーに最低賃金や企業年金などを適用する方針を示し、労働組合加入も認めた。

だ。そうした組織では、データ共有に備えて基礎データの整備をするとか、新しいスキルを持った人材を採用するとかいったごく平凡な業務を先延ばしにするが、それでも悪影響が出ないという状況があまりにも長く続いてきたため、そうした業務はしなくてもよいものと簡単に退けられるようになっている。そもそも、これをやらなかった場合の影響は軽微でほとんど目に見えないため、このままでいいという考えが大方を占めているのだ。だが、そうではないことが新型コロナウイルスによって明らかになった。

大企業や政府機関は、仕事の特性を備えていながらもはるかに気楽に時間を注ぎ込める別の何かが見つかれば、大変だけれどやらなければならない仕事をいっそう容易に無視するようになる。ありがたいことに、技術のハイプ・サイクル[*15]は気晴らしになるものをタイミングよく次々と提供してくれる。しかも、デジタルという単語は、今月の特集記事で紹介されたどの流行《はや》りの技術とも、たいていうまく結びついてしまう。ブロックチェーン。人工知能。モノのインターネットにコネクテッド・デバイス。ロボティック・プロセス・オートメーション。特集記事に掲載されたこうした魅力的なものを短い休憩時間中に目にした業界のトップや大臣や政府高官は、自分が運営する組織に及ぶかもしれない影響を分析するために政策文書の作成を依頼する。政策文書のできは上々だ。だが、政策やビジネス・スクールで学んだ知識と技術リテラシーとの間にある落差は、時にとてつもなく大きい。これが、戦略とデリバリー[*16]との間に大きな隔たりを生むことになる。

GDSが始動した当時はモバイル・アプリが「流行メニュー」の「本日のおすすめ」だった。

大臣は誰もが独自のアプリをほしがった。政府高官にはそれが素晴らしいアイデアのように思えた。喜んだ納入業者はサービスを提供しようと列をなして政府につめかけた。アプリについては後ほど詳しく説明するとして、とりあえず今は、GDSがアプリ作成の要求を99％却下したとだけお伝えしておこう。政府はアプリを導入できる状態になっていなかったのだ。というのも、何を目的にアプリを作るのか、要求している側がよくわかっていなかったからだ。アプリがよさそうに思えただけなのだ。2013年に、著者の一人であるトム・ルースモアがアプリ作成方針を説明するブログ記事を書いたが、これはまたたく間に最も多く読まれたデジタル・チームの記事となった。[35]

私たちは最高経営責任者や部門長にお目にかかるが、人工知能に関して先駆的な取り組みを行っているなどと誇らしげに説明する一方で、事務管理システムがまともに動かず給料日にきちんと従業員の給料を支払えないと白状するような人があまりにも多い。コネクテッド・デバイスの試験運用を実施しているというのに、いまだに何千人もの顧客に勘定書を記帳させている人もいる。なにも将来に備えることが悪いと言っているのではない。責任あるリーダーは、新しいものの出現にいつも注意している必要がある。そうしていながらも、床に落ちている汚いものを踏ん

＊15　何らかの技術が登場して期待が高まり、次第に普及していく過程。①黎明期（Innovation Trigger）、②過度な期待のピーク期（Peak of Inflated Expectations）、③幻滅期（Trough of Disillusionment）、④啓蒙活動期（Slope of Enlightenment）、⑤生産性の安定期（Plateau of Productivity）という5つのフェーズを循環する。

＊16　ITサービスを設計・開発し、実際の使用環境に導入するまでの一連の工程。

だら計画が台無しになってしまうことを意識できるのが成功するリーダーだ。

DXとは

本書の執筆時点で、ウィキペディアにはDXの定義が次のように書かれている。「デジタル技術を用いてサービスやビジネスを変革することを目的に、デジタル化されていないプロセスや手動のプロセスをデジタルなプロセスに置き換えたり、古くなったデジタル技術を新しいデジタル技術に置き換えたりすること」[36]

この定義で間違ってはいないが、完全ではない。デジタルという言葉はくせ者で、「0」と「1」、デバイス、ドングル、キラー・アプリなどを連想させるものになってしまった。DXは技術に限った話ではまったくなく、仕事のやり方を変えることに意味がある。これは簡単なことではなく、多くの組織が痛い目に遭ってそれを学んできた。『フォーブス』誌によると、企業の変革の取り組みの70%は、「焦点が定まらず、やる気をかきたてず、失敗に終わった」という結果が出ている[37]。失敗は傷跡を残し、将来の変革への意欲を減退させる。

デジタルな組織を作るための実際のステップは複雑ではない。ただ、大変で、たいていは愉快なものではない。高級官僚や経営者はだいたい該当するのだが、非常に賢い人々にしてみれば、シンプルでありながら体制に反する解決策を提示されることはほとんど侮辱でしかない。たとえば、何十年間も頭を悩ませてきた問題を解決するために、「普通の人が使うような言葉を使う」ことも必要だと言ったら、歓迎されるとは限らない。[38]

組織全体の変革の一翼を担うDXとは、届けるものを変えることなのだ。サービスを考えるときはユーザーが何を求めているのかを最初から最後まで徹底的に見ていく姿勢を持たなければならない。そして、プラットフォームを構築しなければならない。これがあれば、デジタル・サービスをつくるときに、そこで使われている構成部品を組織内のさまざまな場所で繰り返し利用でき、無駄な重複を省くことができる。そのためには、プロセスやサービスの中心に居座っているスパゲティー状態の古いITや、紛らわしい重複の発生源になっているほつれたデータ・アーキテクチャなど、壊れているものを修正することも必要になる。

だが、最も大きく変わるのはデリバリーのやり方だ。つまり、仕事は、権限を付与された分野横断型のチームで進める。ユーザーのニーズを出発点にする。仕事の内容を公開する。何度も改良を重ねる。新しいサービスを実際に使ってもらって検証する。高価なプロプライエタリ・ツールではなく、オープンなインターネット・ツールを使う。幅広い層の人に向けてわかりやすい文章を書く。提案書や会議の代わりに試作品や動作するコードを見せる。組織内の人々や組織と関わりのある人々との間に信頼関係を築く。データを使ってデザインする。物事を単純にするために懸命に働く、ということだ。

以降、本書で述べる内容の多くは、単純で明白なことのように思えるだろう。DXのほとんどは単純で明白だ。だが、これは簡単という意味ではない。あるべき姿にするには、組織の基盤

――行動を促す外的刺激や職務遂行上の暗黙のルール――にまで踏み込む必要がある。つまり、単にウェブサイトを構築すればよい、というような生やさしい話ではないのだ。

だが、そこにたどり着く前に、基本的な問題――どこから始めるか――を解決しなければならない。

SUMMARY

・DXとは、インターネット時代の原理に基づいて新しいタイプの組織を構築することであり、複雑な技術を追加してアナログな組織を修理することではない。

・つまり、少なくともユーザーが実際に目のあたりにする変化と同程度に、組織内部の運営方法を変えるということである。

・無理やりデジタル・ディスラプション[17]対応を進めるような方法は、先の見通しを立てて計画的に対応するやり方よりも危険だ。

・あるべき姿にすることができれば、効率化も進むしユーザーへのサービスも向上する。

*17　デジタル技術を使って、既存の製品やサービスを駆逐するほど優れた代替物を安価に生み出すこと。

Before you begin

第3章

始める前に

デジタル組織づくりを始めるには、４つのものが必要だ。

①危機

これを読んでいるということは、あなたの組織はおそらく危機の真っ只中にあるのだろう。いや、違う。本当に危機の真っ只中にいるとしたら、こんなものを読もうとはしないだろう。組織や政府が何十年も続けてきたのと同じ行動パターンを、また繰り返そうとしているはずだ。それが人間というものなのだから仕方がない。読書などしている暇はないのだ。

だとすれば、危機を脱したばかりの可能性のほうが高い。それもテクノロジー絡みの危機だったことはほぼ間違いない。もしかすると、ＩＴ障害で給料日に給料を支払えなかったのではないだろうか。実際カナダでは、ＩＢＭのシステム障害が原因で公務員8万人に誤った額の給料が支払われるという問題が起きたことがある[39]。あるいは、何百万もかけた新しいＩＴシステムが使いものにならないらしいことに気づいた国民から苦情が寄せられているのかもしれない。オーストラリアでは、Centrelink*1の過剰給付金返還請求システムが正しく動かず*2、政府オンブズマンが調査に乗り出す事態となった。このシステムが引き起こした惨状は、「何の落ち度もない何千人もの国民が地獄の夏休みを過ごす羽目になった」とベテラン議員が評するほどひどいものだった*3。[40]

あるいは、看板政策が暗礁に乗り上げているのだろうか。英国では、２０１３年にユニバーサル・クレジット*4のシステム開発が中止に追い込まれ、少なくとも1億３０００万ポンドのＩＴ費用を損金として計上せざるを得なくなった[41]。それとも、ランサムウェア攻撃を受けたのだろうか。２０１７年5月、英国では国民保健サービス（ＮＨＳ）の関連機関（ＮＨＳトラスト）40カ所がWannaCryに攻撃され、６９００件の予約の取り消しを余儀なくされた[42]。ひょっとすると、最大規模の新しいウェブサイトがクラッシュしたという可能性もある。米国では連邦政府が運営する医療保険サイトhealthcare.gov*5がクラッシュし、ホワイトハウスのローズガーデンで大統領が記者会見を開いて謝罪せざるを得なくなった。

新しいＩＴシステムが何度もクラッシュしてユーザーを怒らせているという可能性もある。英国航空の新しいＩＴシステムは年に何度も世界規模の障害を起こし、6度目のときには１０００便以上が遅延または欠航になり、世界中の利用者が激怒した[43]。あるいは組織の不始末のために人々が不利益を被ったり、幻滅したり、個人的なリスクにさらされているということはないだろうか。スウェーデンでは、交通局がIBMスウェーデンと締結した外部委託契約に不備があり、2017年7月、警察や軍の関係者を含むほぼすべての国民のデータが流出し、スウェーデンの国民ほぼ全員に被害が及んだ。[44]

あなたは、これまでうまくいっていた方法では今回の危機に対応しきれないと思っているのではないだろうか。

今回の危機があなたにとってさほど大きなショックではなかった可能性もある。多くのお金が無駄になったことも意外ではなかったのではないだろうか。温かい言葉をかけてもらい、何年もかかって次なる大物を設計・構築したにもかかわらず、できあがったものを使った人々は大いにがっかりすることになったのに、それも意外なことではなかったのではないだろうか。自分のところのスタッフのために基本的なことを整理できない組織にも驚かなかったに違いない。

＊1　センターリンク。社会福祉を担当する行政機関。
＊2　失業手当や子ども手当といった政府による諸手当の受給状況を所得データと照合し、過剰給付があった場合に返還を請求するシステム。
＊3　所得データとの照合が正しく行われず、受給資格のある低所得者に対して給付金の返還を迫る通知が届くという事例が多発した。発生時期は2016年10月前後で、南半球のちょうど夏休みの時期に返還を迫られる格好になった。
＊4　求職者手当、所得補助、住宅給付、児童税額控除など統合する包括的な社会保障制度。
＊5　想定されていた1日のアクセス数が数万件程度だったのに対し、初日のアクセス数が数百万件に達したことで、healthcare.gov は立ち上げと同時にクラッシュした。

組織を変えようと思ったら、雷雲《かみなりぐも》を連れてくることがたびたび必要になる。危機が必要なのだ。商売の世界では危機に直面して気が引き締まるということがよくあるが、それは組織の存亡がまさに左右されるからだ。危機に対応できなければ、たちまち会社の名前は悪い冗談のオチにすぎなくなってしまう。

ソニーは競争力のあるデジタル・ウォークマンの開発に消極的だったために、アップルのiPodに入り込む余地を与えてしまった。ビデオ・レンタル大手のブロックバスターはのんきに構えてネットフリックスを相手にしなかったが、その後、競争力を失って倒産した。多くの企業は警告に耳を貸さない。よくあることだが、大きくなりすぎた会社は、その会社が存在しない世界を想像できなくなる。だが、その会社がなくなって困ることなどそうそうない。

皮肉なことに、企業が最も危険な状態に陥りやすいのは楽に稼げているときだ。そのようなときには劇的な変化の必要性がなかなか見えてこない。問題がないなら下手にいじらないほうがいい、というわけだ。だが、そんなふうにいい気になっていても許されるのは、技術や社会が根本的に変わってもびくともしない組織だけだ。今、正直にそう言える組織はほとんどない。創造的破壊者《ディスラプター》＊6が利益をむしばみ始めてから対策をしようにも、気づいたときには新しい市場やデジタルな働き方への転換に必要な投資もままならない状況になっている。チャンスを逃してしまったのだ。有能な人材は他に移ってしまった。利益率は下がる一方だ。今、そのような会社にできることは、潮目が変わることを願って神頼みをすることだけだ。だが、普通は願いどおりにはいかない。

CASE

ハーツ

ハーツ（Hertz）は、全世界に約1万カ所の拠点を構え、約50万台の車両を保有するレンタカー会社だ。ライドシェア・サービスを展開するウーバーのような競合企業や、エイビス（Avis）のような同業者からのプレッシャーにさらされている企業でもある。

2016年、ハーツは大手テクノロジー・コンサルタント会社のアクセンチュアとDXプログラムの契約を締結し、4億ドルをかけてウェブサイトを全面的に刷新することになった。だが、3年も経たないうちに同社は弁護士を雇い、「アクセンチュアがつくったウェブサイトやモバイル・アプリは使いものにならなかった」として支払い済みの3200万ドルの返還を求めてアクセンチュアを提訴した。

特に目を引くのは、レスポンシブ・デザイン*7のような基本機能が組み込まれなかったことだ[45]。ハーツによると、アクセンチュアは世界最高のチームを用意して同社の要求に

＊6　デジタル・テクノロジーを活用して既存の業界の秩序やビジネス・モデルを破壊する新興企業。
＊7　ユーザーの画面サイズに合わせてウェブページを自動的に調整する機能。

応えると約束したが、後になって、バグだらけのコードの修正費用を請求するという「恐喝まがいの要求」をしたという。アクセンチュアはこの訴訟を、「応じる価値のないもの」としている。本書の執筆時点で訴訟はまだ継続している。

どのような話にも2つの面があることは言うまでもないが、いずれにしても今回の大騒動は不用意に外注することの危険性を示す教訓となった。DXに乗り出す大企業の大半は、システムやソフトウェアの購入、知識や経験、プロジェクト管理など、何らかの形でいつかは外部の支援を求めなければならなくなる。賢い顧客になろうとしないことは、コンサルタント会社の邪悪な側面が見せた強欲さとほとんど同じ恥ずべき行為だ。

政府となると話は違ってくる。インターネットは私たちが従来から持っている「国家」像を揺るがす真の危機だと言う人もいるが、その主張には説得力がある。多くの発展途上国では巨大ウェブ企業がミニ政府のような働きをしていて、その役割が今後小さくなるとは考えられない。民主主義が定着したほとんどの国の政府は、あるだけでいいような存在になっている。政治家の顔ぶれは変わっても、変わらずに権力の家に住み続ける人たちはいる。彼らが行動指針としているルール、規範、インセンティブも変わらない。国民生活を支える機構――省庁やそこで働く公務員――が危機の兆候に気づくことはほとんどない。戦時中に国家の構造ががらりと変わるのには理由がある。平和なときに慢心するなと言われても無理な話なのだ。ウェブのようなくだらないものはマニアに任せておけばよいものであって、深く刻み込まれたその種の自信がウェブごときにくじかれることはない。

政府は常に危機的状況にあるが、それが生き残りを賭けた全面的な戦いに発展することはまずない。だがこれは、鳴り止まない警報器の番をしているようなもので、ほとんどの官僚は何かあったら反射的に対応できるよう、いつもビクビクしながら待機している。そのため、勘や前例に頼ることになる。それがまた、諸々の事態を収拾させては次の緊急課題に移るという習慣を助長し、厄介な問題を解決するという面倒で難しい仕事はいつまで経っても後回しになる。そのような仕事をしている暇は官僚にはないのである。

ありがたいことに、政府のDXの必須条件とも言える危機が不足することはない。難しいのは、目的にかなった危機を選ぶことだ。

変革に寄与する危機には2つの種類がある。1つは、本当に衝撃的な出来事、つまり、否応ない政治的機会をもたらすような失策で、この種の危機の方が目的にかなっている。あまりのひどさに大衆紙でもさんざん取り上げられることになるため、広く国民の知るところとなるからだ。有権者のほとんどは、IT障害が原因で看板政策が失敗しかけた複雑な事情を知ることもなければ気に留めることもないだろうが、そういうことがあったという事実は思い出すはずだ。明らかに無能な政府に投票する人はほとんどいない。

巨大プロジェクトと目が飛び出るほど超過したその予算は危機感を煽る材料になりやすい。当初予算が10億ポンド以上の政府プロジェクトの10件に9件が最終的に当初計画を上回る額を支出している[46]。大規模プロジェクトと小規模プロジェクトを比較した政府研究所の研究によると、大規模プロジェクトは柔軟性に欠け、資本コストが高く、多くの抵抗に遭い、先の見通しを立てにくく、約束どおりの変革を実現できないことが多い[47]。DXは国民の不満や不確実な未来を消し去ってくれる魔法の杖ではない。だが、ほとんどの場合は予算を圧縮できるし、組織の柔軟性を高めることもできる。

もう一方の危機は、いくつものちょっとした失敗が時間をかけて着実に堆積していく類いの危機だ。政府という組織は大きい。小さな失敗を1つ1つ取り上げるのでは簡単にごまかされてしまいかねない。だが、点と点をつなぎ合わせ、話の筋道を明らかにし、根本原因を突きとめることができれば、雑音をはねのけられる可能性はある。これほどのことをするのは大きなミスを1つ指摘するより難しいことだが、できないことではない。

無駄にはできないおあつらえ向きの危機が迫っているとしよう。マスコミや世間は大騒ぎだ。またしてもIT障害が起きてしまった。インターネット時代の今は何をするにしても別のもっといいやり方があると、実体験として知っている人の数に不足はない。もうこの新しい道を進むしかないと考えるのは簡単だ。だが、残念ながらそれほど簡単なことではない。もしそうなら、もっと多くの国が何年も前にそうしているはずだ。

政府を変えるチャンスは簡単には訪れない。そのチャンスを手に入れるには危機だけでは足りない。不可欠なものがあと3つある。

②政治リーダー

政府のことで不可解な点の1つは、政治家が自分の担当省庁の仕組みにほとんど注意を払わないことだ。その一因は憲法の規定にある。多くの国では政治の世界と官僚の世界がきっちり分かれていて、大臣は官僚に要望を伝えることしかできない。それを、最もうまくいきそうなあらゆる手を尽くして実現するのは公務員なのである。

DXを開始するには、この境界線を越えて取り組む覚悟を持ったリーダーが必要となる。政治家がこの役割を担った例がいくつかある。メキシコではペーニャ・ニエト前大統領[*8]が大統領執務室に担当部隊を設置して政府機関の変革にあたらせた。エストニアではトーマス・イルヴェス前大統領[*9]とアンドルス・アンシプ前首相[*10]が政府の中心事業としてDXを推進し、最先端技術を購入も構築もせずに、エストニアを世界が認めるデジタル最先進国に押し上げた。アルゼンチンでは中央政府の通信と近代化を担当するアンドレス・イバラ大臣が、ブエノスアイレス市の近代化を担当していたときにデジタル・チームを通じて行ったのとほぼ同じことを連邦政府でも行って

＊8　Peña Nieto：在任期間2012〜2018年。
＊9　Toomas Ilves：在任期間2006〜2016年。
＊10　Andrus Ansip：在任期間2005〜2014年。

いる。カナダでは前職と現職の予算庁長官兼デジタル政府大臣であるスコット・ブライソンと[*11]ジョイス・マレー[*12]がデジタル政府を精力的に支援した。オーストラリアではマルコム・ターンブルが通信大臣を務めていた2013年9月〜2015年9月の間に、強い影響力を持って同じ政策を推進した。英国でGDSが成功したのはフランシス・モードの支援によるところが大きい。

政府と民間企業には、どのレベルにも同等の役割がある。大臣とCEOは似たようなプレッシャーにさらされる。企業によって経営委員会や取締役会の構造が異なるのと同様に、国を動かす政治ピラミッドはだいたい国ごとに異なり、行政権の割り振りも多様で役職名もさまざまだ。政治の世界と公務員の世界の間に存在する厳格な区分と曖昧な部分も、国によって微妙に異なる（それどころか、同じ国でも時間が経てば変わる）。本書の読者は、大きな組織であれば――官か民かにかかわらず――ほとんどどこでも戦略面のリーダー（ビジョンや方向性を定める人）と運営面のリーダー（日々の業務を遂行する人）を置いていることだけ押さえておけば十分だ。この二者の間の距離を見れば、変革の必要性がどれほど差し迫っているかだいたい分かる。

どの組織でも、主要な支援者になる人には、政治家があまり持っていない類いの資質がいくつか求められる。第一に、限りある政治資金を組織自体の改革に費やすことをいとわないこと。これは滅多にない資質だ。ほとんどの人は明確な信念や実現したいビジョンがあるから政治家や企業のトップを目指す。目標を達成できるのであれば、それを実現させてくれる機械については、どちらかと言えばほとんど関心がない。多くの大臣やCEOは、ずっと後になって初めて、自分が引いているレバーが実は何にもつながっていないことに気づく。

そのため、改革を推進するのに最適な人物は党や企業の幹部である場合が多い。彼らは仲間から尊敬されている。政治の世界では、政府の最上層部の人物と良好な、どちらかといえば親密な関係を持つことが求められる。これは一般的に、割に長い間うまくキャリアを重ねてきたという意味であり、(あまり細かいことを言うつもりはないが)同業者との間に不和が生じることについて、ほやほやの新人大臣ほどは気にしないということを意味する。

政府に対しては、引退した政治家の口から官僚制度の欠点が的確に表現されることが多い。GDSの最初の4年間に副首相を務め、現在はフェイスブックのグローバル・アフェアーズ&コミュニケーション担当副社長となっているニック・クレッグ[*13]は、当時の気持ちを次のように述べている。「施策を求める国民からの理にかなった要求にすぐ対応したいという思いと、政府内の煩雑な意思決定という現実との板挟みにあい、居心地の悪さを感じていた。デジタル時代の政治と英国政府《ホワイトホール》のアナログな手続きの間で身動きが取れなくなっていた」[48]。残念なことに、政治リーダーがひと息つくことができたときには、手遅れでどうすることもできない。

理想的な支援者は、公共サービスを改革しても票が集まらないことを知っている。とはいえ、個人的にも政治的にも価値のあることを成し遂げようとするならば——そもそも、そのためにこの

*11 Scott Brison:2015~2019年予算庁長官、2018~2019年デジタル政府大臣。
*12 Joyce Murray:2019年3月~デジタル政府大臣。
*13 Nick Clegg:1967年生まれ。英国の政治家。2007年から2015年まで自由民主党党首を、2010年から2015年まで副首相、枢密院議長を務めた。2018年10月、フェイスブックの副社長に就任。

きつい仕事に就いたはずだ——、目的だけでなく手段も把握しなければならないが、彼らはそれも分かっている。政府を変えるという長い道のりを進んで行くには、現状を放置すれば高い代償を払うことになるという点を理解している人が必要だ。したがって、DXの擁護者として最も成功している人物は2つ以上の異なる政権を経験したことのある大臣ということが多い。

ほとんどの人は、法律に基づいて幅広い政府業務に影響力を行使できる役職にも就くことになる。これは通常、英国の内閣府やカナダの予算庁のような中枢部門に身を置くことを意味する。つまり、他部門の業務に口出しができる立場になるため、政治的に強い人物という要件も満たすことになる。政治側の支援者はあまり階層が高くない人のほうがよいという意見もある。事なかれ主義の組織を変えるには、政治的資本だけでなく多くの時間とエネルギーが必要だ。非常に広い分野にリソースを配分して便宜を図る必要がある大統領、首相、財務大臣では苦労するだろう。

DXを主導するにふさわしい政治家を見つけるのは大変だが、絶対に見つけなければならない。ほとんどの政権には格好の候補者が2、3人しかいないだろう。1人もいない政権もあるかもしれない。だが、世の中にはいるものだ。彼らのような人物がいなければ成功はおぼつかない。

③チーム

政府は人で成り立っているビジネスだ。政府を変えようと思ったら、そこで働く人を変えなければならない。もっと言うと、新しく入ってきた人々の集団が行政機構内で発言できるようにしなければ、政府を変えることはできない。

政府のDXを成し遂げるには、それまで政府にいなかったようなタイプの人間を採用する必要がある。政府が基本的なサービスを運営するのに必要なインターネット時代のデジタルや技術に関わるスキルを持つ人材は、多くの公的分野には存在しない。いたとしても、権限のない孤立した小さな部署にいるのがせいぜいで、部署の存在すらほとんど忘れられていたりする。なかには、個別部門と取引のある納入業者の従業員が欠落したスキルを補っているケースもあるかもしれない。

必要なスキルを持った人材は、まだ政府内に入り込んでいなくても、外部で活発に活動していることがよくある。金銭的報酬をほとんど得ずに、市民参加の民主主義や第三セクター・サービスの向上に取り組んでいるような人たちだ。GDSは英国のシビック・テック[*14]運動から多くの刺激を受け、後にはそこから人材を探すようになった。mySociety（マイソサエティ）は、トム・ルースモアとマイク・ブラッケン（ともに本書の著者）が元政府顧問のトム・スタインバーグとともに立ち上げた組織で、市民やコミュニティのウェブサイトを統括する役割を果たした。マイソサエティは、「書いたコードはオープンソースにし、使いたい人は誰でも無料で入手できる

＊14　シビック（Civic：市民）とテック（Tech：テクノロジー）をかけあわせた造語。市民自身がテクノロジーを活用して行政サービスの問題や社会課題を解決する取り組み。

ようにする」、「どのウェブサイトも市民を最優先にデザインしなければならない」、という2つの考えに共感した人々が集まってできたコミュニティだ。この考えが後にGDSの指針となる。

他のネットワークにも変革の種が存在し、後にデジタル・チームに集結することとなった。ITの刷新を求める人々の一団は、書籍や新聞・雑誌記事、地味で執拗なロビー活動を通して、政府で使われているテクノロジーの問題を解決するための効果的な提言活動を傍らで続け、政権を取ると見込まれていた仮政府に助言をしたり、政府が犯している自傷行為を指摘したりした。政府内外のデジタル関係者が集うエネルギッシュな集団であるTeaCampとUKGovCampは、アイデアを交換し、苦労話に花を咲かせ、仲間を増やしていった。このような頼りになる熱心なボランティアのネットワークがなければ、GDSはこれほど早く生まれていなかっただろうし、そもそも作られなかったかもしれない。

国がDXの旅を本格的に始めるには、このような熱心な人々の集団を先に見つける必要がある。最初に必要なのはほんの数人で、どの国にも人材はいる。私たちはチリからリビアまで、あらゆる場所で素晴らしい市民テクノロジストに出会った。優秀なプロダクト・マネジャーが1人、トップクラスの開発者とデザイナーが数人、超一流のユーザー・リサーチャーとアナリストが1人か2人いれば、スムーズなスタートを切ることができる。これですら恵まれているほうで、優れた人材が3人もいればデリバリー・チームとして十分に機能する。ペルー政府の仕事をしているチームはわずかなスタッフでスタートしたが、それでも国全体をカバーするGOV.UK方式の単一ドメインを12週間で稼働させた。そうした人材の集まる場所を自国で見つけられなければ、土台となるプラットフォームがないということだ。チームについては第5章で詳しく説明する。

場所によってはこれをするのが他より難しくなるだろうが、まったくあてがないというのは極めて稀だ。しかるべき能力と心構えのある人物はたいていどこかにいるものだ。一般の技術者や開発者が集まってオフ会をしていたり、ソーシャル・メディアを使って会話をしていたりする。国外で仕事をしている人もいるだろうが、母国で公共の利益のために何かができる滅多にないチャンスとあれば、帰国する気になる可能性もある。

④ミッション

「デジタル」と「変革」は恐ろしく広い意味合いを持つ言葉だ。何も始められないうちにこれらの言葉に殺されかねない。

「自分たちが危機を解決する」と表明すると、スコープ・クリープ[*15]を招きかねないというデメリットがある。糸を1本引っ張れば100カ所からほころびが出始める。大組織の抱えるいくつもの問題は互いに関連し合っているため、いとも簡単に反対意見や先送り論が飛び出してくる。たとえば、「指摘はごもっともで、こんな状態でいいとはまったく思っていない。しかし、この

*15　プロジェクトを進めて行くうちに、要件や成果物などが最初に定めた範囲を逸脱すること。

プロジェクトが完了する半年後にしたほうがはるかに有利な立場で始められる」などと言われてしまうのだ。この手の策略には別の言い回しもある。「結構だが、xを直すつもりなら当然yとzも同時に直さなければ意味がない」。だが、これは今に始まった問題ではない。かなりの上級職に就いていたとある元英国政府高官がこの策略を「岩石収集」と表現していた[*16]。これがなくなることは永遠にない。

この種の反論への対応方法は1つしかない。気持ちのいいものではないが、とにかく無視することだ。

変革を成し遂げたいのなら、できれば具体的に期限を区切って、実現するつもりの明確な目標を1つ設定することが必須となる。英国の場合、それは新しいウェブサイトのGOV.UKだった。GOV.UKを予定どおりに完成させるには、他の多数の要望を無視し、いくつもある根深い構造的な問題については一時しのぎの解決策を考え出し、議論できる状態になるまでもたせる必要があった。問題を全部いっぺんに片づけることはできないのだ。

最初に設定する目標はミッションそのものでなくても構わない。むしろ、同じでない方がよい。最終的な目標は、何十億ポンドも節約し、公共サービスを改善し、政府を変革することかもしれない。そこにこそ政治リーダーは意義を見出し、チームは魅力を感じる。とはいえ、最初の目標はなるべく小さく、具体的かつ現実的で、リスクの小さいものがよい。そして、「政府の普通」とは著しく異なるものにこだわるべきだ。出だしはどんなに小さくても構わない。大切なのは気運を高めることだ。

最初の目標は、政府の内外を問わずさまざまな政治的利害関係者から支持されるものでもあるべきだ。政争の具を選ぶのは危険だ。1つの政党だけが称賛や非難の対象になるような目標を設定してしまうと、じっくり時間をかけてDXを成功させようにも、政権が変わって先の見通しが立たなくなる可能性がある。ふさわしい資質を備えた政治リーダーがいれば、政権交代の影響を受けずに済む可能性が高い。国のウェブサイトを期日までに予算内でストレスなく無事に立ち上げることこそが、目指すべき嬉しいサプライズだ。政府が抱えるITの問題すべてを解決すると言って希望を抱かせておきながら約束を果たせないことではない。サービスが向上し、お金の節約になり、利用者や政治家の満足度が向上するなら、政治志向にかかわらず必ず賛同を得られる。

GDSの目標は、当時、政府のデジタル・チャンピオンを務めていたマーサ・レーン・フォックス[18]からの書簡を基に設定された[17]。マーサはデジタルの破壊力をラストミニット・ドット・コム[19]の共同創業者として、またそれぞれの業界でインターネットによる打撃を乗り越えようとして

＊16 やりたくないことから目を背けるためにする無意味な行動のたとえ。
＊17 競争力と生産性の向上やコスト削減等を目的としてEU加盟国がそれぞれの国に置くデジタル化推進担当者。国民のインターネット利用を促進し、デジタル格差を解消することも任務に含まれる。先行していた英国での取り組みがモデルとなっている。
＊18 Martha Lane Fox：1973年生まれ。1998年、ブレント・ホバーマンとともにラストミニット・ドット・コムを設立。2009年6月にデジタル・インクルージョン・チャンピオンに任命され、2010年から2013年まで英国のデジタル・チャンピオン。
＊19 1998年創業。日程間近の駆け込み予約に絞り、ホテルや航空券などを破格値で提供するオンライン旅行会社。2005年に5億7700万ポンドでSabre Holdingsに売却。

いたマークス&スペンサー[*20]やチャンネル4[*21]の役員として、最前列で体験している。内閣府担当閣外大臣に就任して5週間だったフランシス・モード[*22]が、マーサに対し、公共サービスをオンラインで提供することによりサービスの質と効率の向上を図るにはどうすればよいかについて政府への助言を求め、人々のインターネット利用を促進することに対する彼女自身の熱意についても併せて訊ねたのだった。[49]

マーサの書簡は重要な転換点となった。この書簡でGDSの権限が確立し、その後のミッション――政府の情報発信のやり方を正し、トランザクション・サービスを直し、政府を「卸売業者化[*23]」し、政府内で何千回も再利用が可能なサービス・パーツの作成を進める――が決まった。また、1つのデジタル機関に集約されるべき2つの異なる課題をまとめて解決することにもなった。破綻したテクノロジー市場の是正と不良サービスの廃止によって国庫負担を軽減しようとしている集団と、ウェブを通じて国民の生活をもっとシンプルにしようとしている市民テクノロジストたちが別々に活動していたが、それが初めて、政府をデジタル化するという共通のミッションを帯びた1つのグループとなり、そのための機会と保障を獲得することとなった。

これら4つの条件が揃えば、本当の改革を実現できる可能性は極めて高くなるが、これだけではまだ足りない。議会やマスコミ内に同じ考えを持つ人を見つけることも必要だし、政府が方針転換せざるを得ないほど厳しい経済状況に陥ることも改革を後押しする。それに、民間企業にいるデジタルに詳しい人材も大いに助けとなる。とはいえ、この4つの要素が揃わなければDXを始めることすら恐ろしく困難だ。慌てて始めるよりも、時間をかけてしっかりと条件を整えるほうがよい。

SUMMARY

- DXの課題は事なかれ主義を打破すること。危機がそのチャンスをもたらす。
- 始める前に必要なのは、政治リーダー、優秀な人材、明確なミッション。
- 慌てて始めるよりも、先にこれらの条件を整えるほうがかえってよい。
- 意欲的な長期ミッションと達成可能な初期目標を組み合わせて気運を高めよう。

＊20　英国の老舗百貨店。
＊21　ロンドンに拠点を置く英国の公共テレビ局。
＊22　2015年5月から2016年5月まで内閣府担当閣外大臣、主計長官。
＊23　APIを開発してデータをオープンにし、営利企業や慈善団体が消費者等に向けた独自サービスを開発できるようにすることを指す。

Where to start

第4章

出発点を決める

とにかく始めなさい。

――ヒラリー・ハートリー、オンタリオ州政府最高デジタル責任者

偶然にせよ狙いどおりにせよ、とにかく変革のチャンスがあるところまでたどり着いた。だが、正すべきものが多すぎる。どこから手をつけたらよいのだろうか。

全面的な改革《オーバーホール》を始めようとすれば、どんな大組織でも3つの大きな課題に直面する。

1つ目は、あなたが慌ただしく着任するそもそものきっかけとなった危機が最初に解決されるはずだと思っている人がいること。理屈は分からないでもないが、その危機と言われているものは単なる症状にすぎず、もっと深刻な問題がある場合がほとんどだ。危機を解決する過程でその後に起こることを知る手がかりが得られるかもしれないが、面白味がないのに時間ばかりかかっ

て割に合わない作業になる可能性もある。絆創膏を貼るだけで政治資金を使い果たし、本当の傷口に近づけなくなってしまうかもしれない。GDSが歩みを始めたのは、11桁の赤字を計上したNHSのITプログラム[*1]が最後の審判を受けた直後だった。産声を上げようとしていたデジタル・チームは関わろうとすらしなかった。スタートも切れないうちに溺れ死んでしまうかもしれなかったからだ。

2つ目の問題は、新しい同僚が「前にもやったことがあるから、だいたいのことは分かっている」と言うかもしれないことだ。流行りの経営手法が書かれたのぼりをはためかせてやってくる白馬の騎士は、どの大組織の在職者にとっても職場の秩序を乱す危険因子に他ならない。よくあることだが、この手の侵入者は騒ぎ立てるばかりで、組織の「現実」を把握しきれずに恥をかき、素晴らしい出来栄えのスライドを残して消えてしまう。しかも、状況は以前とほとんど変わらない。政府の場合、大臣の熱意の有効期間は往々にして短いことが分かっているため、官僚は大臣自身が変革の風に吹き飛ばされてしまうのを待っていればよい。誰にしろ、「今度こそ本当に変える」と期待を持たせるようなことを言う人は、完全に冷遇されはしないにしても、警戒心を持って迎えられることが多い。よく問題になるのは「変革疲れ」で、ずっと変革を続けているのに少しも改善しているように感じられなくなると激しい疲労感に襲われる。「DXだって？　実際

*1　英国の公的医療機関NHSの国家プログラムで、患者情報の統合を目的として2002年に始まったが2011年9月に廃止された。

に見るまでは信じられないね」と言われるのが落ちなのだ。

3つ目の課題は、ヘッドライトに照らされた鹿のようにフリーズしてしまうという問題だ。大量の問題を解決するためにデジタル機関を新たに立ち上げてみたら、待ち受けていたのは「やることリスト」で、どれもさっさと解決しなければいけないもののように見える。テクノロジーには大量のセキュリティ・ホールがあるし、更新期限が迫っている契約やすでに過ぎている契約があるうえに、優秀な従業員が辞めようとしていたりもする。道路に出たとたんに何台ものトラックが迫ってくるようなものだ。外部からやってきたあなたはとっさに叫ぶだろう。「当初の計画は中断して先にこっちを片づけなければ！」。本当に解決しなければならないものもなかにはあるだろう。だが、忘れてはいけない。問題の多くはあなたが現れる前から――多くの場合は何年も前から――密かにくすぶり続けていたはずだ。皮肉なことに、遅いと悪口を言われることが多い組織ほど偽の緊急事態にまんまとだまされる。組織がまだ倒壊していないのであれば、すぐに倒壊する恐れはほとんどない。

緊急性の高い大問題の束を突きつけられ、懐疑的な人々の目にさらされれば、受け身に徹したくなるのも無理はない。だが、そんなことばかりしていたら衰退しかかっている組織を救うことはできない。前進しようと思ったら、まずは仕事の進め方を決める必要がある。

ＧＤＳが最初に公表したものの1つにデザイン10原則がある。

1. ユーザーのニーズを出発点にする。
2. やることを減らす。
3. データに基づいてデザインする。
4. シンプルにすることに尽力する。
5. 試行錯誤を繰り返す。
6. 誰にでも使えるものにする。
7. ユーザーの置かれている状況を把握する。
8. ウェブサイトではなくデジタル・サービスを構築する。
9. 画一化するのではなく一貫性のあるものにする。
10. 仕事の内容をオープンにする。そうすれば、もっといいものができる。

デザイン原則のようなものがある組織は多い。組織によってはこれを価値観とか理念とも呼ぶ。

だが、残念なことにろくでもないものがほとんどだ。役員や幹部が会議室や研修施設に集まって、組織で実際に行われている仕事のやり方を一切考慮せずに思いつきでつくっているのだから仕方がない。

デザイン原則の最も重要な特徴は、かなりのデザインをやり終えるまで公表はおろか暫定版すら作成しなかったことだ。原則の作成はデリバリーの前ではなく、デリバリーが終わってから書かれた。もっと言うと、書いたのは「上層部」ではない。実際にデザインをする大勢の人が他のさまざまな分野の専門家と一緒に仕事をする、そんなチームによって書かれたのである。

チームが最高の仕事をやり遂げられたのはこの原則のおかげであり、デジタル・チームが後手後手の火消し作業に引きずり込まれなかったのもこの原則があったからこそだ。以来、この原則は世界銀行に認められ、世界中の国と企業で手本とされている。オープンソース運動の推進者であるティム・オライリーはこれを評して、「80年代のアップルのもの以降で最も重要なユーザー・インターフェイス・ガイダンスだ」と語った[50]。私たちは敢えてアップルのものは気にしないことにした。

デザイン原則を公開する理由はいくつかある。新しいデジタル機関にとっては、巨大な分散型組織全体に規模を拡大しても通用する新しいアプローチを取り入れ始めることが最も重要だからだ。英国政府の場合、公務員独自の伝統ある立派な4つの価値観――「正直」、「誠実」、「公平」、「客観的判断」――に置き換わるものとしてこの原則が書かれたのではない。この価値観には想定されていない行動を規定するために書かれた。つまり、実際のデリバリーの手順を定めたのである。もともとある価値観は、中央政府の基本的な仕事のひとつである大臣への政策提言を役人がどのように行うべきかという指針を示したものだ。だが、公務員の多くは提言をしたりはしない。政治側のボスに会う機会に1度でも恵まれそうな公務員は20人に1人もいない。それ以外の公務員は現場で公共サービスを提供しているのである。

「デザイン」という言葉を選ぶことがGDSにとっては重要だった。サービスをデザインするということを、英国政府は長い間能動的に行ってこなかった。サービスのデザインは外部に委託してやってもらう受動的行為になっていた。つまり、企業にお金を払って政府の代わりを努めてもらうことが官僚の仕事になっていたのだ。

GDSができるまでの15年ほどの間、英国の公務員は「委託」や「入札」といった業務寄りの立場で自分たちの役割を捉える傾向があった。公務員がそのような時間の使い方をする理由は、主にリスクに対する特別な見方にあった。公共サービスのデザインやデリバリーを企業に委託すれば責任も企業に移る。したがってリスクを引き受けるのも企業だと考えていたのだ。この考え方は頭では納得できるし、必ずしも間違ってはいない。外部委託がうまくいくこともあるからだ。

とはいえ、政府の場合は理論どおりに事が運ばない場合が時々ある。2012年のロンドン・オリンピックでは、警備を担当した世界最大級の民間警備会社G4Sが計画どおりに人員を揃えられず、開会2週間前になって急遽3500人の軍人が動員されるという大騒動があった。また、オーストラリアのクイーンズランド州では、IBMに開発を委託した保健局の給与システムに欠陥があり、改修に改修を重ねた結果、最終的に当初予算を1万6000%も超過する支出を余儀なくされた[51]。ここでは2つばかり例を挙げたが、委託元（政府）の行為に対する国民の反発が示すとおり、企業が契約に従って責任を負うかどうかは問題ではない。最終的な責任は依然として大臣が負うのだ。

デザイン主導としているGDSの原則は、公務員の役割について述べたものでもある。つまり、DXには、デリバリーに対する権限と責任のいくらかを組織に取り戻すという意味があったのだ。

このデザイン原則の作成には、綱渡りをするような絶妙なバランス感覚が求められた。急進的すぎれば実現不可能な理想だと却下されてしまう。安全すぎれば、気づいたときには自分たちよりはるかに大きくて年季の入った組織の引力に負けていたということになりかねない。GDSは、オープン・インターネットの原則とともに成長してきた組織が普通にやっている行動習慣を10原則に選んだ。政府が標準としている行動習慣ではない。

GDSのデザイン原則が公表されたとき、これに注目した官僚はほとんどいなかった。最初に注目したのは政府の外から様子をうかがっていた人たちだった。デジタル・スキルを持つ優秀な人々はこの原則を見て、新しいチーム――つまりは英国政府――がこの問題に真剣に取り組んでいることを示す明確なシグナルと受け取った。デジタル・チームが新しい仕事のやり方を理解していることを周知したからといって、すべての懐疑論者がいなくなるわけではない。とはいえ、冷ややかな目で見ていた一部の人が考え方を変え始める可能性はある。

原則を書く場合の注意点を紹介しておこう。仕事の進め方をいくつかの短い言葉に要約するとよい。そうすると、デジタル文化をつくることの意義を説明しやすくなるし、一度で大勢の人に熱意を持って伝えることができる。

しかしながら、大きな組織でこの種の文化改革を実際に成し遂げようと思ったら混乱は避けられず、原則に書かれている言葉のようにすっきりとは行かない。原則を語る言葉の作成に最初から関わっている人たちは、原則と実用性を両立させなければならないことを知っている。しかし、デザイン原則を評価して後から加わった人たちが言葉の裏に隠されている意味合いを正しく理解するとは限らない。理解しないままにしておくと奇妙な形のイデオロギー論争が始まり、やるべきときにやるべきことをするよりも石板に刻まれたルールを純粋に守ることのほうが重要だ、ということになりかねない。そのような事態にならないように、明らかに愚かだと分かっているのであれば、規則を破ることを奨励するべきだ。

小さく始める

仕事の進め方を公表すれば、より強固な立場で出発点を決めることができるようになる。新しいデジタル・チームにとっての最初の課題は、以前なら出せなかったようなスピードで何らかのウェブ機能を稼働させることができる、ということを周囲の人たちに証明することだ。これなら比較的ハードルが低いだろうから、少しばかりタイミングがよくて魅力的というだけでなく、桁違いに速く、見た目がよく、ユーザーにとってまぎれもない価値のあるものを作り出すことを真の目標とすべきだ。最初のプロジェクトの戦略は、その後に続くすべてのプロジェクトと同様、きちんと形にして提供すること、すなわちデリバリーであるべきだ。

きちんと動くコードをつくることとの優先順位は、計画内容を説明する格調高い戦略文書を書くことや、組織の構造を決めることや、オフィス・スペースを整えることよりもだんぜん高くなければいけない。他も重要ではあるが、まずは、組織外にいる現実の人々に価値あるものを実物で示さなければならないからだ。企業であれ政府であれ、デジタル・チーム以外の多くのチームは、優れた書類の作成や面白いアイデアの創出ができ、その点にかけては非の打ち所がないと周囲も認めているだろう。だが彼らは、実際に動くデジタル・サービスのプロトタイプを数週間でユーザーの目の前に差し出し、検証をし、ユーザーからのフィードバックや他のデータに基づいてサービスを改善する、ということをやってきていない。あなたもやっていなかったとしたら、あなたがそこにいる意味はあまりない。

私たちが「速い」と言うときは本当に速い。組織によっては「速い」が1年だったり、長ければ1年半だったりすることがある。しかし、きちんと動くGOV.UKのアルファ版は13週間で完成した。電子請願サービス[*2]はゼロから11週間で完成させ、議会が設定した厳しい期限までに稼働を開始することができた。なにしろ政府のプロジェクトなのだ。そうは言っても、これらのサービスが完全に完成したわけではない。現在も繰り返し改良が加えられている。どのサービスも小さく始まり、シンプルで分かりやすいデザインが施され、ユーザーによる検証を受けた。完璧ではなく、それで十分というところから始めて、改良されていった。

仕事の成果は、まだ少し不安が残っているくらいで公開すべきだ。だが、特に政府で働いている人にはこれがなかなかできない。役人というものは、絶対に問題が起こらないと確信できるまで何事も伏せておきたがる。心配の度が過ぎるため、プロジェクトが日の目を見る頃には世界がすっかり変わってしまっている。成功しているデジタル・チームは、自分たちが作ったものは不完全ではあるが、ユーザーの協力があれば着実によくなっていくことをはっきりと伝えている。大多数の人は、大急ぎで改良したものに欠陥があったとしても大目に見てくれる。欠陥を認めて直してくれるのであれば、まったく何も変わらないよりはそっちのほうがよいのだ。

最初のプロジェクトは4つの質問を念頭に置いて選ぶとよい。最初の2つの質問は影響の大きさ、次の2つはリスクに関するものだ。最初のプロジェクトは、ユーザーにとって明らかにメリットがありながらも、政治的リスクはまったくと言っていいほどないものにするべきだ。

■どのくらいの人にどの程度のメリットがあるか?

最初のいくつかのプロジェクトでは、小さくても多くの人に注目されるようなユーザー体験の向上を迅速に図ることを目標にするべきだ。これに該当しそうなのは、とても単純なのに今あるウェブサイトでは解決できない問題を解決することだ。典型的な例に、「次の国民の休日はいつか」を問い合わせる検索がある。英国では毎年この検索が何百万回となく行われている。だが、明瞭明快な政府からの回答を簡単に見つける方法がなかったため、グーグルで何度も検索しなけ

＊2　政府・自治体に市民がインターネット上で要望や意見を伝えられるサービス。

ればならなかった。こういうものを1回きちんと解決するといい。大勢の人に気づいてもらえる。

■よくある問題が解決されるか？

組織内の異なる部署で何度も同じ問題を解決していることにすぐ気づくだろう。そのような場合は、ユーザー・ニーズをきちんと満たしたうえで、似たようなことをやろうとしている他のチームでも簡単に使い回せるようなサービスをつくれれば理想的だ。

■どのくらい複雑な組織になるか？

プロジェクトの完了を確実に長引かせる要因の1つは、関与するチームの数だ。異なる組織や部署のチームが参加するプロジェクトは、完了までに要する期間が急激に延びる。これまでの経験からすると、政府のプロジェクトの標準的な期間は、関与する部署が1つ増えるたびに半年延びると考えて差し支えない。最初のいくつかのプロジェクトでは、このようなごたごたは何としても避けなければならない。組織の境界がはっきりしているプロジェクトをなるべく選び、自分がいる組織だけで進められるプロジェクトから始めるのが理想だ。

■グリーンフィールドなのかブラウンフィールドなのか？

グリーンフィールドのサービスとは、新しい（もしくは新たに見つかった）ユーザー・ニーズを満たすために構築されるサービスだ。そのため、ユーザー・ニーズを満たすために取るべき方法に関して既存の法律、標準、思惑、選択肢などが目安や制約になる度合いを考慮する必要があまりない。ブラウンフィールドのサービスはその逆で、さまざまなレベルの思惑が付いて回る。

すでにあるブラウンフィールドのサービスやプロセスをなんとかしたくなるものだ。うまく機能していないことが明らかだったり、激しい政治的議論や国民の不満やお金の浪費の原因となっていたりする場合はなおさらだ。問題は、ブラウンフィールドのサービスのほうが抱えている荷物の量が必ず多いという点だ。技術の選択は済んでいるし、動作もすでに設定されている。そうなると、あらゆる作業がはるかに大変なものになり、デリバリーのペースが遅くなる。デジタル組織になるにはブラウンフィールドのサービスを修復するか廃止しなければならないため、いつかはこれに取り組まざるを得なくなる。だからといって、ブラウンフィールドのサービスから始める必要はない。最初に手をつけるサービスは、できればまったく新規のサービス（前述した電子請願サービスがよい例）か、手の施しようがないほど壊れているためにまったくの白紙状態から始められる小さなサービスにするべきだ。

これら4つの質問が頭に入っていれば、さまざまなプロジェクトのアイデアを選別して優先順位をつけられるはずだ。何も思い浮かばないとしても、組織内のいろいろな人が喜んでアイデアを提供してくれるだろう。ただし、アイデアをくれた動機をよく調べもせずに取り入れてはいけない。自分の組織のユーザーが実際に求めているものとは何の関係もないアイデアかもしれないからだ。新しいデジタル・サービスに向くよいアイデアを仕入れたいときに最も頼りになるのは、通常、一般市民に最も近い現場業務を担当している人たちだ。彼らは既存のプロセスの不備や欠陥に気づいているだろうし、必要に迫られて、問題箇所を迂回する方法をすでに見つけ出しているかもしれない。

政府で仕事をするデジタル・チームが一般論として覚えておくべきなのは、アイデアの質の高さはアイデアを出す人と公共サービスを利用する人との距離に比例して下がるということだ。特に政策担当の高官のなかには、勘が鈍ってしまって人々が実際に必要としているものややっていることを十分に把握できずに悪評が立っている人もいる。例外は、国への不満を国民の口から直接聞く機会が多い大臣だ。英国の大臣は、事務所にいるときよりも選挙区で定期的に行われる集会に顔を出したときの方が、担当省庁の問題点に気づくことが多い。困っている一般市民からじかに何度も担当省庁への不満を聞かされることで、その問題について集中的に考えるようになるからだ。

人の話にばかり頼っていられないのは言うまでもない。データも情報源として利用するべきだ。さまざまなデータに調べるだけの価値がある。まずは既存のウェブサイトのトラフィック・データから調べるのがよいだろう。組織が管理している何千ものウェブページのうち、ほとんど誰にもアクセスされていないものがどのくらいあるのかを知りたいときなどに、これが特に役立つ。ユーザーがウェブサイトから見つけられなかったものについて詳しく知りたいときなどは、コールセンターのデータもヒントになる。また、ユーザーからの苦情に関する生の情報を収集することも極めて有効だ。声の大きい人に誤って高い優先順位をつけないようにするためにも、特に重要といえる。工夫しなければこのようなデータが手に入らない場合もあるだろう。特に苦情が放置されていたような場合は、他部署にいる同僚が断固としてデータを渡そうとしないこともあるからだ。英国では、Citizens Advice（市民助言局）という慈善団体のデータから政府の運営上の問題点が数多く明らかになったが、その一部は官僚の判断で調査されずじまいになった。

デジタル・チームは専門家としての能力を活かし、プロジェクトとして取り組むにふさわしい案の取捨選択と優先順位付けができるツールを構築するとよい。GOV.UK チームは、政府の唯一のウェブサイトに対するニーズとして最も重要なものを特定して取捨選択するという膨大な作業を前進させるために、「Needotron」という名前のウェブ・アプリをつくった。このツールがあったおかげで、どのニーズをプロジェクトの範囲に含めるべきかを考えたり、まとめて片づけられるニーズがないかどうかを検討したり、優先すべきニーズを検索頻度に応じて全員一致で決定したりすることができた[52]。これにより、1800件もあったニーズの候補を900件まで絞り込み、優先順位を付けることができた。大変な作業だったことは確かだが、これほどうまい時間の使い方はない。Needotron を多機能ツールにするつもりはなかったが、ユーザー・ニーズを加味してデータを分析するのには役立った。

デジタル・チームは原則をバランスよく適用しながら仕事を進めるべきだが、適切なバランスというのは決して一定ではないと心に留めておこう。プロジェクトが違えば重点を置くべきポイントも変わってくるからだ。抽象的なデータから得られた情報と実際のユーザーとの会話から得られた情報とを結びつけることに重点を置くプロジェクトもあれば、動作するコードを実際に人に見せるために大急ぎで作業を進めなければならないときに、どの程度のリスクを負えば成果物ができるのかを正しく見極めることに重点を置くプロジェクトもあるだろう。

さて、仕事のやり方と仕事の内容は決まった。次は、それを実行する人を見つけなければならない。

SUMMARY

- デリバリーに基づくデザイン原則で、仕事のやり方の体系化、優秀な人材の獲得、組織が生まれ変わったことの証明ができる。
- 小さくてシンプルで注目度の高い新規プロジェクトから始めるのが、より適切でより安全なやり方だ。
- 状況に飲み込まれて「組織の最大の問題を最初に解決する」とうっかり提案しないようにしよう。
- 組織内外の、できれば両方のユーザーにとって役に立つサービスを迅速にリリースし、繰り返し改良を重ねよう。

The first team

第5章

最初のチーム

各自がそれぞれ異なる視点と違った能力を持ち寄る、そんな多様性のあるチームで仕事をするのが私たちのやり方だ。

――ペルー政府のGOB.PEチーム

政府職員の評判は往々にしてひどい。しかしこれはとても偏った見方だ。ほとんどの官僚組織には非常に頭の切れる秀才がたくさんいて、献身的に仕事をしている。ところが、組織のあり方のせいで部分の総和よりはるかに小さい成果しか上げられないことがよくあるのだ。

行政機関の中心で仕事をしているゼネラリストの職員たちは、「政策」という見出しの付いた一部族として分類されがちだ。政策づくりに長けている彼らは、一人ひとりが多くの専門分野に通じている。文章を書くのが得意で数字に強く、経済と歴史をよく知っている。特に優秀な職員はどのような問題でもそのほとんどに対応でき、紙の上や経済モデルのなかで見事に問題を解決する政策を考え出すことができる。多くの大企業が同じような頭脳集団を頼りにしている。

彼らはたいがい優秀なのだが、分析能力に長けたこのようなゼネラリストに長年依存してきた組織は、今になって深刻な問題に直面している。

インターネット時代が進んでいくと、同種の人間を中心にした組織づくりの原則は危険なものになる。すべてのリーダーが同じレンズを通して問題を捉え、似たような思考をする歴代の先人に自分の選択の妥当性を評価してもらうとすれば、古い考え方で新しい問題を解決する方向に大きく傾くからだ。それに対する反対意見を持つ人たちにとって、彼らに異論を唱えることはキャリア上の苦しい決断だ（それに、犠牲を伴う可能性もある）。だから、そういう人たちは口を閉ざすか去っていく。

この脆弱性を解決したいからといって、ゼネラリストの職員が何でも上手にできるようになることを急に期待してはいけない。ほとんどの大きな組織の採用ルートや昇進ルートはたいてい、書類を作成する、根拠を示す、数字の矛盾を見つける、明快かつ雄弁に語れる、といったどこでも通用するスキルに長けている人に有利になっている。そういったことに秀でた人が他の分野に疎くなるのは当然だ。欠点でも何でもない。すべての分野に長けていて、あらゆる角度からものを見ることができる人などいないし、彼らは目の前の仕事を手際よく片づけてきた。ゲームのルール変更を検討しなければならないのは組織であり、組織全体の健全性に責任を持つ人間のほうだ。

長年にわたり特定の資質を他より重視してきた結果、特定のスキルセットを備えた人材ばかりが増えて他のスキルに長けた人材が不足している組織では、DXを実際に行うのが特に困難だ。

英国政府は長い間、政策と経済を最優先してきた。そのため、これらの分野にはとても強い組織ができあがり、この2つの専門分野だけで解決できる問題には非常にうまく対処してきた。だが、実務、デザイン、技術といった異なる視点を必要とする問題については、どれもうまく対処できていない。英国の行政府に対するこうした見方は特に目新しいものではない。1968年に発表されたフルトンレポート[*1]で出された結論にも同じものが多数あり、その後数十年にわたり口頭や文書で同じ結論が何度も公表されてきた（これには私たちによる文書も含まれる）。[53]

意識的にしろそうでないにしろ、スキルや考え方に偏りが生じているのは英国や政府全般に限った話ではない。多くの組織は、特異な専門分野に強い人を影響力のある立場までなかなか昇進させないため、そうした人の価値を認める企業に人材が流出し、多様な視点も一緒に失っている。DXの本質は、古いスキルを新しいスキルに置き換えることではなく、古いスキルと新しいスキルのバランスを取り、両者をうまく連携させることなのだ。

＊1　1966年に政府からの要請を受け、フルトン卿を委員長とする委員会が国内行政に関して構造、採用、業務、研修などの調査を行い、その結果と勧告や提言を取りまとめた報告書。

CASE

臓器提供

2012年、英国政府は、死亡後の臓器提供を希望する人の数を増やすために、さまざまな新しい方法を実地に試すことを始めた。政策の専門家と経済学者で構成された行動インサイト・チーム（「ナッジ・ユニット」とも呼ばれる）は、仮運転免許証の申請用紙を修正し、臓器提供を呼びかける文言を追加することが成功への近道だと考えた。彼らは運転免許庁の実務担当者と協力して書式を変更しようとしたが、紙を前提としたプロセスの更新には物理的な統制に困難が伴い、変更作業は遅々として進まず、政策側と実務側との間で不満が膨らんでいった。

GOV.UK の立ち上げ後間もなく、首相官邸で会議が開かれた。仮免許申請書の修正は実務的に難しかっただけでなく、蓋を開けてみればさほどよい案でもないことが判明した。仮免許申請書を記入するのは、これから運転免許を取得しようという10代の新人ドライバーとその親がほとんどだ。長たらしい申請書の最初のところに自分が死んだときのことを考えさせる文が書かれていたが、若者と親のいずれも、それを読んで特に関心を示さなかった。文章の端的さは関係がなかったらしく、新しいバージョンの文章をナッジ・ユニットが申請書でテストしたところ、臓器提供を希望する人の数が減ったのである。

英国で電子政府づくりを始めた最初期の人たちは、新しい GOV.UK では処理の最終ページである「ゴールデン・ページ」をもっとうまく活用することを目標にすべきだとずっと以前から言っていた。企業では、別の商品や関連商品の同時購入を促す絶好の場所として、このゴールデン・ページが知られるようになっていた。購買活動中に分泌されるエンドルフィンの刺激によって気分が高揚している取引の最後は、買い物かごに最も商品が追加されやすい場所なのだ。臓器提供プロジェクトは、GOV.UKチームにとって、公共の利益のためにこのパターンが使えるかどうかを試す機会となった。

標準化された最後のページにいくつかのバージョンを作成するのは、異なる申請書を何千枚も印刷するよりはるかに簡単で安上がりだった。また、実際に臓器提供を希望したかどうか、申請書の記入状況を確認するのも簡単だ。だが、何よりも重要なのは、小さな政策変更の大規模なテストを即座に実施できるようになったことだ。臓器提供希望者を増やそうというときに、どうして年間数万人しか使わない仮免許申請書を使うのだろうか。自動車税の納付手続きなら最後のページを変えることができるし、利用者は年間2000万人もいるのに。

GOV.UKチームはナッジ・ユニット、運転免許庁、保健省と連携して臓器提供を促す文章を8種類作成し、別々の最終ページでそれらをテストした。それぞれの文章は行動経済学でよく使われる社会通念に訴える手法を使って作られた（「あなたのような方が臓器を提供しています」）。写真を使ったものもあった。「助け合い精神」という古い公募手法を利用したものもあった（「あなたが臓器を必要とする日がいつか来るかもしれません」）。効果があったのは後者だった。

簡単な言葉をいくつか並べただけで、1年もしないうちに英国の臓器提供希望者数は40万人増加した。設計から検証、何度かの試行錯誤、実装まで、この変更にはほとんどコストがかかっていない。プロジェクト全体は数週間で完了した。

臓器提供プロジェクトは、政策と実務とデジタルが実質的に1つのチームになることで社会的難問にも取り組むことができることを示す素晴らしい例だ。政策だけ、または行動経済学だけでは、人の注意をひくための現場知識もなく、実験手段がないために手軽かつリアルタイムに反応を得ることもできない。先入観にとらわれない分野横断型チームには、端的なウェブサイトだけでなくもっとたくさんの成果を上げる能力がある。

インターネット時代になって真の意味で新しい役割が生まれたと言える。そうでなくても、少なくとも既存の役割が再定義され、別の人がこれまでとは違った姿勢でそうした役割を担うようになるのはほぼ間違いない。データ・サイエンティストのことをどう思うか統計学者に聞いてみるとよい。「このときぞとばかりに名前をうまく言い換えただけで、やっていることは自分たち統計学者が長年コツコツと続けてきた地味な仕事と同じだ」と言うだろう。まあ、この議論は別の本に任せるとしよう。

DXに必要なスキルの多くは新しいものではない。たとえば、英国政府はデザインの分野でいくつかの偉業を成し遂げている（ヘンリー・ベック[*2]の有名な地下鉄地図や、1960年代にマーガレット・カルバートとジョック・キネアが考案した道路標識[54]は、いずれも世界各地で手本にされた）が、その価値を理解している人を雇っていなかったらこのようなことはできていなかっただろう。ほとんどの国は、ひどいITばかりになる理由を最近になってようやく理解した。現代のコンピュータやウェブの基礎のほとんどは、政府や公的機関が築いたものだったからだ。

政府や大組織では、自分たちが高く評価していないスキルをコンサルタント会社や納入業者にしばしば委託する。評価されない専門家は組織から流出していく（多くの場合、納入業者側へ）ため、その専門家が担当していたサービスを購入するときに必要な情報が組織から徐々に減っていく。やがて、よく知らない専門分野のものを購入しようとしている職員は、自分の知る限り前回は特に問題がなかったと思われる納入業者との契約をやむなく継続することになる。だが技術とそれを活用する世界は前回の契約のときよりも進歩している。これが、10年で9桁のIT契約という破滅的な契約が生まれる理由だ。

裁量権を持っているゼネラリストの職員や企業の戦略立案者は誠心誠意を尽くして問題を解決しようとしているが、問題の解決に必要な道具がすべて揃っていないことがよくある。そこで、

*2　Henry Beck：1902～1974年。地下鉄の電気技師。一般的な地図のように距離や位置関係の正確さには重点を置かず、本業のために描いた回路図を基に、さまざまな色の線が整然と交差する図として広大な地下鉄網を表現した。

多様性のあるチームの価値が発揮される。全国または全世界で利用されるもの（なおかつ、ほとんどのデジタル・プロダクトやデジタル・サービスの中心となるもの）をつくろうとしているチームは、それを利用する人たちと同じように多様でなければならない。

GDSの最初の数年間、私たちはグループ全体で政策担当者と緊密に連携して彼らの役割の複雑さを理解することに十分な時間を割かなかった。「伝統的な」役割からキャリアをスタートした人がデジタル側に移ったという例は多いが、その逆はあまりない。両者が互いに寄り添うのは大変な作業だが、後で味方や仲間として必要となる同僚の日々の不満をデジタル・チーム内の全員が理解するには共感しか方法がない。

政府の職員たちが日々直面している最大の苛立ちは、仕事に必要なテクノロジーがまるで使いものにならないことであり、そのために思うように共同作業ができないことだった。ノートパソコンは蒸気式かと思うほど遅く、電子メールは使いにくい、電話は古くて職員名簿は当てにならない、といった有様だったのだ。それなのに私たちは同僚の仕事道具を早めに直すことを優先しなかった。対処していれば、政府内のさまざまな部族が集結した分野横断型チームをもっと早く立ち上げることができていただろう。

この問題への対処を遅らせたのは失敗だった。というのも、専門的なスキルを持った人材を失い、その管理方法や配属の仕方を忘れてしまった組織がデジタル組織づくりを成功させるには、そうした人材を見つける――というより見つけ直す――ことがほぼ欠かせなかったからだ。ただし、新しいスキルを持った人材を採用するだけでは十分ではない。本当に必要なのは、そうした専門家をアジャイルな分野横断型チームに配属し、サービスやプロダクトといった共通の目標に向けてさまざまなタイプのゼネラリストと一緒に取り組んでもらうことだ。デジタル政府では、デリバリーの単位は個人ではなくチームでなければならない。

壁を乗り越える

さまざまなスキルを適切に融合してアジャイル・チームをつくる作業は職人芸のようなものであり、科学的にできるものではない。

アジャイル・チームは、「未来のことは分からない」という認識のもとで仕事をしている。解決すべき問題は時とともに変化し、チームの理想的な規模や構成も変化する。正しいグループづくりの鉄則は、実のところ2つしかない。チーム・メンバーの得意なことが全員ばらばらか？もしそうだったら、おそらく方向は間違っていない。チームが一丸となってさまざまなタイプの問題をじっくり解決することが得意か？　そうであれば、なおよい。

これら2つのことは、ほとんどの行政機関や大組織が行っている組織づくりの方法に反している。組織の構造は、惰性と力関係と習慣的な職場内政治と上層部の態度が複雑に絡み合って形づくられることが多い。一般に、政府の物差しで事業を行っている組織の内部は、それ以上できないほど細かい縦割りになっている。これが最もよく分かるのが省庁だ。限りなく小さい政策単位に業務が分割され、ロシア人形のマトリョーシカ状態になっている。さらにその上にも階層があり、ＩＴ、人事、経済、科学、政策などの異なるスキルを持つ人たちが得意分野ごとに集団となって配属されている。優れたアジャイル・プロダクト・チームを作ろうと思ったら、両方の壁を無視して、さまざまなスキルを（プロダクトに必要となる場合は各省庁から連れてきて）１つのチームと場所にまとめなければならない。

アジャイルなプロダクト・チームには、組織の壁を乗り越えることだけでなく、時間に関してもある程度の柔軟性が必要となる。ほとんどの大規模な組織はこの点にもうまく対処できない。だから、ある役割を果たすためにチームに参加した人はずっとそこに居続け、自分自身で行動を起こすか組織で大規模な（そして往々にしてうまくいかない）再編が行われるまでずっと同じ役割のままとなる。これは、人を「リソース」と呼び、ホッチキスやカーボン紙と同種の扱いをしている組織で起こっていることだ。

うまく機能しているアジャイル・チームは、その時々の最優先事項に対処するために人材が必要となる場所に人を動かしている。このような小さな組織変更でも痛みを伴うことはある。違うのは覚悟だ。いつまでも同じ仕事をするつもりでアジャイル・チームに加わる人はいない。

柔軟性のある分野横断型チームを今の組織につくったところでうまく行きっこないと、あなたは何度も言われるだろう。旅を始めたばかりの頃はおそらくそのとおりだ。そのため、新しいデジタル組織がまずやらなければならないことの１つは、単にアジャイル・チームを機能させられるだけでなく、従来型の組織にいる同程度に有能な公務員では思うように行かなかったことでもアジャイル・チームなら実現できると証明することだ。

活動ができる最小限のチーム

デジタル組織のその後の道筋と仕事の内容は最初のデジタル・プロダクトで決まる。職場の文化や仕事の進め方は最初のデジタル・チームで決まる。活動を始めるには何人かの人材を採用する必要がある。

■プロダクト・マネジャー

プロダクト・マネジャーはチームのリーダーであり、プロジェクトの顔となる存在だ。プロダクト・マネジャーは、これからつくるプロダクトのビジョンを定義して具体化し、それをチームや所属する組織全体に説明する。そのためには、プロダクトを使用する人の声を代弁するだけでなく、それが使われる環境も把握しなければならない。妥協点を探るべきか、ユーザーのために戦うべきかを判断する能力も必要だ。「何をいつ作るか」の優先順位は最終的にプロダクト・マネジャーが決める。チームが次に検証する仮説をどれにするかを選ぶのもプロダクト・マネジャーだ。

■デリバリー・マネジャー

プロダクト・マネジャーが「陽」だとすれば、デリバリー・マネジャーは「陰」だ。プロダクト・マネジャーがチームの活動内容を世間に伝える一方で、デリバリー・マネジャーはプロダクト・マネジャーが描くビジョンをチームの個別タスクに変換する。デリバリー・マネジャーは仲介役として、プロダクト・マネジャーの願望とチームが現実にできることとの橋渡しをする。また、チームが自律的に同じ方向を目指し続けるために必要なことを行う。そして肝心なのは、黒子としての役割だ。デリバリー・マネジャーは、チームに欠落している部分を補ってくれる人材を探したり、チーム内の対立を収めたりするなどして、チームの仕事の妨げとなるものを取り除く。

■開発リーダー

開発リーダーはチームの機関室だ。ユーザーがサービスに求めているものや使い方に焦点を当ててソフトウェアをつくる。彼らの仕事はコードの作成、改良、維持管理、サポートであり、技術的な問題も解決する。政府の仕事をするアジャイル・チームに理想的な開発者は、使用するプログラミング言語よりもユーザーの役に立つものを作ることにはるかに深い関心を持つ人だ。プログラミング言語に関する最新知識を持っているべきではあるが、たまたまその時に流行り出したコードを使うことに意識が向きすぎてはいけない。

■デザイナー

誰が使っても明快で一貫性のある体験ができるサービスにするのがデザイナーだ。プロジェクトの内容や成熟度に応じて、求められるデザイン・スキルは異なってくる。新しいサービスを構築する初期段階にある小規模なチームであれば、フロントエンド（ユーザーの目に触れる部分）のコーディングが少しでもできるインタラクション・デザイナーは極めて貴重だ。効果的な視覚的ヒントを使った初期のプロトタイプを作るところまでやってくれるはずだから、中期的に必要となる格好の開発者をその間に見つけることができる。組織内の他の業務とサービスとの依存関係が増えるに従い、大局的な見方ができるサービス・デザイナーの価値はますます高くなる。

■ユーザー・リサーチャー

ユーザー・リサーチャーの役割は、チームがつくったものに対する意見や感想をユーザーから定期的に吸い上げ、信頼性の高いフィードバックをチームに渡し、そのフィードバックをデザインや運用の変更にどのように反映させればよいかをチームが理解できるようにすることだ。調査に協力してくれる人を探すなり募集するなりして、チーム全員が参加する調査会を実施し、その結果を読み解く。ユーザー・リサーチは政府が行う典型的な諮問会議とは異なる。熟練したリサーチャーは、ユーザーからのフィードバックの本当の価値は、ユーザーが発した言葉ではなく言葉にならなかった部分にあることを知っている。新しいウェブサイトを気に入ったとユーザーが言ったとしても、探しているリンクがなかなか見つからずにページ内をうろうろしているとすれば、本当はそうでないことが分かる。

GDSがGOV.UKの初期バージョンに着手したとき、チームに最初からユーザー・リサーチャーを置かなかったと批判を受けたが、まったくそのとおりで[55]、これは大きな失敗だった（私たちを最初に批判した優秀なユーザー・リサーチャーを採用したことがこの問題の解決にいくらか役立ったが）。ユーザー・リサーチャーは優れたデジタル・サービス・チームに不可欠なメンバーだ。

■コンテンツ・デザイナー

政府は言葉を生業にしていると私たちは思い込んでいる。何千人もいる役人は書く以外の仕事をほとんどしていないので政府内で有能なライターを見つけるのは簡単だと思うだろう。だが、閣僚向けに書くのとウェブ向けに書くのとでは必要なスキルがまったく異なる。英国には、11歳以下の読解力しかない機能的非識字*3の成人が500万人いる[56]。コンテンツ・デザイナーには、ユーザーが必要としているものや期待しているものに合わせてサービスの文字コンテンツを作成する責任がある。一般的なサービスの場合はあらゆる人に向けて書くことになる。政府は明快なものより技巧的なものを評価する傾向があるが、ほとんどのユーザーは技巧など必要としていない。

GDSが始動した当初は、ユーザー・リサーチと同様にコンテンツ・デザインもあまり重視されなかった。そして、これまたユーザー・リサーチと同様に、コンテンツ・デザインという分野を定義し、正当な役割としてサービス・チーム内にコンテンツ・デザイナーを置いたのは、文字どおりコンテンツ・デザインに関する本を書いたもう一人の非凡な女性だった。[57]

プロジェクトの内容や見つかった人材にもよるが、ごく初期段階では一部の役割を1つにまとめてしまっても構わない。たとえば、プロダクト・マネジャーとデリバリー・マネジャーを1人で兼任したり、デザイナーがフロントエンドの開発業務を兼務したりすることも可能だ。だが、その状態を長く続けてはいけない。初期段階で採用された人材のほとんどは、組織のなかで初めてその職種名で呼ばれる人たちだ。「プロダクト・マネジャー」や「コンテンツ・デザイナー」とは何者なのかを実質的に彼らが定義することになる。いずれ彼らがそれぞれの専門分野で組織全体の先頭に立ち、実践コミュニティ[*4]を作り、「よいもの」の基準を設定する人たちになる。

他にもリスト・アップされる役割がいくつかあると思われたかもしれない。ここに示したのは活動を始めるために必要な一連の人材であって、チームの全容ではない。他の役割については後述する。

デジタル職の求人市場に出てくる職種名はほぼ毎日のように進化している。GDSはこれに乗じて新しい職種名を作り、チームに必要なスキルや心構えの違いがより明確に伝わるようにした。専門家ではない人の目からすると、「コンテンツ・デザイナー」と「コピーライター」、「渉外

＊3　文字自体は認識できても文章の意味や内容を理解できない状態。
＊4　あるテーマについて関心や問題、熱意などを共有し、その分野の知識や技能を、持続的な相互交流を通じて深めていく人々の集団。

担当」と「広報担当」にはほとんど違いがないように見えるだろう。だが、そこが重要で、普通の求人に応募すればよい専門家でない人に応募されないようにしたほうがよいのだ。

募集側が定義したほとんどの職種名には、履歴書を読む担当者それぞれによって特定の第一印象がつけられる。これからチームを作ろうとしているのであれば、一見したところ職種が合致していないように思える応募者でも不採用にしないほうがよい。本当に合致していないときもあるだろう。それでも、応募者が自分は何に応募していると考えているのか、前述したスキルセットを理解しているのか、アジャイルかつオープンで試行錯誤を繰り返す仕事のやり方を採用している環境で働いた経験があるのかを詳しく確認するべきだ。

チームを見つける

最初のチームの人材探しは簡単ではない。あなたの組織がこのような人材を採用したことはおそらくないだろうし、探している人材が本当に正しいのか、採用者であるあなた自身が確信を持てずにいるかもしれない。普通の面接や採用条件では求めている類いのスキルを正当に評価することはできない。相場の給与も支払えない。それに、最も重要なことだが、大きな組織に新しいスタッフを迎え入れるプロセスは長引きがちで、何カ月もかかることがよくある。だが、あなたにそれを待つ時間はない。

新しいデジタル機関を襲う最初の本当の試練はデリバリー・チームの編成だ。当然と言えば当然だが、通常の手続きに沿ってできることではない。デリバリー・チームを作るというのは、初めてあなた以外の人にリスクを負わせることを意味する。新しいスタッフ候補には、大雑把ながらも刺激的なチャンスのためによい仕事を手放すことに賭けてもらわなければならない。あなたに採用規則の変更を許可した人は、これまでやったことのないものに限りある自己資本の一部を使わなければならない。面接する側とされる側、双方の人との信頼関係が必要になる。

ゼロから始めるのでなければ、新しいスタッフとの信頼関係を築くのはずっと簡単だ。そこでものを言うのがネットワークの力だ。

英国の場合、政府に最初に採用された人たちの多くは、何年も前からこの任務に就くことに密かに関心を持っていた人たちの集団のなかにいた。政府機構のなかにデジタル機関を作るための条件が整ったときには、チームシートの役割のところに見込みの担当者名がすでに記入されていた。そのなかには直接の知り合いもいたし、信頼できる友人やかつての同僚が推薦してくれた人もいた。

最初のチームを作るには、同じような考えを持った人たちのネットワークから当たってみるのがよいだろう。ただし、それだけでは十分ではないかもしれないし、そうしたネットワークがない場合もあるかもしれない。その場合は、国内や業界内でそのような人々が集まっている場所をまず探そう。求める人材はきっといるはずだ。プロダクト・マネジャーやデザイナー、プログラマーといった技術者が参加するミートアップやハックデイなどのイベントは世界各地で開催されている。そのような場所には、空き時間と希少なスキルを差し出してまで、あなたが解決したいと思っている問題に取り組んでくれる人があふれている。そこを出発点にするのも悪くない。

だが、自組織内にも並外れた人材がすでにいるかもしれないことを忘れてはいけない。彼らの職種名は求めているものとは異なるかもしれないが、優秀な人材はその専門分野の模範となる適応能力を持っている。GDSで大きな成果を上げた人々の多く（ほとんどがどちらかと言えば地味な役割を担っていた）は、GOV.UKの前身の担当部署や他の部局でずっと公務員をしていた。「デジタル」を連想させる職務に就いていた人は皆無だったが、全員がそれぞれの職務で極めて有能な人材になれる能力を持っていたことが分かった。

その場で全員を採用すればいいというものでもない。最初に必要なのはスタートするためのチームであることを忘れてはいけない。第一弾として必要なのは、非常に才能に恵まれ、今回のミッションへの参加を望み、あなたの知り合いのネットワークのなかで深い信頼を得ている人だ。だが、ハッカソン[*5]に顔を出して「政府（または大企業）から来ました。一緒に働きませんか」と言ってもうまくいかないだろう。それよりも、専門職のリーダーを大使役として代わりにあちらの世界に差し向け、「これに賭けてみようと思っている」と言ってもらった方がはるかに信頼されるはずだ。

人材探しを手伝ってくれる採用担当者にもこれとまったく同じことが言える。GDSは非常に恵まれており、技術系のミーティングに参加してもすんなり溶け込める採用担当者がいた。アンカンファレンス[*6]やハッカソンなどのイベントで間違ったメッセージとして伝わってしまうのがどのようなものかを理解できるというのは、とっさに身に付くスキルではない。どのサブカルチャーにもそれぞれの常識や専門用語やタブーがある。そのような世界にいるデジタル人材に関心を持ってもらうには、その世界の一員になる努力をする必要がある。間違っても、利用されていると思われてはいけない。

このようなネットワークを活用していると、えこひいきではないかと思われる危険がある。それも一理あるため、気をつけなければいけない。友達ばかりを採用するのは、自分のためにも相手のためにもならない。

採用に関して言えば、努力した分だけデジタル・チームに見返りがあるはずだ。もっと楽に格好のネットワークを見つけるには、従来の人材紹介会社を利用したり、求人広告を出したりする方法がある。ただし、一緒に仕事をして何年か経つまでは、「デジタル」という言葉を聞いただけで、何年もため込んでいたIT関連の履歴書の山を繰り返し送ってくる人材紹介会社もある。これは誰にとっても上手な時間の使い方ではない。一般の求人広告を利用する方法も十分に有効だ。が、優秀な人材が見つかる可能性もあるとはいえ、そういう人材を採用している組織だという評判がなければ、該当する人たちが求人広告に目を留めることはないだろう。万が一、注目した人がいたとしても、実際の採用までに長ければ半年ほどはかかるだろう。

＊5　ソフトウェア開発者が一定期間集中的にプログラムの開発やサービスの考案などの共同作業を行い、その技能やアイデアを競うイベント。
＊6　参加者自らがスピーカーとなり、自分の話したい内容を発表するイベント。

信頼できるネットワークを頼ったとしても、いつも正しい選択ができるわけではない。間違った人を採用してしまうこともあるだろう。私たちも失敗した。それは採用された側も同じで、なかには政府の仕事は向いていないとすぐに気づいた人たちもいた。契約をする場合は、双方とも最小限の争いで握手をして別れることができるような内容にしておく必要がある。間違ってしまったら、もう一度やり直せばよい。

外部の人間を入れると緊張感が生まれる可能性があると覚えておかなければいけない。ともすると忘れてしまうのだが、多くの組織——特に政府——は、すでに何年も組織に貢献してきた人たちよりも外部の人たちの待遇を柔軟にする傾向がある。給与、考え方、行動の格差が恨みを買う原因になるとは限らないが、役立ちもしない。公正であることの必要性を常に意識していたいものだ。

仕事のやり方

人を集めて最初のチームができあがったら、メンバー同士の連携の仕方がその後のあらゆることに影響を与える。デジタル・チームの最初の10人ほどによって確立された特徴が、後のチームの文化や仕事のやり方を決めることになる。できる限り、次のような特徴を採り入れるようにしよう。

■アジャイル

アジャイルの定義は、それを聞いたことがある人の数だけある。大文字のAで始まるアジャイルはプロジェクト管理の根本原理になり、アジャイルに関連するあらゆる生成物、信奉者や派閥を生み出した。デジタル政府で繰り広げられた最大級の激しい議論の多くはアジャイルの真の意味をめぐるものだ。だが、そんなことはどうでもいい。

重要なのは、ユーザーのニーズに焦点を当てたチームであり、小さな改良を少しずつ加えるデリバリーを何度も行い、早く失敗し、常に将来の計画を立て、チーム自体の連携方法を改善する方法を考えることだ。

アジャイルな働き方をする場合に必要なのは、チームが速いテンポで勢いに乗って仕事を推進できるよう、一定の就業リズムを採り入れることだ。たとえば、1日の始まりには短いスタンドアップ・ミーティングを行い、1~2週間の「スプリント」で優先事項と目標を明確に設定し、定期的に反省会を開いてチームがどれだけうまく機能しているかを振り返り、ストレス発散の機会を設ける。整然と議事進行していく4時間がかりの委員会を月に1回開くサイクルに慣れていた政府職員は、こういうものに初めて遭遇したとき、興味を持つか拒否反応を示すかのいずれかであった。

そして、それが重要なことの1つだった。英国政府には、大昔に作られたPRINCE2という独自のプロジェクト管理手法があった。これのベースになっているシステムは、もともとIT

プロジェクト向けとして1989年に開発されたPRINCEだ。これは、PRojects IN Controlled Environments（管理された環境下で進めるプロジェクト）を略した呼び名だが、管理された環境に適用する場合は今でもこの考え方が十分に通用する。手順に沿って1つずつ進めていくこのやり方を政府が誇りに思うのはもっともなことだが、残念ながらその限界に目を向けなかったのも事実だ。PRINCE2のような硬直した枠組みを何にでも適用すればトラブルが発生しないはずはなく、急速に進化する技術と人間という、制御不能なことが分かりきっている組み合わせの場合も例外ではない。

アジャイル方式で仕事を進めるというのは、デジタル政府のあるべき姿に負けず劣らず、あるべきではない姿を定義するための選択だった。そして、「ウォーターフォール」という言葉でざっくりとくくられる政府のプロジェクト管理モデルを、万能な解として使うことへの明確な拒絶でもあった。座学では微妙な差異を提示するよう気を配っているが、実際のウォーターフォール型プロジェクトではITシステムの構築と橋や潜水艦の構築の手順が同じ扱いになっている。まず要件を一覧表にまとめ、構築し、テストし、稼働させたら終わりだ。管理された環境下であればウォーターフォール型の手法がまったく問題なく使える。橋を作るのはXからYに行きたいからであり、鋼鉄や鉄筋コンクリートで作るのはそれが最適な素材だからだ。どちらも50年ではさほど大きく変わらない。しかし人々のニーズや基盤となる技術が絶えず変化するITという環境では、ウォーターフォールはほとんど使いものにならない。アジャイルは、技術を使って政策を実現するときに、確実だという根拠のない要素を適用することへの拒絶なのである。

デジタルの公共サービスはインフラだが種類が違う。稼働しているとき、サービスは継続中の維持管理されているサービスとしてまさに生きているといえる。サービスを使う人たちのニーズは時間とともに変化する。そのため、サービスを何度も何度も更新し続けなければならない。

アジャイルの人気が高まるにつれ、さまざまな模倣品が生まれたが、その多くはアジャイルとウォーターフォールを少しずつ組み合わせたものだ。だが、「ワジャイル」[*7]で両者のいいとこ取りをすることはできない。予定したものを予定した期日までに完成させることもできなければ、ユーザーのニーズに応えるものを完成させることもできないだろう。[58]

■オープン

椅子がなくても会議はできるということを思いつくだけで想像力を使い果たしてしまうような官僚たちが、自分たちのやっていることを公の場で積極的に話そうとするとはまったく考えられなかった。

最初のチームは、最初から強く意識して仕事をオープンにしていかなければならない。コードやデザイン・パターンは必ずGithub[*8]などで公開しよう。そうすれば、異なる部署や異なる建物にいるチーム同士が互いを見倣うことができる。これにより共同作業がしやすくなり、作業の重複

＊7　ウォーターフォール（Waterfall）とアジャイル（Agile）の混成語。
＊8　プログラム・コードやデザイン・データを保存・公開できるソースコード管理サービス。

がなくなる。

コミュニケーションについて言えば、内部でメモを回覧するのではなくウェブ上で定期的に最新情報を公開するという意味になる。ほとんどのチームは、選ばれた一部の「利害関係者」（政府の場合は、普段から取引のある団体、政治家、マスコミの解説者）に最新情報をメールで送るのが基本になっている。役割が固定化した大きな発言力をもつ人たちばかりが成果に口出しできるようになっているのだ。インターネット時代のツールを使えば、関係するすべての人とフィルターを通さずに簡単にコミュニケーションをとることができる。

記事が長くなる場合はブログに投稿するのがよいため、デジタル組織のブログをいち早く開設すべきだ。ツイッター、フェイスブック、インスタグラムなどのプラットフォームも有効だ。チームが行っていることに関する発言や記事の作成を「コミュニケーション担当」に任せるべきではない。開発者、デザイナー、マネジャーなど、全員に行ってもらいたい（これについては第11章で詳しく説明する）。プロジェクトの進捗状況を伝えることはデリバリーの一部であり、チームの仕事の改善にもつながる。これは、現実をしのぐ異世界を言葉巧みに作り出すための企業PR活動ではない。そんなものは誰にでも見破られる。

オープンであるというのは、コミュニケーションに使用するプラットフォームに限った話ではない。そこで語られることも、できるだけオープンであるべきだ。うまくいかなかったことを率直に話すことは、うまくいったことを讃えるのと同じくらい重要だ。これも、ほとんどの公的機関にとっては不慣れで落ち着かない領域だ。だが、実験の失敗や些細なミスを早めに認めることで、謙虚さがよく伝わり、信頼の構築につながることは間違いない。

オープンなチームがどういうものなのかを教えるのは簡単ではない。絶対に必要にならない限り一切公には発言しないという文化を持つ組織出身のスタッフの場合はなおさらだ。最初のチームには、基本的にオープンな組織で働いた経験のある人たちが集まってくるだろう。オープンというものが思ったほど怖くないことを彼らはすでに知っているからだ。

■フラット

最初のチームに採用する人材の役割は、人材を役割にはめ込むチーム体制よりもはるかに重要だ。アジャイル・チームが本領を発揮するのは、チームが少人数で自律性を持っていて自己管理ができるときで、そのようなときは安心して仕事を任せられる。優れたプロダクト・マネジャーが方向性を定め、それが組織全体の方向性とずれないようにする。優れたデリバリー・マネジャーは、チーム・メンバーが同じ方向に走っていくように誘導する。ただし、そこから先のチームは対等な者同士の集団となる。戦略上の意思決定の大半はチーム全員で話し合って下す。こうした話し合いをするとき、ほとんどの場合プロダクト・マネジャーは議長や審判の役割を務め、専制君主のように振る舞うことはない。

平等で民主的な職場環境を重視するというと、浮世離れしたシリコンバレーの理想論のようにうさん臭く聞こえるかもしれない。階層がはっきりしないこの種の職場を心地よいと感じる人ばかりとも限らない。だが、デジタル・サービスを構築するのであれば、フラットな（上下関係のない）体制を採用するというのは極めて現実的な意見だ。体制がきちんとできていれば、命令系統を上り下りして仕事を進めていくよりも意思決定やデリバリーが迅速になる。

ほとんどの大きな組織——特に政府機関——では、必ず判断を上に仰ぎ、結果を下に伝えなければならないため、スピードが遅くなる。中間管理職がボトルネックになり、仕事が進まなくなってしまうのだ。書類が通らないとさらに時間を浪費することになるため、踏みつけにされる下っ端の多くは気まぐれな上司の気まぐれを予想することばかりに時間を費やし、本当に正しい答えは何なのかを考えなくなる。

階層型の大組織でよく耳にする言葉に、「権限がないから決められない」というものがある。こう言われるといつも不快になる。悪いのは、部下の後ろ盾になることや部下に自律性を与えることをしないマネジャーの場合もあれば、先延ばしできるからと決定を保留する部下の場合もある。いずれにしても、責任を取らないとあらゆることに時間がかかるようになる。

最初のプロダクト・チームでは、権限がないから決められないというものはない。プロダクト・マネジャーは、チームのメンバーそれぞれが自分の専門分野の決定権を持つようなビジョンを設定すべきだ。

■ 一緒にやる

アジャイルで、オープンで、フラットなチーム編成を選択することは、組織の文化的な環境を整えることとほぼ同義だ。文化は漠然としたもので、指で触れられるものではない。アジャイルと呼ばれるものも目には見えない。そのような文化が物理的に形づくられる場所は、たいていチームの作業スペースだ。

コロナ以前の時代には、プロダクト・チーム――特に最初のプロダクト・チーム――は終日同じ場所で一緒に仕事をしなければならない、と私たちは決まってアドバイスした。パンデミックを心配するようになるずっと以前は、チームを一カ所に固めるといったスペース配置は常識からかけ離れていた。開発者は3階にいてデザイナーは5階、実務の現場スタッフは別の街にいる。マネジャーは週の大半を別の建物で過ごす。ユーザー・リサーチは業者に依頼し、担当者が仕事をしに来るのは週に2日だけ。このように分断されたチームはうまく機能しないのが常で、全員参加の会議日程を決めるだけで何週間もかかる。実際に何かを成し遂げることなどできないのは言うまでもない。

物理的に同じ場所にいることには大きなメリットがある。覚えなければならないことが多く、新しい情報がどんどん入ってくるサービス・デリバリーの初期段階は特にそうだ。声を張り上げなくても気づいてもらえる空間にいれば効率が上がるし、障害がなくなり、意思疎通もスムーズになる。

だが、今は物理的に同じ場所に集まることがこれまで以上に難しくなっている。今回のパンデミックでは、リモート勤務のチームが素晴らしい成果を上げた。分散型のチームでも素晴らしい成果を上げることができるのは明らかで、同じ空間や時間帯を必ず共有しなければならないわけではない。ただし、このような柔軟性にはマイナス面もあるため、注意することがいっそう重要になる。サービスとそれを作っている人たちにはどのような勤務形態が適しているのか、離れて仕事をするチーム同士での率直な話し合いがなおさら大切になる。そのような会話を最初に公然とすることが、さまざまなことを想定するためには欠かせない。

幸運にも共同作業ができる物理的な作業スペースがあるとすれば、何でもオープンにして行うのが当然のことと想定されているのがはっきりと分かるように空間をつくるべきだ。必要なのは、スタンドアップ・ミーティングができるスペース、進捗状況を把握するための壁、仕切り板のないデスク（個室は生産性を低下させるだけでなく精神的にもよくない）。邪魔されずに仕事をする必要があるときに逃げ込める場所。ミーティングをする場所も必要だ。華やかなものは何もない。ビリヤード台もカクテル・バーも小型冷蔵庫も必要ない。衝立、スクリーン、付箋紙があればたいていのことはできる。デジタル革命は「ステープルズ」[*9]で手に入るのだ。

組織内で自分たちのチームだけが明らかに違う、と目で見て分かる環境を用意することも重要だ。繰り返しになるが、これは派手にすることではない。GDSと各部局の両方でデジタル・チームの壁をカラフルにしていたら、リーダーたちは興味を持ち、何が行われているのかを知りたがった。

■やる気のケア

最初のチームが意識的かつ意図的に選択したものが、そのチームの文化的規範の大半を占めることになる。本当に警戒しなければならないのは無意識の行動だ。そうしたものは気をつけないと持続しなくなる恐れがある。

大きな組織や政府の中心で大変革を起こすチャンスに魅力を感じるような人は、本質的に意欲と野心が高い。平穏な生活を送ろうと思ってこのような仕事を引き受ける人はいないからだ。

プロダクト・チームが作られた早い段階でメンバーのやる気に火をつけるのは、多くの場合、正しい。新しいプロジェクトでは勢いと信頼と支持者を獲得することが必要なのだ。最初に一生懸命やることで、後々メリットがもたらされる。難しいのは、次の挑戦に向けてペースを落としてからネジを巻き直すタイミングを見極めることだ。

GDSの最初の2年間は非常に充実していた。多くの人にとっては疲労困憊の2年間でもあった。スタッフは最後まで変革をやり遂げようと、情熱と固い決意を持って献身的に仕事をした。まさしくこれが最初のプロダクト・チームから始まった文化だ。これほどの速さで進んでいると、時間が経つにつれて肉体的、精神的、技術的な負債が蓄積されていく。燃え尽きが起こるのは仮定の話ではなく時間の問題になる。最初のチームが起こした小さな波が、やがて組織にスタッフの健康を最優先に考えるという姿勢を取らせることになる。警告サインを見逃してはいけない。

*9　オフィス用品のチェーン店。

SUMMARY

・デジタル組織が成功するには、企業に従来からある役割とデジタル・スキルが融合した分野横断型チームが不可欠だ。

・デリバリーの単位はチームである。

・チームは、オープンかつアジャイルでフラットな職場で一緒に仕事をすることを強く意識してあらゆることを行う必要がある。

・条件に合った人を見つけよう。見つけてもらおうと思ってはいけない。信頼できるネットワークや専門家のコミュニティに目を向けよう。

Preparing the ground

第6章

地固め

メンバーが揃った後の数カ月間、新しいデジタル・チームは活動を表に出さずにさまざまなものの構築を進めていくべきだ。政治家も企業の上層部もそうだが、新しい取り組みを始めるとなると、何も見せられるものがないうちに大々的に発表したがる。新しいデジタル機関はこのような事態を何としても避けなければならない。存在を明らかにするのは何かを世に送り出してからだ。語るだけでなく見せることができなければいけない。

大々的な発表を控えることのメリットはもう1つある。チームの存在が公表されれば組織内でも外の世界でも露出の機会が増えるが、そのための準備期間が長くなる。デジタル・チームの認知度が徐々に高まるに連れてチームの影響力は大きくなるが、問題が生じた場合に痛手を負うリスクも大きくなる。影響力と責任に対する備えが必要だ。大きく賭けるのも効果的だが、着実にやるべきだ。

どれほど優れたデリバリー・チームであっても、この小さなグループに属する人たちに組織の将来を心配させてはいけない。彼らはユーザー・ニーズを満たすプロダクトやサービスの初期バージョンを世に出すこと、そしてデリバリー・チームとしてそれらを確実に改善することだけを常に意識していなければならない。そのためには、事務処理や称賛、抗議など、足手まといになりかねないものから彼らを守ってくれる存在が必要だ。

業務規模の大きい政府や企業では、デリバリーの質とペースを維持するために欠かせない人々の層が3つある。

政治的擁護者

大臣は判断を下す。それが彼らの重要な仕事だ。だが、国会議員として、選挙区の支援者として、また（場合によっては）国内メディアのニュース解説者として、それ以外のことにたっぷり時間を使うこともできる。ところが、政府の仕事をしている時間はというと、顧問や役人が次々と差し出すメニューのなかから好みのものを選ぶ作業に大半が充てられている。この単調な作業から抜け出した元大臣のなかには、わずかでも自分の頭で考える時間がなかったことに後から気づく人もいる。

政府のなかで猛威を振るっているのは惰性だ。政治的な指示がないまま放置されても省庁の業務は止まらない。デフォルト設定にしておくと、前任の大臣が残していったパターンがそのまま続いていく。舵取りをする政治家が長期間いなければ、役人たちは大量のオプション・ペーパー[*1]を延々とつくり続け、怠け者でもなく気が散りやすくもない大臣が着任したときに何を質問されても答えられるよう、ひたすら準備をする。

社会を変えようとする大臣が使える最大の切り札は、この惰性を克服し、何らかの課題に弾みをつけてやることだ。大臣の目から見ると、官僚任せの仕事は方向が正しくても動きが遅すぎたり、完全に停止していたり、あるいは間違った方向に向かっていたりすることがある。

理論上、新たに就任した大臣は担当する省の計器盤のつまみをすべて調整し直し、組織が専念するものや力を入れるものを完全に変えることができる。だが実際には、大臣が1度にすべてのレバーを引くことはできないし、そんなことをすればマシンは固まって動こうとしなくなる。そのため、力を注ぐ場所を選択しなければならない。これを実行するための肉体的、精神的なエネルギーは、たとえ1度であっても決してあなどることはできない。政治家は、状況を変えることができる問題を2つも選べる機会に恵まれれば運がいいほうで、その両方を成功させるにはさらにそれ以上の幸運が必要になる。

政府の仕事のやり方を一変させるほどの影響力をデジタル・チームが発揮するには、その成功を最優先事項の1つとして1番目か2番目に検討してくれるスポンサーとなる大臣がいなければ

＊1　意思決定に際してさまざまな選択肢を比較検討して最終的な判断を下せるよう、必要なあらゆる情報を利害関係者全員に説明するための資料。

ならない。困難な状況に陥ったときに大臣がこれに政治資金を使おうとせず、組織にもそれを見抜かれてしまえば、現状に満足している人たちはさほど煩わされることもなく変化の脅威を見送ることができると気づくだろう。

このことは、優れた政治的擁護者の2番目に重要な特性である「安定性」につながる。だが、これを自己裁量でどうこうできる人は首相や大統領以外にはほとんどいないし、彼らでもどうにもできない場合が多々ある。内閣改造は政府が成果を上げているかどうかではなく党の政治的理由で行われることが多い。とはいえ、政治家の地位にいるスポンサーが数年間同じポストを守ってくれていれば、デジタル・チームが上位組織にしっかりと根を下ろせる可能性ははるかに高くなる。3年にも満たないようではおそらく不十分だ。

理由ははっきりしている。大臣というものが一過性の存在ならば、彼らのやろうとしていることに反対する人たちは時間切れを狙うだけでよくなるからだ。好調な時に猛烈な速さで動く組織は遅延戦術を展開するのもお手のものだ。政治指導者がころころ変わればデジタル機関は一向に前に進めず、特に機関ができて日が浅いうちは振り出しに戻りやすくなる。その一因は、ほとんどの政治家がウェブを意識していないことにある。1年半ごとに新しい政治家のボスが着任し、そのボスがデジタルとは何なのか、デジタル機関は何をしようとしているのかをはっきり理解していなければ、任期の最初の半年間は毎回同じ基本的な議論をする羽目になる。そしてチームの有力な支援者になったとたんにボスが交代してしまうというわけだ。

政治的擁護者として有効かどうかを決める3つ目の要素は大臣の担当部門だ。政策の責任範囲が限定される司法などを担当する大臣が最初のデジタル・チームの面倒を見ることになると、チームが孤立する恐れがある。政府の各省庁は、自分たちは特別な存在であり、同列の他の省庁とはさまざまな点で異なると考えている。DXを特定の省の議案にすれば、他の省からこんなことを言われてしまうだろう。「まあいいと思うが、うちではうまくいかないと思うよ。税と司法とはまったく違うからね。うちは税金を扱っているのだ。無理を言わないでくれ」

したがって、理想的な政治的擁護者となる大臣は、一般的に中央省庁を担当している必要がある。英国では内閣府がそれに該当するが、他の国では財務省や首相官邸であることが多い。いずれにしても、省庁や政策分野を横断した統括が政治的に可能で、省庁に行動を指示できる実際的な権限を持っている機関の担当であることが必要だ。

国によって中央省庁の切り分け方は異なり、省庁間の力関係や影響力も異なる。誰が主導権を握るかは、大臣職に就いている政治家で決まることもあれば、組織自体の制度上の重みで決まることもある。英国の財務大臣が一個人としてどれほどひ弱であっても、資金配分に関する権限を持っている財務省はほぼ必ず省庁の筆頭にあげられる。いずれにしても、デジタル・チームの成功を政治側から支援する人物は、中央に配置される権限の強い部門に籍を置いている必要がある。

デジタル・チームを設置して成功するために政治的擁護者が必要になるのは政府だけ、と考えるべきではない。「政治的」と括弧書きにはなるが、大企業にもよく似たルールが存在する。企業も政府と同様に古びたものと惰性に悩まされている。大臣と同様、最高経営責任者がエネルギーと勢いを集中させられる場所は限られている。政府と同様、協力関係を強化したり脅威を排除したりするために経営陣は定期的に入れ替えられる。ある事業部から組織全体に変革を展開するのは政府と同様で極めて困難だ。グループ全体に働きかけるには、中央に力を持たせたほうがよい。

最高デジタル責任者

政治的擁護者がどれほどよいポジションにいてどれほど熱意があったとしても、そうたびたび活用すべきではない。デジタル機関を日々運営するためには、しかるべき現場リーダーが必要だ。彼らに成功のチャンスをつかんでもらうには、適切な権限を与えなければならない。

この仕事にふさわしい人材の候補は現在の組織にはいない可能性が非常に高い。最高デジタル責任者（CDO）は最高破壊責任者のような役割を担う。現職者が非常に強い性格の持ち主であってもこの仕事は容易ではない。これを成功させるには、自分がそれまで長く在籍してきて出世もした組織のあり方について不快な質問を公然としなければならない。地位と信頼を勝ち取るために自分が歩んできた道の正当性を多かれ少なかれ疑うことが必要になる。相手に信頼感を持っているとやりづらい仕事なのだ。すべての新しいCDOは、分かりきっていると思えるようなことを雇用者に質問できなければならない。きちんと答えられないことが判明する場合もあるからだ。まったく初めて来た人のような目で見ることは、現職者にはおそらくできない。

ＣＤＯを外部から採用することにはそれなりのリスクが伴う。ほとんどの大企業は、外部の人間を雇って大失敗した経験が1度くらいはあるはずだ。責任はたいてい双方にある。少なくとも英国政府では、企業のベスト・プラクティスを1度しっかりと注入しさえすれば、活力を失った怠惰な英国政府《ホワイトホール》にカンフル剤を打ったことになる、という思い込みが官民双方にあることが多い。政府の職員にしてみれば、自分たちの世界を知りもしない人間が答えを全部知っていると言ってのこのこやって来るという発想に、当然ながら憤りを覚える。敵対心が強い官僚は、ついつい新しい同僚の仕事を必要以上にやりにくくしてしまうことがよくある。

どこの出身であろうがＣＤＯ候補者は破壊者にならなければならないが、自分が加わる組織に対して、（a）基本的に怠惰で無能な人間ばかり、（b）前職でうまくいったことをそのまま新しい職場に切り貼りすればよい、という思い込みがあってはならない。まさにこの先入観を持って政府に現れ、失敗していった大企業を私たちは何社も見てきた。前任者に話を聞くというのは次期ＣＤＯが取るべき正しい行動だ。

自分が加わろうとしている組織のイメージを明確に先入観なく捉えることが、どの新任シニア・リーダーにとっても不可欠な前提条件だ。だが、新任のＣＤＯは組織をどう変えるべきかについて、偏見を持たないと同時に明確なビジョンを持たなければいけない。現実的になりすぎると、新しい職場の強い文化に完全に飲み込まれてしまう危険がある。仕事を始めた瞬間から目標にすべきものがなければ、ＣＤＯはずっと追いかけっこをすることになる。

これらのことから、ＣＤＯにはどのような経験が必要なのかが分かる。ＣＤＯの最有力候補者は、インターネット時代に設立されたグーグルやアマゾンのようなデジタル・ネイティブな企業で経営の経験を積んだ人とは限らない。そうした組織出身の経営者のなかには、消費者や国民や従業員が一様にウェブに対して新たに持つ期待にほぼ即応する文化のなかでしか働いたことがない人もいるだろう。デジタル・ネイティブの人たちは、過去の遺産を根絶するためにやむを得ず争ったことがないだろうし、彼らの仕事のやり方が、今ある組織にスムーズに移行できる模範的な仕事のやり方であるとも限らない。政府の変革に最も貢献すると考えられるリーダーは、インターネット時代の人間でありながらも前の時代のことを理解している人物だ。彼らは膨大な量の技術的・人的遺産を抱えて運営されている組織の方向性を変えてきた。会社を潰すことなく古いツールや古い考え方を置き換えてきたはずだ。

この種の経験の性質からわかるのは、彼らが他にも重要な資質をいくつか備えているということだ。オープン・インターネットの技術に関する実用的な知識を十分に持っているに違いない。だからといってハッカーである必要はないが、ハイパーリンクをクリックすると実際に何が起こるのか、APIが何の略語であるかを説明できなければならない。また、アジャイル・チーム、反復型開発《イタラティブ》、オープンであることなど、これまでの章で説明してきた仕事の進め方を支持し、困難な状況に陥ったときもスタッフに寄り添ってきた実績があることも必要だ。何よりも重要なのは、おそらくこの最後の特徴だろう。

CDOの階級をどのくらい上にする必要があるかは、階層と聞いてその組織の人たちが反射的にイメージするものによって異なる。古くからあるほとんどの大組織ではいまだに等級が非常に重視されるが、政府の官僚組織もすべてそうだ。官僚が互いに自己紹介をするときは、「鉛筆局の7等級です」などと言うのが普通なのだ。名前、階級、職員の通し番号。ほとんどの官僚は、仲間内で通じるこの簡易表現を使って権威を伝える。実際に問題となるのは等級ではなく、CDOがチームの主要な政治的スポンサーと話ができるかどうかだ。

とはいえ、公式レベルでスムーズに事を進めるには、ランクを上げることが依然として重要だ。理想的には、組織の管理方法に関する最大の決定を下すレベルの役員会にCDOが出席できるようにしたい。企業であれば、最高執行責任者や最高財務責任者と同等のポジションに就ける必要がある。政府であれば、各省庁の運営を担当する役人と同等の地位を確保する必要があると言ってよいだろう。英国ではこれができなかったが、それはGDSがスタートするまでその重要性に気づかなかったからであり、スタートした後には、地位を確保しようという取り組みに対して一部の高官が明らかに嫌な顔をしたからでもある。カナダのオンタリオ州やペルーといった他の行政管区では私たちの失敗が教訓にされている。

初歩的で明白なことのようだが、デジタル機関のリーダー職は1つの職務として1人の人が務めるべきだ。政府や企業では、デジタル・リーダーが担当すべきと思われる仕事に対する役員レベルの責任が広範囲に分散していることがよくある。そのため、切り刻まれた責任を複数の人や部門がそれぞれ負っている。これでは、何かうまくいかないことがあったときに誰が責任を取るべきなのかはっきりしない。CDOを募集するのであれば、さまざまな職務や名誉職を事前に1つの役割にまとめる必要があるが、この点を交渉の材料にすれば、CDOを上級職にできるかもしれない。

このような大きな仕事を引き受けてもらう見返りとして、ＣＤＯには成功のチャンスをつかみ取るための道具を与える必要がある。デジタルやテクノロジーの分野で著名な人材を企業や政府が採用するときに忘れがちなのが、この権限を明確にすることであり、それを組織内に定着させることだ。世界一のＣＤＯ候補であっても、立派な肩書きだけで大きな成果を上げることはできない。

したがって、最初のＣＤＯには、インターネット上のすべての公共向けデジタル・サービスに対する明確な責任と、デジタルに関するすべての政府支出を監督する権限を持たせるべきだ。ＣＤＯはこの2つの力を拠り所にして大規模な組織変革を推進することができる。これらの力を具体的にどのように展開すればよいのか。その詳細については第7章で説明する。

リーダーの重要性と権限を考えると、最初のデリバリー・チームをつくってからＣＤＯを採用するのはおかしいような感じがするかもしれない。だが実際にはこれが正しい順序であることが多い。有能なＣＤＯ候補のほとんどはすでにたくさんの魅力的なオファーをもらっているだろうし、そのほとんどはあなたの組織を変革するポストよりも給料が高くてさほど大変でもない。本気であることを証明できなければ、彼らはあなたの組織に加わってはくれないだろう。それを証明する方法の1つが、質の高い人材の集団を組織内にあらかじめつくり、質の高い仕事を行っておくことなのだ。政治家がどんなに感じよく熱心に誘ったとしても、チームができたてほやほやでメンバーが政策の調整役ばかりだったら、まともなＣＤＯはとっとと逃げ出すはずだ。

だからといって、調整役の重要性を過小評価しているわけではない。彼らがいなければほとんど何もできないはずなのだから。

官僚ハッカー

前章で取り上げたプロダクト・チームが1番目のチームだとすれば、2番目のチームは官僚ハッカーだ。ハッカーの仕事のカテゴリーを正確に言葉で表現するのは容易ではないが、それは彼らの守備範囲があまりにも広いからだ。ハッカーとは要するに、デジタル・デリバリー・チームがユーザーに最高のサービスを届けられるよう、足手まといになるものを排除したり罠をよけたりして道を切り開く人たちだ。

政府や歴史の長い大企業は多くの荷物を抱え込んでいる。大きな組織のなかで何かを成し遂げるには、断固たる決意と熱意の両方が必要になる場合が多いが、役員レベルの人たちと個人的なつながりがあればなおさらだ。組織の不文律を知る必要もある。したがって、複雑なプロセス、正しい相談相手、特定の問題を解決する場合の正しい礼儀作法などを覚えなければならない。デジタル・チームは組織の変革を促す役割を担ってはいるが、だからといって現行のルールを知らなくてもよいわけではなく、ましてやすべてのルールを破ったり無視したりすることが許されるわけではない。基本原理に立ち返れば、官僚組織のなかで仕事をするときに特にイライラさせられること――事務作業、遅延、頭字語、用語――の多くには、もっともすぎて文句もつけられない根拠があることが分かる。たいていは、法律上、セキュリティ上、道徳上の非常に納得のいく理由があってそうなっているのだ。問題が発生するのは、何度も抽象化されて真意が分からなくなっている場合だ。

官僚ハッカーの仕事は、組織のなかで経験を積んだ者として、ルールの背後にある意図を突きとめ、それを外部から来たデジタル担当者に説明し、新しいチームがルールに従うことで誰もが満足できるようにすることだ。だが時間が経てば、規則やプロセスを別のものに置き換えるよう、官僚ハッカーのほうから徐々に要求できるようになる。というのも、その頃には、もともと解決しようとしていた問題をデジタル機関によってよりシンプルで明確かつ迅速に解決できることが（単に主張するだけでなく）証明されているからだ。

基本原理に立ち返ったほうがかえってスピードが上がるため、それができるとデジタル・チームが非常に助かる分野は多数ある。その範囲は幅広く、たとえば、会社のフォーム入力作業のうち交渉する余地がないものはどれで、後回しにしても問題がないものはどれかを知る、といった些細なものもあれば、DXの実現の根本に関わるものもある。たとえば、納入業者から製品やサービスを購入するなどといった調達の世界の仕事、スタッフの採用、報酬、業績管理といった人事関係の課題、相応のセキュリティ保護のあり方とその条件の判断を任せられる人は誰かを把握することなどだ。一般的なやり方に対して何も恐れることなく異議を唱えるには、そのような仕組みになっているそもそもの理由を理解しておかなければならない。

政府では、政策という難解な世界を理解し、この世界をうまく泳いで「許可」を勝ち取る能力が最も重要となる。公式ルートを通じて組織全体の署名を得る必要がある事柄について同意を得られなければ、デジタル・チームは事実上立ち往生してしまう。同様に、通常考えられているよりもはるかに早いペースでこれができたとしても、DXのメリットを証明するために必要なデリバリーのペースを実現することはできない。このようなことを正しく行うには、膨大な量のスキルと人の感情を理解する能力が必要であり、大臣室への働きかけ方、出席しなければならない委員会、書類の書き方、事前に打ち合わせをする相手、売り込みのタイミングなどを知っておかなければならない。

GDSの官僚ハッカーの仕事は、ユーザーが利用できるようになった公共サービスより目立たず、注目されないことが多かった。だが、これでよかった。彼らの仕事の多くは、最も危険な障害物を事前に予測し、不可避なものを密かに修正することだったのだから。

最も優れた官僚ハッカーは冷静で怒りを抱えている人たちだ。ただし、闇雲に怒っている人は除く。自分が働いている組織であたり構わず怒りをぶつけるのでは生産的といえない。また、疲れや敗北感を覚えている人や、これまでに組織のあらゆる機能不全を目のあたりにして、「まあ、これが普通なのだから仕方がない」と結論を出しているような人も必要ない。必要なのは、組織が現在よりもずっとよくなる可能性があると分かるほど勤務歴が長く、組織を停滞させている原因だと自分が信じているものに対抗できるだけの情熱を持った聡明でしたたかな人だ。

最初の100日

土台作りが終わり、動きの速いデリバリー・チームを保護する殻ができあがったら、その後の3～6カ月間はデジタル機関が最速スピードで活動できる期間だ。デジタル・チームはかなりのスピードで活動し、反論しそうな人が最大の変化に気づいた頃にはもう議論の余地がない状態にするべきだ。

政府の運営方法を変えるのは軍事作戦を変えるようなものだと言うのは少しばかげているが、戦略面ではいくつかの共通点がある。「兵は拙速なるを聞くも、未だ巧《たくみ》の久しきをみざるなり」と孫子が言っているように、戦術が多少まずくても、ぐずぐずしているよりは迅速に物事を進めたほうがよい。そして、縄張りを主張すること——正確には、政府の業務の特定部分について正当な意思決定者として権限を主張すること——はすばやく行わなければならず、できれば誰も（時には自分も含めて）その意味を認識しないうちに済ませておくべきだ。これは初期のGDSの伝説として語り継がれているのだが、長年、政府の最高情報責任者を務めてきたある人物は、あるやり取りのなかで新しいデジタル・チームを「見かけ倒し」と言って取り合わなかった。明確な権限の後ろ盾がなければ彼の言い分は正しかったかもしれない。

長い間ルールやしきたりが変わっていない組織の愛すべき特徴の1つは、会議の場でしっかりとした丁寧な口調で話せば、ほとんどの人がこの人は自分の言っていることを理解していて、自分がすべきだと言っていることを実行に移す許可を上層部から得ていると思い込むところだ。なかには、断固とした態度が意外な分だけ新鮮に映る官僚組織もある。「あの女性はこの取締役会を閉鎖する必要があると確信しているようだし、上司が同意していると言うのなら、みんな荷物をまとめた方がよさそうだ」と考えるのだ。この超能力を使える期間は限られている。いずれ周囲はあなたがしようとしていることを理解し、強硬に反発するようになる。だが、初期段階では極めて有効だ。この力を使って、できるだけ多くのばかげた意見を排除してしまおう。

デジタル・デリバリー・チームと官僚ハッカーが集結したら、CDOが最初の100日間に目標にすべき主なことは、チームの将来的な権限を明確に設定し、DXを阻む構造的な障害に取り組む道筋をつけること、そしてこのやり方で今後も進めていくことを組織全体に認識させることだ。新任のCDOは、活動を軌道に乗せることを目指して次のような少数のタスクに優先して取り組むほうがよい。

■ふさわしい文化を構築する

文化とは、意識的に採り入れたものと、人々が集まることで思いがけなく生まれる何かが渾然一体となった奇妙なものだ。正しく築けば計り知れないメリットが得られるが、間違えると大惨事になりかねない。

英国政府のデジタル文化は、いくつかの象徴的なものに概ね集約できる。オフィスじゅうに吊り下げられた万国旗、略語の説明に失敗して発表者が罵声を浴びせられるスタンドアップ・ミーティング、ケーキ、ジーンズ、スタッフ全員で成功を祝う月例のGDSミーティングなどは、訪れた誰もが話題にする。同じやり方は後に全国の官公庁に採り入れられ、壁に付箋を貼ることが安全衛生上のリスクになるかどうかをめぐってデジタル・チームとオフィスの管理人が争ったこともあったが、デジタル・チームが勝利した。文化は、聞きたいことがあれば電子メールを送るよりも直接出向いて質問するような職場となってはっきりと現れた。

GDSは設立当初から、自分たちが属する組織の文化の雰囲気を意図的に難しくしていた。それは、異質で、オープンで、闘争的なところを誇る（傲慢とも言われたが）文化だった。デジタル機関が他と一線を画していることは誰もが認めていた。だが、賛同が得られるときばかりではなく、典型的な官僚組織寄りの世界で仕事をしている人々への思いやりを欠いているとデジタル・チームが批判されたときは特にそうだった。文化を戦わせるためではなく、文化を創造するために努力をしよう。

■デジタル機関のリーダーシップ・チームを定義し、人材を確保する

通常のルートではプロダクト・チームを迅速に採用するのがほとんど不可能であるのと同様に、標準的な採用プロセスではおそらく他のリーダーも満足に見つけられないだろう。必要な人材を獲得するために標準的なプロセスを公正かつ公然と再構築することを早い段階で常識にしてしまうことが重要だ。そうすると、それが前例となり、他の部署が同じ方法を使えるようになるという中期的なメリットがある。よりよい人材を獲得するための余地を作ってくれたと、他の部署か

ら感謝されるだろう。ただし、他の部署でも使いやすいものになっている必要はある。

■ばらばらの指揮命令系統とチームを一つにまとめる

大規模な組織では、よく似た問題に複数の別個のチームが同時に取り組む羽目になることがよくある。これも非効率的だが、気づかないうちに起きている生産性に関わる問題はもっと深刻だ。取り組んでいる課題が重複していることから、ある種の倒錯した競争が発生したり、「調整」会議が延々と続いたり、縄張りをめぐる言い争いが起きたりする。

デジタルな働き方に慣れていない組織では、デジタルやテクノロジーに関するさまざまな課題を複数のチームで分担するようになる可能性がある。このようなチームを再編し、1人のリーダーが全体の責任を持つ体制にすることで、このような無駄の多くを取り除くことができる。GDSは、3つの異なる部門に分散する6つの異なるチームの集合体だった。

チームの統合を進めるとき、CDOは完璧を求めてはいけない。大きな組織や政府はいつまで経ってもばらばらであるため、ある程度は分断されていてもよい。明らかな重複を取り除くことに専念しよう。

■すべてのデリバリー・チームを一カ所に集めてアジャイル作業をしやすくする

新しい場所に足を踏み入れたとき、一瞬でその場所の虜になり、いつまでもそこで過ごしたくなることがある。あなたのデジタル・チームのオフィスもそうなるはずだ。GDSが最初に拠点とした場所は旧態依然としていた。慈善団体に寄付された机で埋め尽くされ、厄介な情報公開請求があったときに正当化できる材料ばかりを使ってやる気のない業者が内装を手がけたような、政府でも嫌われている建物だったのだ。だが、机があって、壁があって、窓があって、インターネットがつながっていて、みんなが落ち着けて、好きなときに合理的な変更ができれば、それで十分のはずだ。ただし、同じ場所に集まったチーム同士が連携できる必要はある。

■情報を発信するブログ記事を書く[59]

政府の職員は外部の人間（特にジャーナリスト）と話をすると思われていないし、許されてもいない場合が多い。営業秘密に気を遣う企業でも同様の制約がある場合が多い。報道機関とのやり取りはすべて、広報担当チームを通じて行わなければならない。そうしたチームを置くというのも、できるだけ発言を少なくし、発言せざるを得ないとしても関心を引きすぎることを言わないようにするため、という場合が多い。だが、オープンでなるべく親しみのある方法で人々に話をすることも、デジタルで何でも行うことの一環なのだ。したがって、稟議を経なくても個別運営のデジタル・チャネルから情報を発信できるよう、承諾を得ておくことが必須となる。大半の高官や幹部は不要なリスクだと本能的に感じるだろう。CDOの最初の課題は、その逆であることを納得させること（そしてそれを示すこと）であり、ブログがチームの主要な社内外のコミュニケーション・チャンネルであることを明確にすることだ。

ここに挙げた5つのタスクを一読すると、新しいCDOというのは、馴染みのない飲み屋にふらりとやってきて店じゅうにケチをつける酔っ払いのようなものだと思われる恐れがある。理想の世界なら議論する必要などないだろう。適切なタイミングのチャーム・オフェンシブ[*2]が勝つかもしれない。運がよければ、これら5つのタスクを偶然知った会社の他部門（人事チームや財務チームなど）が喜んで仲間に加わり、これまでとは違うやり方を試してくれるかもしれない。彼らはそうすることの言い訳や許可を何年間も求めてきたかもしれないが、デジタル・チームのもとに舞い込んだ幸運な状況を獲得できるほどの運には恵まれなかった。

とはいえ、官僚ハッカーの規模を拡大するために必要となる怒れるタイプの人材は、各部署にわずかしかいない可能性が高い。CDOが克服しようとしている問題が組織でまだ解決されていないのには理由がある。最も困難なケースでは、部門全体が従来のやり方をとがめるあなたを嫌っているために、何をするにも揉めることになる。そのような場合は妥協するしかないが、降参してはいけない。負けを認めるのは危険だ。採用、作業スペース、コミュニケーション、構造、目的などを合理的にデジタル機関で監督できなければ、その後の数カ月間にできる活動の範囲ははるかに狭まってしまうだろう。

最初の100日は、組織内の他の部門にいくつかの明確なメッセージを伝える「ハード」な段階ではあるが、CDOとデジタル・チームにとっては、仲間同士の関係を集団として構築して

*2　相手の心をつかむために友好を装う戦略。

ソフト・パワーを生み出す時期でもある。新任のCDOは最初の年に必ず重要なパートナーとなる高官や大臣の全員と直接会って話をしなければならない。

言うまでもないことだが、味方をつくったり人々に影響を与えたりするのに最もよい方法の1つは、今までほしくても手に入れることができなかったものを提供することだ。それがデジタル・チームの印象をよくするものならなおよい。GDSが早い時期に成功を味わうことができたのは、首相のためにあるアプリをつくったためだ。首相はそのアプリを使い、ある大規模な会議でテック・シティー[*3]の成功を誇示することができたし、官僚の能力がスタートアップ企業に引けを取らないことを暗に示すこともできた。将来的に最も面倒になる顧客を満足させる具体的な方法を見つけ出すというのも、最初の数カ月の過ごし方として悪くない。

もっとも、内部に味方をつくるだけではとても十分とは言えない。それより何より、組織の輪の外にいる人たちがそろそろ変化に気づき始める頃だ。

SUMMARY

- 大臣またはCEOレベルから下の組織のことをよく理解しているメンバーがいなければ、デジタル・デリバリーは成功しない。初めから内部の人間を入れよう。
- DXについて語るとき、舞台裏で必要となる官僚ハッカーの仕事に関する話が抜け落ちることがよくある。だが、このようなスキルを持った人がチームにいなければ、永遠に何も変えることはできない。

・CDOは、インターネット時代の技術や慣習に精通し、組織全体を統括する強い権限を付与されていなければならない。

・CDOの最初の100日を最大限に活用しよう。これほど速く動けるチャンスは二度と訪れない。

＊3　テクノロジー関連企業が集積している東ロンドン一帯の呼称。独自の発展を見せていたこの地区を英国のシリコンバレーにしようと、2010年11月、当時の首相デイビッド・キャメロンが「テック・シティー構想」を打ち出し、世界中からIT起業家や研究施設を誘致し、政策面での優遇を図るなど、政府が積極的に発展を支援している。

できたばかりの新しいデジタル機関も体制が整い、仕事のやり方が明確になり、チームはそれぞれ活発に活動している。あとはモノを実際に世に送り出すだけだ。それができないのであれば荷物をまとめて帰ったほうがよい。ここまで来るのは容易ではないが、これまでの出来事は本当に重要な人々——ユーザーである国民や顧客——に何の影響も与えていない。

デリバリーが非常に重要だというのも、多くの大組織がこれをうまくやる方法を忘れてしまっているためだ。デリバリーができる——しかも、それまで組織が長年見てきたどれよりもシンプルに、低コストかつ短期間でできる——ことを示さない限り、今後の議論でDXを支持する意見に説得力を持たせることはできない。

イノベーションの罠に注意

デジタル機関と「イノベーション部隊」とは別ものであることを明確にしなければならないのはこの時点である。本章で後述するが、イノベーション・チームもタイプによっては設置する価値がある。だが、原則として「イノベーション」には慎重になるべきだ。

政府や大企業にイノベーション部隊があるのがだんだんと一般的になってきている。イノベーション部隊には創造的破壊者になる権限が与えられていて、その点はデジタル部隊とほとんど変わらない。優れた人材と気の利いたアイデアでいっぱいになっているイノベーション部隊はたくさんある。彼らが仕事をするときの文化や慣習は、これまでの章で説明したような、アジャイルで、分野横断型で、オープンなものである場合が多い。だが、創造的破壊をイノベーションの旗の下でひとくくりにすることにはリスクがある。結局、いつまで経ってもビジネスにとって重要なものにならず、「本業」とは切り離された存在にされかねないのだ。組織を根本的に再構築する責任を帯びた部隊であるはずが、気づけば日常業務の付け足しという苦境に陥っているイノベーション・チームは多い。

これは言葉が問題となるケースの1つだ。「イノベーション」という単語はもっともらしいプレゼンテーションで数え切れないほど使われているため、一部の人にとっては平板でつまらない言葉になっているかもしれないが、活力があって刺激的で新鮮な響きを感じ取る人はいまだにいる。「イノベーション」という言葉を冠する一部のチームにとって問題なのは、チーム名がいちばん革新的だったという結果になることだ。巧妙なネーミングで実際よりよく見せるというのは大企業の常套手段だ。名称に勢いがあればあるほど、裏に潜む慣例尊重は根深いものになる。

要するに、イノベーションとはそもそも、政府や企業の他部門が行っている本来の業務とは必ず別個に存在する異質なものだ。イノベーション・チームは組織のなかで常に他より一歩先を行くことを運命づけられているのだから、全員が横並びになるように手助けしようという考えは出てこない。みんなと同じことをやっていたら、「イノベーション」など起こせないではないか。

イノベーション部隊に関わるもう1つの問題は、ユーザーに届くものづくりを本気で事業化することが滅多にない点だ。いい加減なことや間違ったことを言っているように聞こえるかもしれないので説明しておこう。イノベーション部隊のメンバーにはプレゼンテーション資料や試作品（それも、たいていは非常に素晴らしいもの）をつくる能力のあるデザイナーやアイデアマンが揃っていることが多い。試作品のなかには実際に人に試してもらうものもある。だが、イノベーション部隊を飛び出し、組織内で採用されて既存サービスの代わりや補強になるような勢いには滅多にならない。そうなるためには、新しいサービスを担当するチームが組織の業務の根幹部（スパゲティー状態のITや現場スタッフなど）に入り込み、変革を起こせるようにする必要がある。だが、ほとんどのイノベーション部隊はそこまでの影響力を組織全体に対して持っていない。おそらく、違うやり方ができることを示すところまでがイノベーション部隊の仕事で、理論をわざわざ実践するかどうかは関係がないのだろう。

一部の場所（具体的には政府の官僚機構）ではイノベーション部隊の存在が許容されているが、

それは「ほぼ無害」だからだ。創造的破壊の脅威にさらされている階層型組織で彼らの存続が認められるというのも、本気で現状を非難するのではなく、別の方法があることを指摘するだけだからだ。新しい仕事のやり方に脅かされるはずだった人々は、そのお返しとして、印象的ながらも無害なイノベーション部隊の成果を、画期的で価値あるものとして声高に称賛する。皮肉屋ならこう言うかもしれない。「本当はあまり変化を望んでいない組織にイノベーション部隊が幸せな均衡状態をもたらしている」。この組織のユーザーにとっては幸せでも何でもないのだが。

最初のサービスを選ぶ

イノベーションの罠に陥らないようにするには何かをつくる必要がある。それも、組織の日常業務に不可欠と言えるほどのものでなければならない。

英国では2つのサービスがGDSの最初の実証の場になった。1つは、情報を公開するためのウェブサイト、GOV.UKだ。政府が管理する2000以上のばらばらなウェブサイトを単独ドメインに置き換えた。もう1つは電子請願サービスだ。国会からの依頼で、英国民が誰でも正式な請願を提出できるサービスをまったく新規につくった。

とはいえ、DXを検討している政府や企業が必ずこのような2つのプログラムを出発点として選ばなければならないわけではない。たまたまこの2つが当時のGDSにとって最有力候補だったというだけだ。この2つが出発点として適していた要因はいくつかある。

■グリーンフィールド

電子請願サービスの開発を引き受けるというのは、いろいろな意味でGDSにとって非常にまずいアイデアだったとも言える。誰でもオンラインで国会に請願を提出できる新しいサービスをつくろう、というのだ。そうなった原因は、下院議長が口にした思いがけない発表にあった。議長職最後の日でうきうきしていて口を滑らせたのか、通常のルートを通さずに政策案件が発表されてしまったのだ。そのうえ期限までおおっぴらにされてしまった。新規プロジェクトの条件としてはいずれも理想的ではない。だが、逃れることはできなかった。デジタル・チームができた直後の、待望の新規デジタル・サービスなのだ。GDSは手を挙げざるを得なかった。

では、どうして実用に耐える電子請願サービスをつくることができたのだろうか。何千もの人々が使うサービスをなんとか12週間で全面稼働させようと、チームが驚異的な仕事ぶりを見せたことも一因ではあるが、要件の範囲が明確で、政府の他の業務との関連性がほとんどなかったことがその理由だ。古びた技術を使ったシステムに悩まされることもなく、同じようなことをすでにやっていると主張するチームが他に存在せず、遵守すべき法規制の山もなかった。電子請願サービスはほぼ白紙の状態だったのだ。さらに、廃棄された旧バージョンのオンライン請願サービスから得た教訓を活かせたこともよかった。この旧バージョンは官邸がシビック・テック・コミュニティの助けを借りてつくったものだが、そのコミュニティが今ではGDSのなかで仕事をするようになっている。

電子請願サービスは驚くほど評判がよいことが分かった。リリース後の最初の100日間は1分間に平均18人が署名をしている。また、2万1500件の請願が提出され、そのうち6件は署名の数が国会の議題として取り上げられる基準である10万に達した。その後間もなく、ホワイトハウスが米国版オンライン請願サービス「We the People」を立ち上げると発表し、英国チームのサービスから着想を得たことを認めている。

電子請願はグリーンフィールド（ゼロからの開発）のサービスであったため、担当チームはユーザー・ニーズを満たす最善の解決策を考え出すことに全エネルギーを集中させることができ、どこかにいる同僚の自尊心や意見に配慮する必要がなかった。このようなまっさらな機会は政府内には滅多にない贅沢だ。ほとんどの官僚組織ではすでにほとんどのことが試されてしまっている。思いつく議題や政策のほぼすべてについて、「過去に1度やってみたがうまくいかなかった」ことを伝えるファイルがどこかの引き出しに入っている。

時間が経つにつれ、DXの見本としてGDSが選ぶサービスはブラウンフィールド（既存）のサービスになることが増えていった。そうした場合、政策や技術に関わるさまざまな重要事項（具体的なソフトウェア選びや政策上のルールづくりなど）はデジタル・チームが関与するずっと前にすでに決まっている。各部局の大勢の人々がGDSの変革部隊に協力し、彼らの活躍でたくさんのサービスのデリバリーを無事に完了できたが、すべてを完了することはできなかった。今にして思えば、プロジェクトの将来的な方向性を決める最大の選択に関して限られた指揮権しか現場のチームに与えられていない状況では、これほど多くのサービスの全面的な見直しを引き受けるべきではなかった。ブラウンフィールドは要注意だが、初期段階では特に用心しなければならない。

■シンプル

まったく新しい何かのためにシンプルなデジタル・サービスをつくるチャンスに恵まれたら、両手でしっかりつかまなければいけない。ここで重要なのは「シンプル」という単語だ。最初のプロジェクトとして福祉制度の全面的な改革や運転免許証の完全電子化に着手するのは合理的ではない。政府や大企業は複雑なものが大好きだ。そちらに惹かれて行ってしまってはいけない。

事業戦略や政府公約のなかに独創性を発揮できそうなものが見当たらなければ、現状の仕組みでは代替策を考えざるを得なくなっている小さな課題に目を向けるとよい。GOV.UK上につくられた最初のミニサービスの1つは、次のバンクホリデー[*1]がいつなのかが分かるページだった。これは年に何百万回も行われる簡単な検索だが、ウェブ上のどこを探しても、たった1つの公式回答が簡単には見つからなかった。

■認知度が高い

技術的にも知的にも単純なことを行うことの大きな利点は、ほとんど失敗することがないという点だ。ほとんどの人は政府のオンライン・サービスのことを「たとえ動いたとしてもひどい目に遭わされるもの」だと思っている。失望させる恐れや失敗するリスクが低い分、さほどのリスクもなく、新しいサービスに触れる人の数を気楽に増やしていける。

GDSの経験から得られた予想外の発見の1つは、政府職員とユーザーとでは「シンプル」に対する考え方が違うということだ。バンクホリデーが分かるページをつくるというのは、役人にとってほとんど注目に値しないことであり、単純すぎてコメントすらなかった。このような非常に賢い人々は、政策に関わる問題を包括的に捉えることが多いためか、森は見えても木がなかなか見えないことがある。しかし、何ページもクリックして目的の情報にたどり着くまでに要する数分を節約できた何百万人にとっては、当然ながらも喜ばしい小さな改善だった。『タイム』誌に投書するほどではないにしても、よかったことに変わりはない。優れたデジタル作品とは、1回限りの大きな拍手ではなく、100万回の無言の相槌で承認されるものなのだ。

この方程式を成立させるために、初期の成果を世間に広く知らせることのできる高い目標を設定するとよい。電子請願サービスは記者たちにとっても宝の山だった。「ジェレミー・クラークソン[*2]を首相に任命してほしい」という請願に100万人が署名したというニュースは、どの新聞でも記事になりやすいため、関心がさらに高まる。技術設計上の観点から同じくらい重要だったのは、大量のアクセスが同時に発生する可能性があることだった。大量の需要をスムーズに処理

*1　英国および英王室属領の公休日。年によって日付が変わる。また、地域によって休日に多少の違いがある。休みが取りにくい銀行員の休日確保を目的として1871年に制定されたBank Holidays Act（銀行休日法）に由来する。
*2　英国のテレビ司会者、ジャーナリスト。人気自動車番組「トップ・ギア」などを担当。

できることが新しいサービスに対する明らかなユーザー・ニーズであり、それに失敗することは、まさに政府のサービスにありがちな事態なのであった。

通信量の多さが原因でサービスが停止していたとしたら、政府は少しの間ピンチに追い込まれていただろう。だが、それよりもっと重要なのは、これがほぼ致命的な打撃となり、「公共部門のITによくある事例とはこれで決別できる」とデジタル・チームが言えなくなることだ。公共のITによくあるタイプの大規模障害に見舞われなかっただけでも、電子請願サービスは十分に成功したと言える。

サービスがどのくらい認知されそうかを大まかに把握するために、できればデータを調べてほしい。既存のウェブサイトのトラフィック・ログがある程度の目安になるはずだし、コールセンターのデータも参考になるはずだ。ただし、まったく新規のサービスの場合は参考になる過去の数字がないかもしれない。そのような場合は、新規案件に対する政治的な注目度と自分の直感を組み合わせて、アクセス数がどのくらいになりそうかを推測する必要がある。最悪のシナリオを想定したり、サービスを実際に使ってみたりすることも大切だ。そうすれば、リリース当日に想定外の事態が起こることはないはずだ。

■再利用できる

細かい違いを取り除けば、膨大な量の政府の仕事もわずかな数のプロセスやトランザクションに集約できる。英国を代表するあるサービス・デザイナーが言うように、ほとんどの政府は、ほぼ四六時中、サービスのデザインばかりをしている[60]。大別しても分類しきれない仕事が政府には大量にあり、大まかに分類したサービスのなかにもそれぞれたくさんのバリエーションがある。同じライセンスの取得でも、入漁許可証《フィッシングライセンス》と運転免許証《ドライバーズライセンス》とではサービスが異なってくる。だが、これが大原則として通用しているのである。

1度できちんとやってくれたほうがユーザーにとってははるかに安上がりでよかっただろうに、さまざまな意味でひどい結果になっているものが政府やその他の大規模な組織にはたくさんある。初期段階のプロジェクトを選ぶときには、これからつくろうとしているものが組織全体で容易に再利用できるテンプレートとなるかどうかにも注目すべきだ。

GOV.UK は最初から情報発信用のプラットフォーム――ゼロから始めることなくさまざまなアクター[*3]が利用できるもの――として設計されている。デジタル・ネイティブ企業は本質的にプラットフォームだ。eBay（イーベイ）、アリババ、アマゾンは誰でもそこで商品を販売できる小売りプラットフォームであり、Airbnb（エアビーアンドビー）は宿泊予約プラットフォームだ。ウーバーは取引プラットフォームであり、他にもさまざまなプラットフォームがある。世界最大級の店舗がほとんど在庫を独自に持たなくなっているのと同様に、英国政府の情報を最も多く発信しているのは GOV.UK だが、中央のチームがここに書く記事の割合はごくわずかだ。

その他のサービスでは、後で他のプロジェクトにコピー・アンド・ペーストができるウィ

*3 人や組織、関係する外部システムなど、システムと相互作用する特定の目的と役割を持つ存在。

ジェット（小型アプリ）をつくることもできる。決済機能を付け加えようとしていたり、店舗検索機能や予約管理ツールをつくっていたりするとしたら、どこかでまたそういうものが必要になるはずだ。

コードをオープンにするという前提でデリバリーを始めるのはよいことだ。未来のチームが使用する道具箱に入れられる最初の部品は、自分がつくるサービスのパーツかもしれないからだ。ただし、1つ注意がある。何でもかんでも未知の未来に備えてつくろうとすると、一種の完璧主義に陥るリスクがある。最初のうちは、たとえ共通部品化が容易ではないとしても、公開できる優れたサービスをつくる方が重要だ。ほぼ完璧な部品でつくられていても実際には日の目を見ないサービスほど不完全なサービスはないからだ。

やることを減らす

今あげた4つの項目を基準にしてデリバリーの優先事項を選んでも、どっちつかずとなるプロジェクト候補がいくつか残ることは大いにあり得る。それらに加えて、基準には満たなくても捨てがたい案件が他にもいくつかあるはずだ。

デリバリーの目標とするレベルを最初から適切に設定するのは難しい。アジャイルな仕事のやり方を採り入れ、優秀な専門家を採用すれば、新しいデジタル機関は大いに勢いづくが、質と量と時間のバランスをとらなければならないのはどのチームも同じで、これを無視することはできない。業務能力を少し上げることはできても、時間旅行は依然として不可能なのだ。

このバランスをうまくとるための決定的な正解はないが、新しいデジタル・チームが形成段階で考慮すべきことは、それまでの平凡な事例と自分たちはまったく違うことをどうやって明らかにするかだ。

英国をはじめとする世界のほとんどの地域では、時間もコストもかかるのにユーザーにはろくな結果をもたらさないのがＩＴだと思っている人が圧倒的に多い。その一方で、ＩＴが不足していると文句をいう人はあまりいない。つまり、ＩＴは大きいものだという伝統的な考え方のもと、20年ほどかけて量は最大限度まで増やしたが、質と時間をじっくり検討することは避けてきたということだ。大きな組織、特に政府は、自らを実際よりも大きな存在であると考える思考の罠に陥りがちだ。これは、当該国や地域の大きさに関係なく起こる。このような思い違いをしていると、複雑な技術を大量に購入することが「普通」だと考えるようになる。こうした状況を打破するには、大組織の自己認識を変えなければならない。壮麗さや歴史を取り払ってしまえば、出会い系サイトと比べて著しく複雑なことをやっている行政サービスはほとんどない。

そのため、デジタル機関はやることを極力減らすことを任務に含めるべきだ。デジタル機関が何をやろうとしているのか疑念を持たれるのはもっともなことであり、これを克服するために、新しいチームは少数の優れたサービスを短期間でつくることに専念する必要がある。時間が経てば、もっと長い期間をかけてもっと多くのものをデリバリーする方向にこのバランスを調整できるようになるし、そうするべきだ（とはいえ、これを実行するのは口で言うよりはるかに難しい）。

適切に取捨選択する

デジタル・チームが外界から隔離されたままであれば、「やることを減らす」という信条を貫くのは簡単だろう。だが、成功したというニュース、特に予想外の成功のニュースはすぐに広まる。どうにかこうにか動くだけでなく見た目もよいサービスのデリバリーが始まれば、あなたのもとにはたくさんの人が殺到するだろう。

押し寄せてくる人たちの多くは、デジタル・チームが何のために存在するのかをまだよく理解していないのに、自分のところのウェブサイトを完成させる手助けをしてくれる人を必死に探していたりする。なかには、この新しいデジタル・チームというのはＩＴ部門が名前を変えただけのものだと思い、納入業者に提出する要件リストの作成を手伝ってくれる人を探しに来る人もいるだろう。

このような場合は、できる限り丁寧にお断りするしかない。ある時点を境に、このような要求をすべて受け入れることは、いちばんやってはいけないことになる。忙しすぎて自分の優先課題のデリバリーすらきちんとできなくなり、ましてや彼らの面倒など見てはいられなくなるのだ。

アジャイルなチームが直面する最大の課題の１つは、どのサービスも決して完成したと思ってはいけないことだ。少しずつ調整したり改善したりする余地が常にあり、ユーザーもそれを求めている。時間の経過とともに、デジタル・チームがメンテナンスや改良を行う必要のあるプロダクトやサービスのリストは長くなっていく。したがって、自分のチームや組織外の人に対して「ノー」と言う方法を学ぶことが絶対に必要であり、チームの存続と持続可能性のためにも必ず練習しておかなければならない。

政府や大組織には、その性質上、首相や大統領やCEOなど、「ノー」と言えない相手も存在する。幸運にも彼らから声をかけられた場合は、彼らの要求をいかに効果的に処理するかが喫緊の課題となる。だが、その依頼内容が合理的なサービス選択基準のいくつかを満たしていない場合はこれがとりわけ難しくなる。

そのような場合に取るべき方策は、プロダクト・チームを別個に設置して、少数の主力サービスのデリバリーを担当するチームとは完全に分けることだ。そうすれば、デリバリー・チームは邪魔なくモノづくりの作業に専念でき、これ以上ない形でデジタル機関のやり方を実証することができる。別個につくったプロダクト・チームは、神出鬼没の気まぐれな人たちのリクエストの処理に専念するのだ。邪魔者を追い払ってデリバリーの防御をするこの役割は、サービス全体を扱う仕事とはかなり異質であるため、このチームには別の名前をつけたほうがよい。そこで復活させるべきなのが、「イノベーション」という言葉だ。

「イノベーション」のほうがこのチームの仕事を正確に表しているため、このチームにはふさわしい名前だ。GDSでは「花火チーム」とも呼んでいた。つかの間で消える色とりどりの印象的な展示物を作り出すことが、このチームの顧客が本当に求めている肝心なものだからだ。ほとんどの幹部職員は表面的な改善にしか時間を割けないと言うのは、いい加減な固定観念だ。たとえそうであったとしても、確実に言えるのは、何もないところから思いついたアイデアの80％の効果を4週間で確認するのか、90％の効果を6カ月で確認するのか、CEOや政治家がいずれかを選べるとしたら、毎回前者を選ぶだろうということだ。

たとえば、病院の待ち時間のデータを表示するデジタル・ダッシュボードをつくってほしいと首相が言ったとする。イノベーション・チームに求められるのは、完成したサービスであるかのように動作する見映えのよい試作品をつくれるだけのスキルだ。これは見世物であるから、見えないところをつくり込む必要はない。そこはどうでもよいのだ。試作品を見た首相がそれを必要と判断すれば、トップからの明確な要請ということで、しっかりとしたプロダクトの構築に向けてチームの仕事の優先順位を変更するための難しい作業を安心して始めればよい。しかし、1カ月間の作業を経て目の前に差し出された洒落たフロントエンド（見た目）だけで首相が満足するとしたら、デジタル・チームは他の場所で行われているもっと難しいデリバリー作業を中断することもなく、より低コストかつ迅速に、自身の価値を証明したことになる。このようにして得られた信用は後で強力な武器となる。

こういうやり方は不誠実だろうか？　そんなことはない。ただ、完全に機能するサービスを装ってCEOに試作品を見せるつもりであれば話は別だ。それはよい考えではない。イノベーション・チームが謙虚な姿勢を見せても何の問題もないのだから、自分たちが作ったものはもっと改良できること、そしてＣＥＯとのミーティングは、さらに追求する価値がそれにあるかどうかを判断するための重要なユーザー・テストであることを正直に伝えよう。当座の試作品を大臣に見せるのと、仮の報告書を渡して意見をもらうことには、何の違いもない。ただし、例外が１つあり、試作品なら数秒で感想を述べてもらえるが、報告書に対するフィードバックは数時間か数日か数週間かかる。

チームの規模を拡大する

最前線の重要なデジタル・サービスのデリバリーを開始すると、チームを大きくする必要にだんだんと迫られるようになる。検証すべき仮説や管理すべき関係性があっという間に増え、１つのプロダクト・チームでは手に負えなくなってしまうのだ。

チームの規模を拡大する必要が出てきたときに官僚が見せる典型的な反応は、組織のリスクとの付き合い方に密接に関連している。ユーザー数が増え、サービスが大きくなるほど、リスクは高くなる。リスクを軽減しようとして多くの政府や企業がとる方策は、延々と議論を続けられるように管理やガバナンスの層を増やしていくという手だ。しかし、これではチームに膨大な事務処理を強いることになり、デリバリーが遅くなるだけでなく、結局、最大のリスクを避けることはできない。ユーザーのもとに役立つものを確実に届けられるかわからないのだ。

このような事態になる一因は、戦略とデリバリーが分断されていることにある。サービスが大きくなり、投入されるリソースが増え、利用するユーザーも増えると、組織にとってのサービスの重要性も高まる。関係者のなかで自分たちが最も重要だと考えている政策立案者たちは強引で、たいてい大勢で押し入ってくる。サービスの初期段階の開発をデータやユーザー情報や業務知識に基づいて誘導していた声は、小さくなるか完全に消えてしまう。

デジタル・チームの規模を拡大しようと思ったら、管理層を増やすのではなく、タスクが発生するたびにデリバリーの単位を増やして個別のタスクに対処できるようにするやり方がいちばんよい。つまり、プロダクト・チームを複製してやるのだ。デジタル・サービスがますます複雑になっていくのに合わせて、さまざまなスキルと視点を持つ分野横断型のプロダクト・チームを増やし、サービス改良に役立つ補完的な問題を追加するのがよい。同じユーザー・ニーズに応えるためには、各チームの結合はゆるやかであっても連携は緊密にする必要がある。重要なのは、現場の実務をよく知っていて、現実に基づいて知見を提供できる人を各チームのメンバーに加えることだ。これは、サービスの規模を拡大するプロセスに付きものであったいくつもの管理層に従来関連付けられていた特性ではない。

アジャイルな反復型《イタラティブ》アプローチを採り入れようとしている組織が見落とすことの1つは、サービスをつくる場合と同じ原則をチームづくりにも適用する必要があるという点だ。チームの規模が大きくなり、成長していくなかで、チーム同士が議論する機会を定期的に持ち、どのような協力体制が自分たちに最も合っているのか、それぞれのチームが仮説を立てて検証を続けていく必要がある。また、定期的に反省会を開き、チームがうまくやっている点とそうでない点をじっくりと確認するというやり方は、チームのあり方を体系的に改善していくことができる優れた方法だ。

SUMMARY

- 自らを「イノベーター」と名乗らないように注意しよう。デジタル・チームは組織の周辺部ではなく中心で仕事をするべきだ。
- 最初の大きなプロジェクトは、新規でシンプルかつ認知度と学習効果の高いものを選ぼう。
- 本来の仕事の妨げとなる重要な要望を処理するチームを別途立ち上げよう。
- 政治発言を現実より先走りさせないために、「ノー」と言えるようになろう。

Winning the arguments

第8章

議論を制する

意思決定がうまくいかないのは、政府の権限がバルカン化*1しているせいだ。

――ニック・クレッグ、元英副首相（在任期間2010〜2015年）

デジタル・チームが重点を置くポイントは時間とともに変化する。やるべきことができる条件を整えることを第1目標にすべきときもあれば、整えられた条件を活かしてユーザー体験を改善することが第1目標になるときもある。成功するための環境を整えてやれば、デジタル・チームは小規模で時間のかからない大胆なプロダクトやサービスを次々と送り出すことができる。デジタル組織の目標が野心的になればなるほど、より大きな利益を生み出すチャンスをつかむために整えるべき条件は増えていく。

いったんチームが稼働し始めれば、モノづくりとそのための環境づくりという2つの仕事を無理せず並行して進められるようになる。デジタル・チーム全体で軸足を変えるようなことはせず、プロダクト・チームはデリバリーに、官僚ハッカーは前進するための道路整備に専念するとよい。変わるのはデジタル組織のリーダーが取り組む中心課題だ。デリバリーを健全に行いながら、より大きな目標にいつでも向かって行けるように環境を整備しておかなければならず、この2つをバランスよく進めるというのは最も難しい判断が求められる作業の1つだ。デリバリーに固執しすぎると完全にデジタルな組織の構築がおろそかになる危険がある。目標よりも遠くに飛んで行ってしまいすぎると、実際にユーザーと収益の両方に改善がもたらされているのか分からなくなるかもしれない。組織を改善するそもそものメリットはこの2つであるため、それを忘れてしまうのは危険だ。

新しいデジタル・チームというのは、デジタル組織を成功に導く完璧なシナリオを準備して一気に片づけようとしたがるものだ。ここまで読んできた人はこう思うかもしれない。「先に最高のスタッフや完璧な政治的条件を整え、ふさわしい組織文化を醸成し、明らかに障害となるものをすべて取り除かなかったら、何かを始めても意味がないのではないか?」前提条件をすべてクリアすれば、整備した環境に最高速で飛び込んで行き、これまでより感動的でインパクトのあるものをデリバリーでき、もっと早くコストを削減できるに違いない。とても理にかなっているように思える。だが、そういうことは絶対に起きないというのが唯一の問題だ。

レガシー駆動の古い組織を変えるための完璧な環境が整う可能性はゼロだし、絶えず変化する

＊1 特定の地域や国が小さく分裂していく現象を指す地政学用語。

イベント駆動の世界で同じシナリオのまま進んで行ける可能性もゼロなのだ。私たちが見てきた新しいデジタル機関の最大の過ちの1つは、プールの底が見えるまで待った後にいちばん高い板から飛び込むというものだ。まだ濁っている水のなかに低い位置から飛び込んだほうが賢明だ。

デジタル・チームは物事を進めながら問題を解決していくことに抵抗を感じない（あるいは、少なくとも抵抗を感じることに慣れる）ようにするべきだ。論争になったら、そのたびに勝てばよいのだ。デジタル組織が目指すべき完璧な終点はない。

英国政府のデジタル・チームは、その時々に目の前にある最も重要な論争に勝とうと努力した。私たちに突きつけられた戦略上の問題は多くの場合とても単純なものだった。GDSのテクニカル・アーキテクトだったマット・ウォールによれば、要するに、「何を修正すれば自分たちのチームは先週よりもよいプロダクトを今週の金曜日に送り出せるのか」を考えればよかった。

まだ決まっていない未来のある時点ではなく、ユーザー・ニーズを満たすデリバリーができない原因に基づいて戦略的な優先順位を決めるようにすると、焦点がぶれなくなる。今週のデリバリーに何か問題があれば、それを貴重なヒントにして、その問題を解決できる官僚ハッカーの労力を注ぎ込む場所を決めることができる。

新しいデジタル機関が役割を果たせるようにするには、最初にひととおりの条件を整える必要があるが、それは主に、ユーザー中心のアジャイルなデリバリーができる新しいタイプの組織を、大きな官僚機構に拒絶反応なく移植できるようにするためのものだ。これは第3章で説明した4つの事柄で、これらが揃うとデジタル・チームは単純にスタートを切ることができる。

条件が整ったら、ほとんどのデジタル・チームはその後の一定期間、第7章で説明したような小型でリスクの低いグリーンフィールドのプロジェクトのデリバリーを問題なく続けることができる。組織全体にまとわりついている技術的・文化的遺産とは無関係に存在できるし、成功させることができるプロジェクトだからだ。ところが、既存組織のさまざまな部分に深く絡みついているサービス——ブラウンフィールド・サイト——を設計し直そうとすると、デジタル・チームの存在を許可した条件だけでは事業全体を変貌させられないことがたちまち明らかになる。この種の変革を起こすための環境をつくるには、デジタル・チームが新たな権限を獲得し、新たな諸々の論争に勝たなければならないのだ。

中央から権限を振るう

政府機関や大企業では、影響力のあるレバーを中心部から操作できなければ変革を起こすことはできない。政府機関であれ、子会社であれ、組織全体を構成するさまざまな部分に対してこのレバーを使えることが極めて重要なのだ。デジタル・チームはいつでもこのレバーを使って行動変容や惰性の克服ができなければならない。新しいプロダクトやサービスを比較的容易にデリバリーできる段階に達しているのに既存のレガシーに手を出せないのであれば、組織横断的な権限《マンデート》の強化を優先してもよい時期に来ていると考えられる。

権限というのは曖昧で厄介な言葉の1つだ。人によって意味するものが違っている。各部門の立場で上の段落を読むと、中央機関（財務省や戦略チームなど）に権限を与え、そこから他の省やチームに対して何でも好きなように命令できるようにすべきだという意味に取れる。だが、私たちが言おうとしているのはそういうことではない。

権限は2つの点で異なる。ソフトなレバー（影響力、個人的な関係、相互に便宜を図ること、ベスト・プラクティスの共有を通じて発揮される力）とハードなレバー（法律や政令、規則、支出の管理など）という2つをさまざまに組み合わせて使うのである。また、権限が及ぶ課題の範囲（採用、予算、テクノロジーの選択、法的枠組みなど）によっても変わることがある。デジタル機関に必要な権限は自分が勤めている組織によって異なる。

英国では、比較的広範な権限をGDSに与え、ハードなレバーをセットで付けることに決定した。政府内外の凝り固まった利害関係に打ち勝つためには、デジタル・チームが強い薬を投与できる必要があったのだ。こうした利害関係が存在するが故に、ユーザーのニーズに合ったサービスや、税金の使い道としてふさわしいサービスのデリバリーができない公務員もいたのである。

この決定には他の人たちの経験が少なからず影響している。これまでに何度か改革が試みられているが、中央の力が弱かったために改革を持続的に進展させるのが困難だった。これは改革の問題であってデジタルの問題ではない。他にも、制度の周期や形態の変更が試みられたことがあったが、同様の問題にぶつかっている。政府のなかで統計が正当に扱われるようになるまでには、26年の歳月と閣僚による2度の大規模な見直し、そしてウィンストン・チャーチルの介入が必要だった。[61]

私たちの判断にすべての人が賛同したわけではない。GDSに権限が集中しているために自部門の組織としての力が不当に弱められたと不満を述べる人もいた。だが、組織全体に対するデジタル・チームの影響力がどのようなものであれ、何らかの形で中央から指令を出せることが、コスト削減とユーザーのデジタル体験の向上を推進するうえでは不可欠のようなのだ。中央から何の圧力もかけずにレガシー主導のビジネスからの転換を成功させた、という組織の説得力のある例はまだ見つかっていない。

他の組織や政府の場合――現在の形になって150年が経過している英国の官僚機構よりも年数が浅く歴史的にも文化的にも荷物が少ない組織の場合は特に――、中央の持つ権限をさほど敵対的なものにしなくても変革を推進できるだろう。レガシーを抱えた大企業が大規模なDXを成し遂げた例をいくつも見てきたが、成功の主な要因は、経営幹部仲間の信頼を勝ち取った信頼できるデジタル・リーダーを中央に勤務させたことだった。このケースでは、中心となるチームが持つ権限は、リーダーが持つソフトな影響力という形でほとんど暗黙的に発揮される。中心に専門家集団がいると認識すれば、各部門は中央チームに従うものだ。CEOもそう確信しているとはっきり公言すれば、それも助けになる。中央から指令を出せるからといって、デジタル・チームが好戦的になる必要はない。

官僚組織が惰性で動いているのは必然的な努力のせいであって、個人ではどうすることもできないと考えがちだ。だが、そうではない。驚くほど少人数でも巨大なマシンを完全に停止させることができる。これといった理由もなく妨害している人はあまりいない。ほとんどの場合は、至極まっとうな私的または公的な理由があって、現状を維持しようとしている。デジタル・チームが現れて立場が逆転するとなれば、官僚たちは雲隠れしたり、ぐずぐずしたり、戦ったりする。このような状況に直面した場合は信望や愛嬌や友好的な説得では限界がある。したがって、デジタル機関を（特に政府のなかで）立ち上げようとするチームは、ハードな力を手に入れることの価値を過小評価すべきではない。そのような権限は何度も求めることができるものではなく、与えられるよりも剥奪される方がはるかに簡単だからだ。

権限を拡大させるにはチャンスを最大限に活かす必要がある。2年が経過したとき、GDSはそれまでのデジタル政府の成果を閣僚会議で発表するよう要請された。このような機会に恵まれるのは極めて稀だ。新しいデジタル・サービスのデモンストレーションを行うには閣議室にテレビを持ち込むことになるため、これで国の安全保障が脅かされることはないことを首相官邸に納得してもらう必要があった。なんとかデモンストレーションを行った私たちは、この機会を利用して英国の閣僚たちに非常に明確な要求をいくつか行った。それまでの進歩を見せたうえで必要と思われる権限を提示したため、誰も邪魔をしようとはしなかった。

ハードな力とソフトな力のバランスをどうするかは、自分を取り巻く組織に応じて決めればよい。権限の範囲（方向付けや判定を行う権利をデジタル機関が獲得する事業領域）は、デリバリーを妨害しているものによって決めるべきだ。繰り返しになるが、これも場所ごとに変わってくる。だが、組織横断的な権限があればこれから起こる難しい議論を必ずうまく切り抜けることができる、という問題がいくつかある。

ＩＴをめぐる論争

「デジタル」と「ＩＴ」は、しばしば相反する関係にある。大企業によくあるタイプのＩＴは、インターネット以前の考え方やインターネットを無視した考え方で作られた技術だ。そのため、デジタルとは相容れないのである。

法律や規制と同様にＩＴも言い訳によく使われる。オンライン・サービスのユーザー体験があまりにもお粗末なのも、名目上の目標とは裏腹に組織がデジタル機関として行動できないのも、すべてＩＴのせいにされる。こうした責任転嫁をいちばんよくやるのは、往々にしてＩＴへの理解が最も浅い人たちだ。問題をＩＴ部門に押しつけることを信条にしている機関もある。大昔のバックエンド・システムに頼っていれば状況が悪化するのは当然だが、誰かに強いられて使っているわけではない。確かな情報があれば、ＩＴを無視するのか優先するのかを戦略的に選択できるのに、固定された制約として扱っているために、本当の問題がはるかに身近なところにあっても、多くのシニア・マネジャーはＩＴのせいにしてしまうことができる。

誰が関与しているのかに関係なく、ＩＴとデジタルの関係がぎくしゃくする理由は「誤解」、「神話」、「契約」の3つにほぼ集約される。

誤解が生じる一因として挙げられるのが、デジタルはＩＴを実行する別の手段にすぎないという思い込みだ。「ウェブサイトをつくっているのなら、ＩＴチームがもう1つできたに違いない」と考える。既存のＩＴチームは別のグループに自分たちの担当区域を荒らされたくない。「縄張り」や「自分の勢力範囲」にこだわる管理者は官民を問わず気が滅入るほど多いが、ＩＴの管理者も例外ではない。普通は、呼ばれもしないのにやってきて自分たちのやっていることを非難する大勢の新参者を歓迎する気にはならないものだ。

大企業のＩＴチームの多くは、自分たちの仕事を本当に理解している人が特に上層部に1人もいない状態に慣れきっている。ＩＴチームは好かれてはいない（気の毒なことだ）が、同様に本質的に責任もない。そのため、不健全な自己満足を招くこともある。デジタル・チームはＩＴ部門の同僚に的確な質問ができる技術的なスキルを持っているため、穏やかな生活を脅かす存在だ。このような状態では仕事上で健全な関係を築くことはできない。

ＩＴのセキュリティに関してもたくさんの神話があり、状況を変えることができない理由と考えられる怪しい根拠が大量に潜んでいる。最悪の場合、セキュリティ神話はむしろ組織の取るリスクを増大させる。ハッキングされないために古くて使いものにならないテクノロジーに頼って仕事をせざるを得ないのだが、結局、職員は仕事をするために無防備な個人のデバイスを使わざるを得なくなる。

CASE

安全な統計

英国の国家統計局（ONS）は、長い間デジタル・クラウドの下で身動きができずにいる組織だった。有能な人材が働いているにもかかわらず、そのオンライン・プレゼンスは、『フィナンシャル・タイムズ』紙に「世界最悪のウェブサイト」と評されるほどひどかった。ほとんどの組織にとってこれは恥ずべきことだ。市場を動かす情報を公開する公的機関であるONSにとっては、さらに深刻な問題である。

災いしたのはセキュリティ神話だった。ONSには、インフレ率といった経済主要統計を一定の時刻に発表する義務があった。多くの数字を午前9時ちょうどに発表しなければならない。定刻きっかりの発表を市場が要求しているため1分遅れてもいけないし、その時刻までは発表が禁止されているため1分早くてもいけない。性能の低い老朽化したITを基盤とするウェブサイトはあてにならず、規則どおり午前9時に統計をアップロードしても、数分後になるまで表示されないことがたびたびあった。こうした遅延のためにONSは手厳しい批判を何度か受けていた。セキュリティ侵害への不安や、根拠のない確認手続き、基本的な技術力の欠如などが妨げとなり、解決策を見出すことができていなかったのだ。

難局を打破するために、ONSは国家安全保障の専門家を招いた。その専門家は穏やかながらも毅然としていて、しっかりと暗号化すれば数時間前に数字をサイトにアップロードしても構わないことを説明した。9時の時報に合わせて暗号を解除すればよいのだから、1秒で済む。単純な解決策ではあるが、テクノロジーを「固定されて変わらないもの」とみなすのではなく、「ユーザーのニーズに応えるための手段」と捉えたからこそたどり着けた解決策だった。

外部委託を続けた結果、大組織のITチームの多くは実質的に納入業者に取り込まれてしまっている。技術力を失ったITチームは契約管理者のような立場になりさがり、前回購入したものが引き起こした問題を解決してくれることを期待してさまざまなものを購入するようになっている。納入業者が提案するものを正しく調査するために必要なスキルがないため、誤ったものを長期契約で購入してしまい、状況が変わったときに対応できる余地がほとんどない。このような状況では、満足できるデジタル・サービスを設計・運営することも、ユーザー・ニーズを満たすこともできない。

デジタル・サービスは何らかの形でレガシーITとのつながりを復活させなければ再設計や変更が難しい場合が多い。成功するチャンスをつかむには、検討が不十分な巨額かつ長期のIT契約をデジタル・チームの権限で阻止できなければならない。また、本物の技術的知識を備えた人々がITへの新たな投資について調査できるようにし、何十年も提起されてこなかったであろう基本事項について質問できるようにしなければならない。よいITマネジャーは新しいスキルをチームに採り入れるチャンスを喜んで受け入れ、業務サイドがITチームに1度くらいはきちんと注意を払うように仕向ける。だめなITマネジャーは監視されることに腹を立て、かたくなに我が道を行こうとする。

こうしたことから分かるのは、ITに対する見方を変える必要があるということだ。ITを、「意思決定を制限する退屈で苛立たしいシステム」と考えるのではなく、どのようなテクノロジーがあれば顧客や従業員や国民の変化し続けるニーズに対応できるかを検討するようにしなければならない。

テクノロジーに対する概念として組織に根付かせるべき最も重要なことの1つは、テクノロジーをコモディティ[*2]とみなす考え方だ。端的に言えば、デジタル・サービスを構成する要素の多くは比較的安価で、さまざまなところから入手でき、同種の他の構成要素でほぼ代用できるという発想だ。

この単純な発想には大きく3つの意味合いがある。1つ目は、こうした構成要素を本当にすべてゼロから構築したり細かく指定したりする必要性がないということだ。かつては特別仕様でつくられていたものも、もはやその必要はない。2つ目は、1つの納入業者との長期契約に縛られ

＊2　機能や品質の差異が減少し、差別化が困難になったモノやサービス。

る必要性が大幅に減るということで、むしろ信頼できるサービスからサービスへと比較的容易に乗り換えられるようにしておいたほうがよい。GOV.UK のホスティング・プロバイダーはサービス利用料の引き下げを目的に何度か変更されたが、ウェブサイトを訪れた誰もそのことに気づいていない。3つ目は、ムーアの法則が有効であり続ける限りテクノロジーの低価格化と高性能化が続くため、複雑な構成要素も時間の経過とともに徐々にコモディティ化していくということだ。

英国では、チームが作成する特注のコードが多すぎると思った人たちから GOV.UK が批判された。GDSはコモディティ・テクノロジーをもっとたくさん導入できるはずなのに、よく分かっている問題に対して独自の解決策をつくろうとしている、というのだ。そうした批判のなかには妥当なものもあった。GDSが GOV.UK の大部分のコードを書いた理由の1つは、コモディティ・テクノロジーを実装するだけでは得られない学習機会を、コードの作成を通じて多くの開発者に与えるためだった。GOV.UK をつくる公務員の技術力を向上させるために GOV.UK への支出が増える道を実質的に選択すべきだったのだろうか。どちらの側にも言い分がある。いずれにせよ、柔軟性と技術力、コモディティと特注品との間には必ずトレードオフが存在する。

政府の場合、オープン・スタンダード[*3]の採用がコモディティ・テクノロジーの利用促進に大きく寄与する。英国政府では役人や専門家の素晴らしい働きのおかげで、高価な独自技術を無批判に選択する官僚組織の依存体質を断ち切ることができた。これによりコストを削減できたうえに、凍結していた政府のテクノロジー市場を解凍することもできた。政府は何十年もの間、納入業者の名前と、超大規模なデリバリーができることを主な基準として契約先を選んできたが、オープン・スタンダードを採用してからは、柔軟性を確保することや必要なときに規模を拡大できることを考慮して購入するテクノロジーを決定するようになり、最初から大規模な発注をしなくなった。このような考え方の変化があったからといって、一夜にして成功が転がり込んでくるわけではないが、全体的な戦略を念頭に置いて組織がテクノロジーのことをもっと真剣に考えるきっかけにはなる。そうなれば、納入業者は間違いなく目を覚ます。

テクノロジーの世界で起こっていることをほとんど知らなければ、組織の上層部は何を購入、構築、採用すべきか、それにいくら支払うべきか、そしてそれを選択したことによる戦略への影響がどのようなものになるのかを推測するしかなくなる。だが、自分の組織のテクノロジーがどのように設定されているのか、その配線図を見たいと言う経営幹部はほとんどいない。このような恐ろしい状況が立ちはだかっていれば、テクノロジー嫌いでテクノロジーにまったく興味のない人でも、何か問題があるのではないかと考えずにはいられないだろう。そのような場合は、ワードリー・マッピング[*4][62]という優れたツールを使えば、そのような経営者に状況認識を深めてもらうことができるが、そのためには経営陣がある程度オープンになって聞く耳を持つ必要がある。これは、コードを書くべきときとそうでないときをわきまえている技術者を採用し、戦略的

＊3　一般公開され利用に制限のない標準。さまざまな製品やサービス間の相互運用や連携を可能にすることが意図されている。
＊4　企業の運営状況を理解するために使用されるツール。経営者だったサイモン・ワードリーが自らの経験を元に開発した。

な意思決定に口を挟めるポジションに配置するという意味でもある。

人をめぐる論争

ほとんどの大組織は業界基準で同種の人間を雇用できる体制を整えている。これは必要に迫られてのことでもある。転職したり離職したりする人がいるため、いつでも仕事を引き継げる都合のよい後任者がいてくれなければ困るのだ。それはもっともなのだが、そのつもりがなくても結果的に標準的な採用プロセスやルールが作成される、というのも流れとしては当然ある。こうしたシステムを運営する部門が大企業で「ヒューマン・リソース（HR）」と呼ばれるのも、大部分の人は交換が可能で、似たようなスキルと経歴を持つ他の人と簡単に置き換えができるという考え方が裏にあるためだ。こうして組織は見かけ上も頭の中も多様性が損なわれていく。

したがって、人材採用基準を崩さなければ大組織の変革はほぼ不可能だ。GDSがスタートした当時、英国の公務員の採用方法はだいたいどのケースでもほとんど同じだった。志望者は長い書類を埋めるために、いくつかの職能に対する証拠や経験を長々と書きつづる。書類審査を通過すると面接によばれ、そこでもまた、適性を備えている証拠を口頭で説明することになる。ここで話す内容はフォームに記入した内容と違っている必要はないし、そう望むのであれば着席したままフォームを音読しても構わなかった。そして、回答に疑いの余地がないと分かれば採用された。このプロセスはある種の人々に明らかにできている。だが、文章を書くのが苦手な人や尋問委員会を目の前にするとうまくしゃべれなくなる人にとっては極めて不利に作用する。

デジタル・チームに必要なスキルはこの種のプロセスでは検証できないし、1つのプロセスで検証することさえできない。優れたデザイナーやプログラマーであることを書類で証明する方法を前もって計画しておくことはできない。それに、技術者ではない面接官がテクニカル・アーキテクトの適性の有無を合理的に評価することもできないのだ。デジタル・チームの権限として、志望者の雇用適性を見る通常の評価方法を変更できることや、さまざまなスキル・タイプに合わせて採用方法を変更できることが欠かせない。

人事部門の攻略を人材採用までで終わりにしてはいけない。組織全体を変革できるデジタル機関をつくるには、イメージどおりの人材の採用を阻んでいる他の足かせを壊す必要がある。それには、給与体系に目を向け、標準的な報酬バランスに組み込む選択肢を増やさなければならない（たとえば、給与が増えるよりも、充実した年金や長期休暇に価値を見出す人ばかりではない）。つまり、管理職への出世コースに乗ることが想定されていないキャリア・パスを歩んでいる優秀な職員が評価される選択肢がほとんどない業績管理システムは見直す必要がある。

また、特定のスキルを持った人が昇進するように設計されているがために、専門職の昇進を歪んだものにし行き詰まらせている等級構造も改めなければならない。専門家を管理職に昇進させるという古い手は、専門家を引き留められるだけの賃金を支払うにはこうするしかないとなった場合の最終手段だが、本人が望みもしない手に余る責任を専門家に負わせる結果になることがほとんどだ。

人事規定の変更や点検もデジタル・チームの権限でできなければならない。これは、手続きやプロセスを焼き直すという意味ではない。人の処遇方法を規定している既存の原則の多くは、完全に理にかなったものなのだろうが、その解釈は合理的かつ相応のリスクを取る権限を持たない人事スタッフによるものなのだ。

人材の採用や処遇に関してもっとよい方法はないのか、それを見つける自由をデジタル・チームに与え、その代わりに、やり方を改善することで得られるメリットを他のすべての人と共有させるようにするのだ。デジタル・チームを特別扱いする必要はない。デジタル・チームがよりよい職務記述書《ジョブディスクリプション》や画期的な面接方法やより柔軟な給与体系を考え出したら、他のすべての人とその恩恵を分かち合うようにするのがよい。

お金をめぐる論争

組織の健康状態と性格はお金の使い方を見ればよく分かる。特にある程度古くなった官僚組織では、投資評価を目的としたビジネス・ケース[*5]の審査プロセスは、どちらに転んでも最悪の事態を招くようになっているのが一般的で、時間がかかるうえに恣意的だ。

時間がかかるというのは、財務チームや調達チームが定めたルールを忠実に守ると複数の人が数カ月がかりで何千語も書くことが必要になるためだ。官僚が投資について熟考するのに要するこの時間を強さの源泉と捉える人もいる。軽率な行動を食い止め、何かをする根拠となる論理をおいしいワインのように熟成させるというのだ。だが多くの場合、その熟成過程がもたらす効果は、時間が桃に与える影響にとてもよく似ている。

長たらしいビジネス・ケースの審査プロセスは遅延を助長するばかりで確実性を高めることはない。したがって、組織が誤った選択をするのを防ぐことはできない。恣意的な判断が再び入り込むのはこの時点だ。既定のルートで進めていくと自分の任期が終わっても完了しなさそうだ、となったとき、せっかちな大臣やCEOは怒鳴ったり裏取引をしたりしなければ望みを叶えることができなくなり、分析に一切頼らなくなる。

政府や大企業が採用している伝統的なビジネス・ケースの審査プロセスは、特定の種類のプロジェクトにしかまともに通用しない画一的なプロセスの好例だ。だが、役に立たないというわけではない。特定のプロセスを標準化することで、ある種のプロジェクトを期限内かつ予算内で実施することに成功した政府機関は多い。

たとえば、ある部門が比較的管理された環境で大規模なインフラ（大きな新型の幹線トンネルなど）を建設しようとしているとする。これは十分に理解できている問題であり、これまでにもさまざまな形で対処されてきた。必要な資材、現場での行動、発生しそうな課題もほとんどがよく

＊5　投資対効果を検討するための資料。案件の背景や目的、投資リターン、ロードマップ、リスクなどが記される。

分かっている。トンネルの必要性を劇的に変えるような大きな技術革新や社会的変化はなさそうだ。このような場合は、仕事を完遂するために必要なまとまった資金を投入するための準備として、事前に多くのことを検討するというのは賢明である。

政府や大企業が行う仕事のなかには、このような比較的管理された環境で行われるものもある。だが、大多数はそうではない。型どおりに行かないのはこのような場合だ。将来への投資がどうなるかを予測できるという論理は、技術的要素の大きなプロジェクトやプログラムには当てはまらない。新技術の市場は動きが速すぎてビジネス・ケースの審査プロセスはついて行けないが、それは多数の新しい政策やサービスが見込まれるデジタル社会についても同じように言える。できて当然とユーザーが思うものは常に激しく変化しているうえに、基本機能として備わっていて当然とされるものですらしょっちゅう変わる。たとえば、新しい従業員コミュニケーション・システムの要件がすべて必要だという経済的根拠を2年がかりで示したところで、気づけばその間に世界は変化している。そんなことだから、2017年になってもポケベルは従業員のニーズを満たす完璧なコミュニケーション手段であるという考えを弁護せざるを得なくなるのだ。[63]

少額の予算の承認にさえ煩雑なプロセスを設けるのは時間や頭のよい使い方ではないし、すべてを記録しておきさえすればリスクに怯える必要がなくなるという非常にお役所的な信念が表れている。ビジネス・ケースを書くのに1年かかるのであれば、それを支える投資はそれよりもずっと長く、少なくとも5年か10年はもってほしいと思うものだ。これも、急速に進化するデジタル技術の世界にはあまり適さない考え方だ。携帯電話を10年契約にする人はいない。それには理由があるのだ。

大組織で予算の使途を選択する仕組みを修正するのは簡単なことではなく、政府による厳密な調査が行われる組織ではなおさらだ。デジタル・チームとして勝つための戦いには2つの要素がある。デジタル・デリバリー・チームに必要なのは少額の資金の使用がすぐに許可されるプロセスだ。すぐに資金を使用できる代わりに、デジタル・デリバリー・チームはその資金のおかげでリスクを抑えながらサービスの規模を拡大し、より多くの人々が利用できるようになったことを証明すればよい。20人のお試しユーザーの誰かがモバイル・アプリを使って1週間の糖質摂取量を記録するかどうかを確認するのに4週間と5万ポンドを費やすほうが、一般公開した後は成功を祈るしかできないアプリの構築に2年間と1000万ポンドを費やすよりはるかに安全だ。だが、従来のビジネス・ケースでは後者に賭けざるを得ない。どのみち200ページもの無意味な文章を書かなければならないのであれば、思い切りやらないほうがどうかしている。

巨大な組織のなかには、安心感のある高額なものを選択しなければならないという、また別の、より陰湿な問題を抱えているところもある。大組織は巨額のIT請求書を受け取ることに慣れてしまっているため、あまりにもコストが低いコモディティ化したテクノロジーを受け入れることができない。

お金の問題はたくさんのデジタル・チームを潰す。必要な資金を得るためのプロセスのほとんどは時間がかかりすぎるため、サービスの再設計を始めることさえできないからだ。さらに悪いことには、プロジェクトの成功確率として出した推定値をチームがどれほど確信しているのかについて、作り話を何ページも書いて提出しなければならない。実のところ、多くの財務閣僚や財務部門の責任者が見たいのは、プロジェクト全体の通算コストについてのまったくの嘘であって、次の3カ月の比較的確実なコスト見積もりではない。スプレッドシートに記入する必要があるのはこちらなのに。なんと壮大なスケールの認識の不一致だろうか。

こうした問題をすべて摘み取るのには長い時間がかかる。英国では、ウォーターフォール型に向いた財務省が発行する『グリーンブック』[*6]のガイダンスよりもアジャイル・プロジェクトに適したビジネス・ケース・プロセスを導入するのに1年以上かかった。

デジタル・チームとしては、始まりもしないうちにアジャイル・プロジェクトが崩壊してしまわないよう、デフォルトのプロセスの妥当性を疑い、これを改良する必要があるのはもちろんだが、テクノロジーについて意見を述べられるだけの資質をきちんと備えた人が財務省などで投資判断を下す担当者になれるように手助けをすることにも力を入れなければならない。世界中の政府の、ほとんどの財務部門の中心に、未熟ながらも聡明で才能にあふれた若き精鋭たちがいる。彼らは自分が担当する支出分野についてはほとんど何も知らないが、支出のプロセスは知り尽くしている。

推測上手のゼネラリストではなく、インターネット時代の技術知識を備えた人を何人か集めれば、技術主導の変革に賢く投資できる大組織に完全に変貌させることができる。プロセスを改善すればすべてが解決するわけではなく、人も変える必要があるのだ。

SUMMARY

- デジタル機関には、組織全体に適用されるプロセスや規範を変更できるだけの権限が必要だ。
- デジタル・チームはITと同一視されないようにする必要がある。
- コモディティ・テクノロジーやオープン・スタンダードを使用することが、本当にデジタルな組織を実現するうえで経済的にも戦略的にも大きな意味を持つ。
- 希少なデジタル・スキルを持つ人材を採用するためには、古い人事プロセスに疑問を持つことが通常は必要となる。
- アジャイル向きの支出承認プロセスを財務部門とともに作成する必要がある。

＊6　英国財務省が発行する政策評価ガイドブック。

Reverting to type

第9章

従来のやり方に立ち返る

たとえば、あなたの立ち上げたデジタル・チームがいくつかのサービスをリリースし、実際に人々に使ってもらったところ、評判が——概ね——よかったとする。チーム以外の人たちが関心を持ち始めてきた。サービスは世間に認められ、賞をもらったことまであるかもしれない[64]。このチームは見た目も言うことも他とはちょっと違う。次にこのチームが何をしようとしているのか、誰にもはっきりとは分からないのだ。

大きくて動きののろい組織を変えようとしているデジタル・チームは、戦略上の目標をできるだけ長く曖昧にしておくと非常に有利だ。デジタル・チームがやろうとしていることやその理由を正確に把握していなければ、チーム外の人がそれに対して反射的に異議を唱えるのは原則的に難しくなる。大きな組織変革には反発が付きものだ。勢いがつかないうちに組織のDXというアイデアをつぶすことに強い動機を持つ人はたくさんいる。そうしなければ、余り者か向上心がない人間か、悪者のように見られかねないからだ。だが、何に激しく反発しているのか分かっていない人たちからの反発であれば、痛手にはなりにくい。

とはいえ、戦略を曖昧にしておくこと――少しもったいぶった言い方だが、要するに「詳細な計画書をつくらない」ということだ――が効果的なのはデジタル・チームの規模が小さい間だけだ。チームがやろうとしていることは、外部からはよく分からないとしても、内部の人は全員が明確に理解している必要がある。戦略が曖昧というのは計画がないという意味ではない。自分たちのやっていることが正しいと（なるべくなら、デリバリーがほとんど終わっているという理由から）確信できるまでは詳細な計画を説明しないという意味だ。

賛否は分かれるが、計画は現実に即しているべきだ。企業や政府が発表する5年、10年の計画やデジタル戦略のほとんどはそうなっていない。数カ月かけて作成された見事な戦略には、希望や疑わしい仮定が長々と羅列されている。計画に含まれる不確かな前提についての指摘は一切ない。これがそのまま公開される。文書の有用性は完成した瞬間から低下し始める。現実が邪魔をしにくると、そのたびにほとんどの組織は巧妙なやり方でそれを拒絶し、計画に合うように現実を曲げる。「われわれは目標を達成した。測定方法は違っているかもしれないが、達成したことに間違いはない」などと言うのだ。計画が本当に失敗した場合は、計画の存在そのものを丸ごと忘れ去る。このような文書に意味はない。つくりたい衝動にかられるとしたら、それは他のことができるスキルを持った人がチームにいないからかもしれない。ここで取るべき正しい行動は、衝動に抗って違う人を採用することだ。

ただし、ある段階を過ぎると、戦略の柔軟性をいくらか犠牲にするのもやむを得なくなる。重要な変数は規模だ。デジタル・チームが大きくなり、全員がファースト・ネームで呼び合える規模（50～70人）を超えたら、チームの状況をより明確にするべき時期に来ていると考えてよいだろう。暗黙の計画で作業を進めてもうまくいくのは、情報が欠落することなく全員に計画が伝わるほど信頼のネットワークが小さいときだけだ。100人程度かそれ以上のデジタル・チームの場合は、立ち話よりも効果的に計画の伝達や協議ができる方法が必要だ。

もう1つの変数は、デジタル機関が組織全体に及ぼそうとしている影響力の範囲だ。最初の1年程度は、個人的な人間関係にほとんど頼っていても、小さめのサービスに重点を置きながら信頼を築いていくことができる。活動範囲を広げる自由を勝ち取ったら、信頼と信用を大規模に築く方法が必要になる。それに、すべての人に個人的に会って味方にすることはできない。これは仕方のないことだ。そうなったら、もうデジタル戦略を文書にするべきだ。

どのような戦略で行くか

デジタル戦略は現在の組織がやるべきことを並べた買い物リストではない。暗黙的にしろ明示的にしろ、企業または政府が別の種類の組織――デジタル組織――にならなければいけないことを気づかせるものでなければならない。組織が対処している相手は新しいタイプの問題であり、それは予測ができず、漠然としていて、絶えず変化しているものなのだ。[65]

デジタル戦略は、組織全体に採り入れようと考えている運営モデルとその実現を可能にする文化に向かって動き出すための合図の役目を果たさなければならない。戦略の内容は、関係するすべての人の役に立つ実践的なステップを中心にするべきだが、そこを貫くテーマは組織の変革だ。ウェブサイトをつくるのがデジタル機関の仕事だと思っていた人は、これを知って驚くだろう。

組織を変革する方法はいくつもあり、内部改革から始めるもよし、創造的破壊者を味方につけるもよし、さらには本業から半ば分離させる形で独自の最も恐ろしい競合相手をこっそりつくってもよい。初期段階で戦略的に判断することの1つは、自組織にとって最も効果的ではない方法がどれかを見極めながら、選択肢を絞り込んでいくことだ。

通常、政府内のチームは最初のステップとして戦略を策定する。それも、誰かが何かをデリバリーしようとするずっと前に行う。そのため、そうした文書の結論は、文献批評、国際比較、経済モデルといった理論的なものから導き出される傾向がある。これらはいずれも重要な選択を行う際の根拠として有効ではあるが、現実を部分的に反映しているに過ぎず、予測不能な人間の行動が大いに関係する事柄が相手の場合は特にそうなのだ。デジタル・チームにとって大きな強みとなるのは、今後3～5年の戦略を文書にしようとした段階で、一般的な情報源よりも豊富な見解が得られるエビデンスがすでに手元にあるという点だ。実際のサービスに関するデータやユーザーからのフィードバックは、従来から戦略策定時に使われていたさまざまなツールを補完してくれる強力な情報だ。より広範な証拠を利用することで、デジタル戦略は通常の戦略文書よりもはるかに状況変化に強くなる。

優れたデジタル戦略にするための秘訣は、従来の手法を捨てないことだ。デジタルなアプローチは異なる（ときに対立することもある）視点を加えるものであるべきだ。

たとえば、稼働中のサービスやプロトタイプから得られたユーザー・リサーチやウェブ解析など、さまざまな形の証拠を使って問題や解決策を導き出すことで、さまざまな角度から何度も仮定を検証できる。それでも戦略どおりにいかないことは当然ある。未来を見通せる戦略立案者はいないのだから仕方のないことだが、少なくとも、しっかり練られていない部分はどこなのか、それゆえさらなる検証が必要なところはどこなのか、ということがより明確になる。デリバリーこそが戦略なのである。

持つ価値のあるデジタル戦略（というよりあらゆる戦略）をつくるための最もよい方法は、物事を俯瞰的に捉えることだ。この点を押さえたとしても、注意すべきことはまだある。企業であれ政府であれ、よかれと思ってつくられた戦略文書も大半は結局埃を被る羽目になる。誰も読まないものをつくって時間を無駄にしてはいけない。そうならないための方法をいくつか紹介しよう。

■簡潔明瞭にする

政府の役人は戦略の質を重さで判断するという点で特に罪深い。仕事ぶりを徹底的に示して聴衆を完全に退屈させなければ、成果をあげても真面目に取り合ってもらえないと信じている学派があるのだ。最も極端な場合はこの考え方が語彙にまで及び、大げさな単語が文章にちりばめられていなかったら、偉大な発想ができるほど賢くない人間だと思われてしまう。

ほとんどの場合、正しいのはその逆だ。デジタル戦略は簡潔でなければいけない。限界はあるものの、戦略文書は読んで楽しいものであるべきだ。短くて分かりやすい戦略を書くのは、単に読者のためを思ってのことではない。書き手が思考訓練をするためでもある。ある選択をした理由を、回りくどいお役所言葉に頼らずに表現できないとしたら、作文力だけでなく思考力にも問題があると考えられる。自分の書いたものを本人が理解できなければ、他の人が理解できる可能性はない。

自分に正直であり続けるためのコツは、文字以外のものを戦略文書に取り入れることだ。図や短い動画を入れてみるとよい。大企業の環境にいた数年間で培われた悪い作文の癖を直すのは簡単ではない。文字数を増やすという簡単な選択肢をなくせば、より創造的に思考せざるを得なくなり、表現しきれないあやふやな部分でつまずくことを余儀なくされる。視覚的言語についても、言葉のときと同じことを検証してみよう。図を初めて見た読者が、図の伝えようとするメッセージを説明なしで読み取れないとすれば、問題は読者ではなく図にある。

■ウェブに埋め込むのではなく、ウェブの一部にする

政府や企業の戦略の大多数はＰＤＦ文書として公表され、後でダウンロードできるようにウェブ上に置かれる。ＰＤＦには長所もあるが、組織のある時点での判断ならともかく、生きた文書には適さない形式だ。デジタル戦略はＰＤＦではなくウェブサイトにするべきだ。

戦略をデジタル・プロダクトとして公開するのは、見た目にもよい発想だ。なんといっても、つくっているのはデジタル・チームなのだ。ウェブ本来の機能を使うとテキスト以外の手段を活用できるようになるため、他の媒体やハイパーリンクや参考資料をより適切に組み込むことができる（ちょっとした仕掛けやゲームのようなものを追加するのも簡単になるので注意が必要だ）。だが本当の利点は、ウェブページを公開すると、この戦略は確定したものではなく、戦略に影響を与える変数に関する情報が増えるに連れて徐々に内容の充実と更新が図られていくものだと思ってもらえることだ。

デジタル戦略は謙虚なものであるべきで、「未来がどのようなものかは分からなくても、予想もしない出来事が起こることは分かっている」と言えるようでなければならない。普通の静的な戦略文書の場合はこのことを無視し、間違った確実性があるように装う（うえに、まったく新しい戦略文書が必要だと判断する直前までこの錯覚を持ち続ける）が、ウェブ戦略の場合はそういうことはせずに、この事実を受け止めることができる。これは、都合のいいときに戦略を変えたり、恥ずかしいことを隠したりするための言い訳ではない。ウェブサイト上でバージョン管理を行い、いつ、どこを、何のために編集したのか、読者が簡単に確認できるようにするべきだ。

2012年にGDSが政府のデジタル戦略を作成したときに分かったことだが、戦略をデジタル・プロダクトとして作成することには副次的なメリットがある。普通なら戦略の作成に携わる官僚ハッカーがデジタル・デリバリーをいくらか経験することができたのだ。彼らは Markdown[*1] を覚え、Github の使い方を覚え、スタンドアップ・ミーティングやバックログの準備をした。戦略をデジタル・プロダクトとしてつくると、デジタル・チーム内での役割を巧みに反転させることができ、官僚ハッカーは敏速な反復的《イタラティブ》デリバリーを行う機会に恵まれるし、デジタル・プロダクト・チームは官僚ハッカーが仕事をできる条件を整える機会に恵まれる。また、大組織で最もよく知られている創作物の1つ——戦略文書——でさえも、より簡単でより速いデジタルな方法でつくれることの証明になる。

■言葉ではなく行動を

よくあるタイプの戦略文書に目を通すと、そこで展開される論理の複雑さや主張の明確さに感銘を受け、畏敬の念さえ覚えることが多々あるだろう。それなのに、読み終えたときには空虚感を覚えるのではないだろうか。読み直してみると、根拠や目標、大まかな結論は書かれている。だが、何かが欠けているのだ。そこでこう思う。「どこもかしこも素晴らしいと感じるが、いったい何をしようとしているのだろうか」

私たちはこれまでに、エネルギーから医療までさまざまなトピックに関する政府の戦略を——何度も——目にしたことがあるが、何百ページも続いた文章が締めくくられた後、いくつかの無計画な行動や中途半端なデリバリー計画が最後の最後に無理やりねじ込まれていた。このような戦略文書の章立ては示唆に富んでいる。通常、トピックや政策分野別に構成されているのだ。

＊1　文章を記述するための記法（マークアップ言語）の1つ。

こうしたやり方では、組織の姿は分かっても組織の仕事の中身は分からない。デジタル戦略ではこうしたやり方をしてはいけない。デジタル・チームの場合は組織の姿と仕事の中身はイコールだ。短いデジタル戦略では、何をデリバリーする予定なのか、いつまでにそれが完了するのか、誰がその責任者なのかを説明することに大部分を充てるべきだ。

こうした行動計画を決めるときに議論すべきことの1つは期限だ。優れたデジタル・チームの強みの1つはすぐに仕事に取りかかれることだ。これは、「常にこれまでよりも迅速にサービスを全面稼働させられる」というのとは違う。この違いは微妙ながらも重要だ。行動に期限を設けることは悪い考えではない。チームを集中させ、勢いを保ち、全体的な戦略がこれまでどおり適切かどうかを見直す当然の機会となる。難しいのは、その期限までに何がデリバリーされるのかについての期待値を適切に設定することだ。25人が使う実用最小限のプロダクトなのか、数百万のユーザーを対象にしたサービスを全面稼働させるのか、その中間のものなのか。分からなければ、控えめに約束して期待以上のものをデリバリーするほうを選択しよう。約束と結果が違うほうが、期待外れで不快な思いをさせるよりもましなのである。

■組織がおかれている状況

自分のところのデジタル戦略をつくっている間に、組織内の他のチームがそれぞれ独自の大きな計画を立てている可能性は十分にある。また、自分たちの取り組みが少なくとも見かけ上、すでに存在する戦略に合致していることが必要になる場合もあるだろう。

英国で政府デジタル戦略が発表されたのは、公務員制度改革とブロードバンドの全国展開、そして何よりも重要なこととして、2008年の金融危機を受けた広範な緊縮財政プログラムの計画が発表されたのと同時だった。これらはすべて、それを下支えするデジタル戦略があってもなくても、政府の優先事項であっただろう。デジタル戦略は個々の計画の目的を補強するだけでなく、組織全体としての戦略的一貫性を示す機会だった。

政治的背景や会社の置かれている状況がデジタル戦略の意味合いや重点項目に影響することは避けられないが、すべての内容をそのときの状況で決めるべきではない。英国の場合、経済情勢がもっと明るいときだったら、サービスをオンライン化に移行することで見込まれる経費節減効果はあまり注目されなかったかもしれない。公務員制度改革が政府の明確な目標でなかったとしたら（そして、デジタル政策の担当者と同じ大臣が担当者でなかったとしたら）、組織や首脳陣を変えるための権限をデジタル戦略でそこまで明確に求めなかったかもしれない。だが、政治的な雰囲気がどのようであっても、実行に移せるデジタル戦略に含まれていなければならない行動はほぼ同じだ。解決すべき問題の範囲はその時々の状況で決まってくるが、解決方法を状況から判断することはできない。解決するための段取りは自分たちで考え出す必要がある。

大きな組織では、自分の計画を他の人に評価してもらう機会を設けることが悪い考えであることはまずないし、自分の戦略が他の人のためになっていると確認することは賢いやり方だ。ただし、それをするのは双方の目的が本当に一致している場合に限る必要がある。

いちばんやってはいけないことは、デジタル戦略を、組織のＩＴに対するあらゆる不満とハイテク熱を1カ所に集めることを目的とする文書にしてしまうことだ。必要なのは実行に移すことができる計画であって買い物リストではない。

合意を形成する

言うまでもなく、戦略を書くという行為はパズルの1ピースに過ぎない。本当の課題は人々の賛同を得ることだ。

デジタル戦略に賛同してもらうことは、大組織や官僚機構のなかで他の何かについて同意を得ることとまったく変わらない。忍耐力がいるし、しきたりをよく知っていなければならないし、ずる賢さも少なからず必要だ。そこで、官僚ハッカーが活躍することになる。

運がよければ、他の計画と連携させることでデジタル・チームの味方は増え始めているだろう。だが、その他の戦略にも反対する人たちがいるだろうから、自分たちを非難している人たちの他にそうした人たちまでもが自分たちを批判するようになるかもしれない。

組織内には「デジタル」と「IT」を同一視している人がまだたくさんいるだろう。そうした人たちの多くは、デジタル・チームの仕事はあまりにも専門的で複雑すぎて退屈だから自分たちには関係がないと考えようとする。となれば、この無関心な人たちは放っておいて、いくらか関心を示してくれる人たちに集中的に働きかけたくなることもあるだろう。熱心な人から始めることは、支持者を増やすためのよいアイデアだ。代わりに支持を訴えてくれる影響力の強い支持者が組織の周辺にたくさんいればいるほど、自ら個人的に愛嬌を振りまく必要性は少なくなる。だが、友好的な人にだけ働きかけたくなっても、そうすべきではない。後になって問題を起こすのは無関心な人たちなのだ。デジタル戦略は組織全体のデリバリーのやり方を変革する計画とはまったく別ものであり、彼らに影響を与えるものではない、などと偽ってはいけない。彼らにとっては今分かったほうがいいのだ。

戦略への賛同を得ようと思ったら、組織で認められている定型に従うほうが普通はデジタル・チームにとって合理的であるため、新しい型破りな合意形成方法を開発しようとしてはいけない。たとえば、標準的なビジネス・ケースの書式がどれほど役に立たなくても、今は書式変更に全力を注ぐべきときではない。変革を起こすチャンスを手にする前に、まずはルールを理解していることを証明しなければならない。今、正式な手順に従うことは、後々自分の身を守ることにもつながる。状況が厳しくなったときに、自分たちの進んできた方向が間違っていたとは絶対に思われたくない。そのためには、承認を得るべきすべての人から確かに承認を得たことを証明してくれる紙を見せられるようにしておく必要がある。

英国にいる私たちにとってこれは、デジタル戦略を承認する署名を閣内委員会（英国政府配下にある最大級の封土すべてを代表する閣僚の集まり）で得ることを意味した。当然ながら会議自体はほとんど形式的なもので、実際の作業は事前の討議や書面のやり取りや電話で済ませる。「利害関係者への対応」のプロセスが長引くと、特に扱いにくい人物は避けてその上司や大臣に直談判したくなることがある。だが、特に政府では、このような戦術的判断をすると後で悔やむことになるだろう。大臣は1年半でいなくなるかもしれないが、役人からは永遠に憎まれ続けることになる恐れがある。

戦略について合意を形成する過程では、いくらかの妥協が必要になる。最初の叩き台を非常に野心的なものにしておくと後で交渉に使える材料が増えるため、これは決して悪いアイデアではない。妥協してよいこともなかにはある。期限を延ばす、財務上の目標に幅を持たせる、正しいかどうか確信が持てない行動を除外する、などが関係する妥協は、譲歩として最高だ。そういった妥協は、まだ不確定要素が多いことを認めながらも組織改革の戦略的大前提は正しいという擁護になる。明確な行動を示さずに当たり障りのない言葉に置き換え、個々の部門がお粗末な成果についていつまでも責任逃れや言い訳ができてしまうような妥協はよいアイデアではないため、そういう妥協とは対決すべきだ。

SUMMARY

・戦略にはデリバリーを通じて学んだものを反映させるべきであり、誤った確信に基づく提案や憶測に頼ってはいけない。
・時間の制約がある小規模な活動を認めてもらうことに注力し、不確実性が存在する場合はそれを認めよう。

・デジタル戦略はウェブでつくり、ウェブで確認できるようにする必要がある。紙ではなくウェブページで考えること。

・先送りしていると後で問題になるため、関心がない人に関心を持ってもらう努力をしよう。

・他の人がそれぞれの領域でやろうとしている前向きなことを戦略的に支援したり擁護したりしよう。

Running the numbers

第10章

数字を把握する

組織全体、または中央政府としてあなたはいくつのサービスをユーザーに、あるいは国民や企業に提供しているだろうか。だいたいで構わない。50か、200～300か、それとも数千はあるだろうか。あなたにはたぶん分からないだろう。組織にいる他の人たちも、誰も知らないのだ。

デジタル・チームが組織全体を視野に入れてデリバリーの力試しを始め、その実力が認められるようになると、より大規模で厄介なサービスをデザインするという課題に対する取り組みを考えるようになる。そろそろ、これまでより大きい既存のトランザクション、つまりブラウンフィールド・サービスの修正に目を向けなければならない。組織や政府がずっと苦労をしてきていて、ユーザーの受けが悪く、コスト削減も必要なサービスをいくつか修正するべき時がやって来たのだ。これに着手するには、優先すべき場所を知る必要がある。

自組織のサービスで最も利用されているのがどれかを見つけるのは意外と難しい問題だったりする。政府の場合、地方や州のレベルで提供されている多数のサービスを除外しても、独立した公共団体がたくさんあり、そこも調べる必要がある。ユーザーから見て特にひどいサービスはどれなのかを体系的に見つけ出すとなると、個人の感想やひどい目に遭った話などを聞かなければならないためもっと大変だ。サービスに関する基本的なデータを収集することが、DXの裏にある数字に深く分け入る最初の作業の1つとなるはずだ。

トランザクションを調査する

デジタル戦略の策定に至るまでの数カ月間は、組織変革のプロセスがいったいどれほど大きな挑戦になりそうなのかをはっきり分かっている人が誰もいないように感じるかもしれない。少なくとも、客観的で具体的な数字を把握している人がいないと感じるだろう。GDSは、年間10万件以上のトランザクションを扱うすべての新規またはデザインし直した行政サービスを「デジタルを基本《デフォルト》とする」ことに決めていた。非常に高い目標のように聞こえるが、正確にはどのくらい難しいのだろうか。中央政府が提供しているサービスのうち、この規模のものはどれくらいあるのだろうか。誰も把握していなかった。それまで中央政府がデリバリーに関心を持つことはなく、データが必要であれば各部局が自ら収集していた。全サービスを網羅したカタログ――必然的に非常に大きなリストになる――を作成することが、大規模なDXを成功させるための計画づくりに必要なデータを整備するための第一歩だった。

GDSがつくったこのカタログは「トランザクション・エクスプローラー」と呼ばれた。初期のいくつかのバージョンは特に複雑なものではない。最初は、「サービス名」、「運営している部門」、「年間のトランザクション数」という3つの列から成るスプレッドシートだった。情報は、各部門から四半期ごとに送られるリクエストを通じて収集された。その後、データを整理したバージョンが公開され、誰でも見られるようになった。時間が経つうちに、「トランザクションあたりのコスト」といった他の指標の詳細が追加され、リアルタイムに公開される行政サービスのパフォーマンス・ダッシュボードに進化していった。

このようなデータの多くは業務スタッフには馴染み深いものだろうが、組織の方針レベルや戦略レベルで仕事をしている多くの人々――ユーザーと、実際にユーザーと接する現場スタッフに直接影響する意思決定を行う人々――がこのような情報を目にすることは滅多にない。これは組織を縦割りにしている影響の1つで、分野横断型チームをつくっていないことが原因だ。政策レベルで業務を行っているスタッフにとって、現場のデリバリー指標は他人事なのである。

行動を歪曲させない数字

いかなる定量的な測定にも不完全な部分はあると認めるのが、政府においては概ね賢明な態度だ。政府のデータは、疑う余地のない正確なものであるかのように、静かな敬意をもって扱われる傾向がある。データの質に関してほとんどの民主主義政府が自らに課している基準は当然ながら高く、国が出す数字は他の大半の情報源より信頼性が高い。だからといって完璧なわけではない。ほとんどの公式データの収集作業はスプレッドシートの入力から始まるが、その作業をするのは間違いを犯す可能性のある人間なのだ。

その点を考慮して組織の数字を見るようになると、データに対するチームの態度にもう1つの重要な変化が生まれ、正確な数字よりも傾向線をあてにするようになる。数字がひどすぎるということはないだろうが、それを使って公正な比較ができる保証はない。ガイドラインや定義や要件をどれほどたくさん設定しても、データを集めるのが官僚機構にいる人間である限り、同じ数字でも部門が違えば報告の仕方も変わってくる。

そのため、サービス・カタログを見て勝者と敗者を探したり、異なるサービスを比較する順位表をつくったりするのは避けたほうがよい。データの信頼性が不十分でサービスに類似性がさほどなければ、公平な比較はできない。明らかに破綻しているサービスや優れたサービスだけが他より目立つことになるが、そういうサービスはすでに把握できているだろう。異なるものを無理に比較すれば状況認識を誤る恐れがあるため、そのようなことをするのではなく、同じ部署が同じサービスについて作成する報告書など、最も一貫性がありそうなポイントを選び、そこに注意を払うようにしたほうがよい。信頼できるデータ・ソースから得られる傾向線は前進や後退を相対的に示してくれる。信頼できるデータ・ソースが増えれば増えるほど、デジタル・チームは問題を発見しやすくなる。

英国政府のトランザクション・データを調査したところ、ほとんどの大組織に共通するいくつかの発見があった。サービスをいくつ運営しているかに関係なく、原則として大部分のトランザクションは比較的少数のサービスで発生している。つまり、一般的には発生件数で上位10%のサービスが、政府全体で発生する全トランザクションの90%を占めているのだ。残りはいわゆる「ロングテール（長いしっぽ）」だ。これらのなかには発生件数が非常に少ないサービスがかなりある。たとえば、環境を担当する英国の省に届く水葬許可申請は年に10件ほどだ。そうなると、デジタル・チームがデジタル化の戦略的目標を最も効果的に達成するための優先順位づけの方法はにわかに単純なものになる。上位10%のサービスを修正すれば、大部分のユーザーに恩恵を受けてもらえるはずなのだ。

明白とは言えないが、GDSのパフォーマンス・ダッシュボードから分かったことがもう1つある。それは、サービス名をつけるのがひどく苦手になっていたことだ。サービスを1つ1つ見ていると、よく知らない人にとっては非常に分かりづらいサービス機能になっているに違いないということを忘れがちになる。だが、単語がごちゃごちゃ並んだ700以上のサービスのリストを目の前にすると、政府や企業の都合でサービス名が付けられているためにユーザーには分かりにくくなっているものが非常に多いことに気づき始める。サービス名は、全体としてどれだけユーザーのことを考えてデザインされたサービスであるかを示すとてもよい指標でもあるのだ。GDSのサービス・デザイン責任者であるルイーズ・ダウンは、「よいサービスは動詞で、悪いサービスは名詞だ」という経験則を披露している。[66]

だが、データの調査を通じて得られたはるかに重要な発見は、「透明性」の力だった。

オープンにしたほうが状況はよくなる

トランザクション・エクスプローラーを公開することには多くの不安があった。公開すると思うと、ほとんどの公務員は本能的にメリットよりもリスクについて考える。情報を保管するのが政府のデフォルトの立場であり、そのデフォルトから逸脱することで役人が得られる個人的な見返りはわずかであるため、オープンにしたときの問題にしか目が行かなくなりがちなのだ。個人の立場であればそれでもよいだろう。だが、政府全体がそのような考え方だとすれば弁護するのは難しくなる。そのデータには国民の税金が使われているのだ。国家安全保障に支障を来さない限り、国民は当然アクセスできてよいはずだ。

近年、世界各国の政府は、学校や診療所など、国家のさまざまな部門を対象としたパフォーマンス順位表の作成に多大なエネルギーを費やしてきた。この作業は一般に「Deliverology（デリバロロジー）」[*1]と呼ばれるもので、パフォーマンスに集中する小規模なチームを設置し、パフォー

＊1　「伝達」を意味するdeliverに「論」「学」を意味する接尾辞logyを組み合わせた造語。進歩を駆動し、政府および公共部門に成果を伝達するための体系的な手順を指す。2001年にブレア政権下で設置された行政改革推進部隊が開発したプロセスの通称が定着したもの。

マンス・データを収集して目標と目標達成までの道筋を設定し、パフォーマンスへの集中を促進・確認するためのルーティーンを整備するプロセスを指す[67]。これは基本的にプロジェクト管理であり、ほぼ目的にかなっているため、政府がこれに執着するのは必ずしも悪い考えではない。パフォーマンス順位表は公共サービスの選択肢を増やすというアイデアに資するものである、とも言われている（実際にはあまりそうなっていない）。いずれにしても、背後にある心理は明らかで、パフォーマンスが低い部門は下位になって恥ずかしい思いをしたくないと強く思うし、パフォーマンスが高い部門は首位を目指そうと強く思う。

トランザクション・エクスプローラーを公開することは、実質的にこの心理作戦を逆手に取ることを意味した。つまり、公共部門の同僚たちを相手に何年間も嬉々としてこの作戦を使ってきた役人が、逆にこの心理作戦を使われる立場になったのだ。トランザクション・エクスプローラーへのデータ送信を怠った部門があったとしても、公開リストからその部門が除外されることはない。その部門の数字が表示されるはずだった場所は、代わりに空欄で表示されるのだ。空欄が次第に埋まっていくと、データを開示できないか開示したくない部門や機関にとっては、残っている空欄が余計に恥ずかしいものに見え始めた。

オープンなデータセットという意味では、トランザクション・エクスプローラーは特に興味深いものではなかった。データ・マイニングをするほど大規模でもなければ、ジャーナリストが興味を持つほどの話題性もなかった。このケースでの透明性の価値は、公務員にとってインセンティブとなるものが変わったということだ。データの公開を怠ると仕事ができない人だと思われるという、通常とは逆の状況になったのである。

パフォーマンスの測定

トランザクション・エクスプローラーは最初、単に量を測定するためのものだった。デジタル・チームがどこに優先的に取り組めば最大のインパクトをもたらすことができるのかを判断するには、この情報が必要だったのだ。だが、最も広範囲に利用されているサービスを探すという単純なやり方は、あまり意味のある戦略ではなかった。英国政府が処理する最大のトランザクションは株式購入時に支払う印紙保留税のものだった。処理量は年間10億件を超えているが、プロセスは自動化されているし、一般向けのサービスではないため、変革の対象としてはふさわしくない。そのためGDSは、取り組むプロジェクトの選択方法を改善する必要もあったが、それだけではなく、政府のいたるところでデジタル・サービスを構築しているチームに対して、重要な指標が何であるかを明確に回答することも必要だった。

組織のパフォーマンスを測定するとなると、さまざまな角度から多岐にわたる意見が出てくる。「正しい」測定方法が多数あるのと同様に、「正しい」測定対象についても多くの考え方があるのだ。企業のなかには、収益性を追求するために何百もの異なる変数を測定しているところもある。ほとんどの政府も同様に測定を徹底しようとする傾向があるうえに、期待される成果をいくつも同時に管理するという面倒が加わり、高い政策目標に運用手段が追いつかないという事態がたびたび起こる。

英国では、作業が複雑化するのを避けるために、「デジタル・サービスの利用率」、「入力完了率」、「トランザクションあたりのコスト」、「ユーザー満足度」という4つをパフォーマンス指標として選択した。もっと増やすこともできたが、4つというのは管理しやすい。それに、これらはGDSの主な戦略目標（「行政サービスをオンラインで利用する人を増やす」、「最初から使いものになるサービスを構築する」、「コストを削減する」、「ユーザー・ニーズを満たす」）の土台を実質的にカバーしていた。

パフォーマンス指標を設定し、改善に取り組む前の状態を示す基準を決めたとたんに、目標とする数値（ある時点までの達成を目指すゴール）を設定するよう強く促されるだろう。だが、これには十分注意する必要がある。

政府関係者の間では目標に対する考え方が分かれる。複雑な組織を1つの方向に進ませるための単純で安上がりな方法だと考える人もいれば、屈折した動機や疑わしい成果を作り出す直接的な原因を生み出す道具だと考える人もいる。真実はこの2つの間のどこかにあるのだろう。パフォーマンスの向上を促進するうえで目標が役立つ分野があることは間違いない。特に適しているのは、直接的な比較が割に容易で人為的に操作される恐れが低く、本来の意図よりも目標の達成に重点を置くということをしにくい分野だ。だが、バリエーションや恣意的操作の余地が大きい場合は問題が発生する。

例として、デジタル・サービスの利用率を考えてみよう。GDSは、英国政府のすべてのデジタル・サービスについてオンライン利用率80%を目標に設定することもできた。2012年には英国の人口の約5分の4がインターネットを利用していたため、80%というのは野心的ではあっても妥当な目標のように思える。だが、少し踏み込んでみると問題が見えてくる。有権者登録など一部のサービスについては、トランザクションが単純であることや、利用しそうな人のタイプを考慮すると、95%に近い目標を掲げるほうが妥当性は高いだろう。一方で、何らかの給付金を申請するサービスは、プロセスがはるかに複雑でユーザー層も大きく異なる。このようなケースでは、デジタルの利用率が70%に到達することは大きな成果だ。具体的な目標としての80%は、いずれの場合も間違っていると言わざるを得ない。これは他のどんな数字でも同じだ。サービスごとに目標を設定せず、すべての行政サービスの総体的な目標としてデジタル利用率80%を設定したとすると、デジタル・チームや各省庁が数字の辻褄合わせのためだけに、プロセスが非常に単純でデジタルにまったく不安のないユーザーが使っているサービスに注力しようと考えてもおかしくはない。

この種の恣意的操作が行われるのは、政府関係者の考え方が特にひねくれていたり悪辣だったりするからではない。合理的に考える人なら誰でもそうするだろう、というだけの話だ。だが、簡単なサービスに注力するのが正しい戦略だと考える役人ばかりではないだろうから、内部でもめることになり、さらにそれが遅延へとつながる。

トランザクションあたりのコスト、入力完了率、ユーザー満足度の各目標についても、操作が行われてまったく同じ問題が発生すると想像できる。いずれもユーザーのためにはならない。

それでも目標を無視することがどうしてもできない場合は、入漁許可証の発行コストを3分の1にするとか、納税申告書の入力完了率を10%向上させるなど、基準値との比較で目標をサービスごとに設定するのがよい。

私たちが目標を設定しなかったのは正しい判断だったが、すべての指標を適切に扱えたわけではない。どのように測定してもユーザー満足度から結論を導き出すことは永遠にできないことが分かったからだ。

ユーザー満足度の測定で困ったのは、パフォーマンスの測定やサービスの改善に適した情報を確実に示すと考えられる数字が見つからなかったことだ。サービスがユーザー・ニーズを満たしているのかどうか、企業であれば少しは容易に判断ができる。満足していないユーザーは他をあたることができるからだ。どこの国の政府にとっても問題なのは、ユーザー・ニーズを非常にうまく満たすデジタル・サービスをつくることはできても、ユーザーの不満は依然として残るという点だ。政府に税金を納めるプロセスの最後で、滞りなく納税できたことに感謝のメッセージを残す人はまずいない。

政府でユーザー満足度を測定すると誤ったシグナルが検出され、納税に対する満足度や、政府のパフォーマンス全般に対する満足度などが判明することになる。これらはデジタル・サービス・チームがどうにかできるものではない。結局、ユーザーの満足度を測定する最も確実な方法は、実際にサービスを利用する人々を研究所で観察することだった。これを大規模に行うのは難しかったが、やるだけの価値はあった。

ＧＤＳは４つのパフォーマンス指標を選択したが、そのおかげで讃えるべきストーリーや対処すべき問題点を見つけやすくなった。これらの指標は、サービスを少しずつ改善していくために必要な詳しい分析情報を、日々サービスを管理している人々に提供することを目的にしてはいなかった。そのような情報は、もっと詳細なウェブ分析を行うパッケージで取得した。これらの指標からは、相対的な進歩の度合いと勢いの程度が分かる。

お金

ユーザー満足度を正確に算出するのはほぼ不可能だと分かったが、完全には無視できない指標が１つある。未知の世界に足を踏み入れることを組織に納得させるためには、ＤＸがコスト削減や収益につながることを示す説得力のある論拠を示すことが欠かせない。２０１０年から２０１５年にかけて英国政府にとって最大の懸案事項は緊縮財政だった。経済状況とそれに伴う財政の圧迫が、政府のデジタル政策が勢いづいた唯一最大の要因だったと言っても過言ではない。それがなければ、制度改革を推進する政治的理由を示すのははるかに困難だったはずだ。景気がよいときなら、官僚体制を擁護するのはずっと簡単な仕事になるのだから。

CASE

デジタル・リスタート基金

２０１９年、オーストラリアのニューサウスウェールズ州政府は新たにDigital Restart Fund（デジタル・リスタート基金）を設立し、デジタルの優先課題への資金提供の仕組みに３つの変更を加えた。

・明らかな進展に応じて小刻みに資金を給付。
・給付の対象を複数年の「プロジェクト」から作業を継続している「チーム」へと変更。
・成果に焦点を当てたガバナンスと保証のモデルを新たに確立。

ニューサウスウェールズ州の住民サービス担当大臣であるビクター・ドミネロは、デジタルを活用して官僚の人数を削減することができ、行政サービスを利用する市民の体験を向上させることもできると考えていた。だが、政府による従来の財政支援モデルはスピードが遅く、テンポよく行われるデジタル・デリバリーと齟齬をきたしていたため、急速な進展を遂げるのは困難だと判明した。

デジタル・リスタート基金には当初１億豪ドルの予算が割り当てられ、閣僚委員会を中心とした新しいガバナンス体制が構築された。パンデミック発生時には、進行中のデジタル化作業に資金が供給され、ニューサウスウェールズ州の経済復興支援が行われるなど、デジタル・リスタート基金の活用が柔軟に行われた。基金の規模は16億豪ドル（後に21億豪ドル）に拡大され、対象範囲も拡大された。[68]

ドミネロ大臣はニューサウスウェールズ州の政府デジタル化政策を引き続き推進しているが、基金が利益を生み出し、主流になったことで、政府の文化が変化し、基金は独自に勢いを増し始めている。この変化の1つの要因となったのは、新しいプロダクトやサービスを迅速に開発・展開できるデジタル・プラットフォームが有効利用され、新型コロナ対策としてQRコードを使うチェックイン・アプリや飲食娯楽用クーポンなどが次々にリリースされたことだ。これにより、ドミネロ大臣が発表する内容も変化し、出資金額が発表されることはなくなった。その代わりに、徐々にではあるものの、市民が効果を実感できるユーザー中心のサービス改善がソーシャル・メディアで称賛されるようになった。

デジタル化が政府にメリットをもたらすというドミネロの確信は変わらない。彼の考えでは、「今世紀のミクロ経済改革はデジタル変革者の手で行われる」。また、「1日の労働時間を短縮し、短縮分を従業員に還元することができる」と述べ、インターネット時代のインフラを基盤として優れたサービスをデザインすることにより、20％の効率化（デジタルに頼らない改善では3％）が可能になると試算している。

GDSは、政府デジタル戦略と同時に発表した「Digital Efficiency Report」（デジタル化による効率化に関する報告書）で、DXを支持する経済的根拠を示した。この報告書では、行政サービスに「デジタルを標準《デフォルト》とする」アプローチをとることで会期中に18億ポンドを節約でき、最終的には政府のコストを年間約20億ポンド削減できることを示した。[69]

サービスのデジタル化を推奨する経済的論拠を構築する作業はサイエンスというよりアートだ。現在では、参考にできる状況証拠が他の機関にたくさんあるし、何かサービスを提供する場合のコストを電話、郵便、対面、デジタルの各チャネルで細かく比較したサンプルも多数ある。それでも、アナログな政府や企業にデジタルの導入を納得させる根拠を構築するのは容易なことではない。これまでそのようなことに挑戦してこなかった組織の場合、論拠の構築に使える直接的な前例やデータ・ポイントがほとんどないのだ。

DXを推奨する経済的根拠を示すことには主に3つのメリットがある。1つ目は、詳細な分析を行うほど、デジタル化を推奨する財政的根拠をデジタル・チームが真剣に考えていることが証明され、そのため分析好きな役人たちがデジタル・チームの意図を以前よりも信用しようという気になったことだ。根拠を示していなかったら、そうはなっていなかったかもしれない。2つ目は、削減可能な金額を報告書で示したことで、適切な期待値が設定されたことだ。正確な数字は無理でも、見込まれる削減額の規模感を示すことはできた。デジタルは政府にとってはした金ではなく、ゼロで埋め尽くされた政府の会計の世界でも、10桁というのは注目に値する金額だった。そのため、メイン・ディッシュとはいかなかったものの、かなりの量のサイド・ディッシュとして、政府の総合節約メニューにDXを組み込むことができた。

デジタル化を推奨する経済的根拠を公表することの3つ目の利点は、やや予想外のことではあるが、節約のための厳しい目標を設定しないで済んだことだ。2015年までの削減が見込まれる18億ポンドという金額は期待を持たせるものだった。にもかかわらず、正式な目標ではなかった。つまり、デジタル・チームは節約に専念する部署のように財政目標に基づいて行動や優先順位を決める必要がなかった。このことは、小さいながらも決定的な違いとなって考え方に表れた。デジタル機関は、政府の経費節減を行いつつも、ユーザー・ニーズを満たすことに注力し続けることができたのだ。この優先順位が逆だったら、ユーザー・ニーズを満たすよりも経費節減が先になってしまい、ユーザーにはあまり恩恵がもたらされなかったかもしれない。

SUMMARY

・自分の組織が提供しているサービスをすべてリスト・アップし、それをもとに、DXがユーザーに与えるインパクトが最も大きいと考えられる場所を判断しよう。
・ユーザー・ニーズをどの程度満たしているかを知る手がかりとなるパフォーマンス指標を選択しよう。組織の目標とパフォーマンス指標が異なる場合もある。
・厳しい目標を設定するのではなく、変化の勢いを判断できる指標を使おう。

・ＤＸを自組織で行うことを推奨する経済的根拠を示そう。
・スプレッドシートによるデータ・リクエストからできるだけ早くリアルタイムの自動データ収集に移行しよう。

Consistent, not uniform

第11章

画一化ではなく一貫性を

めまぐるしく変化する世界に合わせてデザインしなければならない。（中略）新鮮味のない伝統技術や計画的陳腐化[*1]に逃げ込んではいけない。私たちは変化の美学を求めている。

——リチャード・ロジャース[*2]、『A Place for All People（すべての人々のための場所）』（未訳）より

ほとんどの大組織は何事もつまらなくしてしまう才能を持っている。政府の場合はこれが芸術の域に達している。権力の回廊からの発表は無味乾燥で個性のかけらもないため、どんなに興味

＊1　製品等の機能を計画的に低下させたり新商品投入により流行遅れにしたりすることで買い替え需要を生む手法。

＊2　前衛的な大規模作品で有名な英国の建築家。1933年、イタリアのフィレンツェに生まれ英国で育つ。ロンドンのAAスクール（英国建築協会付属建築学校）と米国イェール大学で建築を学ぶ。パリのポンピドゥーセンターやニューヨークの3ワールドトレードセンター、ロンドンのミレニアムドームなどを手がけ、建築界のノーベル賞と言われるプリツカー賞を受賞（2007年）。大規模建築を手がける一方、英国では「アーバンルネッサンス」を提唱し、都市計画政策に大きな影響を与えた。1991年、英エリザベス女王によって騎士に叙せられ、96年にはリバーサイド男爵の名で一代貴族の身分を取得。

深い話も退屈に思えてしまう。

皮肉を込めようとすると政府高官や大臣は「退屈」の威力を味方につける。話をわざと分かりにくくして人々を混乱させ、最終的にはまともに責任を問えないほどうんざりさせることができる。政府の言い分を解明しようと思ったら根気が試される。専門用語を徹底的に調べる不屈の精神がなければ、真実は明らかにならないかもしれないのだ。

これは外部の人々にとって問題だが、組織内で働く人々にとっても同様に問題となる場合がある。自分の仕事を改善しようとしている人は、他の人が質問したり意見を言ったりしやすい環境をつくっている。だが、これをやっている大組織はわずかしかなく、政府はもっと少ない。これは、そこで働いている人たちが対応できるかどうか不安に思っているからだ。

とはいえ、ほとんどの場合、役人たちはわざと退屈な話をして注意をそらそうとしているわけではない。政府やその他の大きな組織が伝えたいメッセージは、通常、中立的か肯定的なものだ。問題は、そこで働いている人の大半が、今や当たり前になっている方法でメッセージを伝えることができないか、単に許可されていないことなのだ。

この壁を突破するのは、政府内では特に難しいだろう。多くの国では、目立たずにいることも役人の職務のうちなのだ。話をするのは政治家で、語る内容はそれぞれの目的に合わせてつくられる。役人の仕事は、事実の要点をボスの手に押しつけ、その事実を賢く公平に利用するよう親分を説得することだ。良識ある役人には、敢えて自らの主張を述べる理由はほとんどなく、多くの役人はそうすることを明確に禁じられている。

政府の広報に対するこうした姿勢はその管理体制に表れている。政府のどの部門にも、大企業と同様に、広報を専門とするチームが存在する。このチームが記者対応を行い、メディアを監視し、火消しを行い、反論を表明し、可能な限り好意的な報道がなされるよう尽力する。だが、最大の仕事は、組織から世間に向けて発信されるメッセージの内容を統制することだ。

これは、政府の重要な公約を成功させるといった長期的目標を確実に実現するための戦略的な仕事のように思えるかもしれない。だが実際は、はるかに戦術的なのが普通だ。初期段階で問題が発生しない限り、政府の広報チームが政策立案プロセスに関わるのは終盤だけだ。彼らの仕事は、仕上がった政策文書から専門用語を見つけて一般人が理解できそうな言葉に変換し、その部署が行っている他のすべての政策とその政策に一貫性が感じられるようにし（実際にそうであるかどうかは別として）、公示文書にリボンをかけて蝶結びをし、大臣が政策チームから渡された発表原稿を起立して読める場所を見つけることだ。こんなものは本当の意味での広報とは言えない。定期的にニュースを提供するためのメッセージ処理だ。このような見せかけの報道を行っているために、ニュースが伝える内容と実際に起こっていることに食い違いが生まれる。

伝える内容を変える

組織の他の部門とデジタル機関を差別化するための最も効果的な方法の1つは、外部との対話の仕方を変えることだ。具体的に言うと、「キャッチフレーズ」、「何事もオープンにする」、「インターネット時代のツール」、「広報とデリバリーを一体化する」の4つになる。

■①キャッチフレーズ

フレーズのなかには、あっという間に広まる力を持っているものがある。これは、インターネット上のミーム[*3]や拡散を狙った内輪受けするジョークに見られるもので、複製やアレンジをして使うのがとても簡単なため瞬時に至る所に現れるように見えるネット上の会話の断片だ。そうしたアイデアや行動やフレーズには、恐ろしいほど効率的に人から人へと広がっていく力がある。ちょっとしたアイデアは無限にコピーが可能なのだ。

ここで注意すべきことがある。私たちは、デジタル・チームがこれを見倣ってあっという間に拡散する動画を制作すべきだと言っているわけでもないし、他の部門に対して「私たちはインターネット時代を生きていて、これが私たちの仕事だ」と言えばうまくいくと思っているわけでもない。そんなことをすれば、当然、真面目に受け取るべき相手ではないと思われてしまうだろう。

とはいえ、広範囲の変革を成し遂げようとするチームにとっては、面白いミームが拡散していく原理から学べるものは多い。政府であろうとなかろうと、巨大な組織のなかに設置された新しいデジタル・チームが直面する最大の課題は、チームが何を、どのように、どのような理由でやっているのかを説明することだ。成功するためには、これを大規模に行い、何十万もいるかもしれない人々がチームの意図について曖昧に感じる部分がほとんどない状態にしなければならない。それも、迅速に。

デジタル・チームがデリバリーと反復作業《イテレーション》をどれだけ迅速に行っているかを考えると、戦略的方向性が変わった1年後にようやく組織や外部の人々がチームの活動内容を理解しても意味がない。従来の方法では、変更があったことを大きな組織全体にこのような速さで伝えられるとは限らない。政府には一斉配信型の通知に適した文章を書くのが得意な人がたくさんいる。白書や修正法案のような理路整然とした文書がそれに該当する。だが、そのような体系化された論理的な文書は、大勢の人に早く送信することを目的としていない。複雑すぎるし、含蓄がありすぎるし、網羅的でありすぎるのだ。大きなアイデアを組織全体に迅速に伝えるときに本当に必要なのは崇高な散文ではない。広告だ。

従来の政府文書の書式にほぼ沿ってGDSが作成・公表したものは、第9章で言及したデジタル戦略以外ほとんどない。その代わりに、GDSは短いフレーズやブログ記事、プレゼンテーションなどの作成に力を入れ、公務員が公務員同士や一般市民との間でコミュニケーションを行う方法を変えるための下地づくりを進めていった。

政府の情報発信は、尊大ながらも自信がないという相反する自己認識に挟まれたものになりがちだ。一方では、公共機関は自らを実体も意味もある重要な機関であると固く信じている。だが

＊3　文化の中で人から人へと拡がっていくアイデア・行動・スタイル・慣習のことをミームと呼ぶ。インターネット・ミームは、そのうちインターネットを通じてさまざまな人が模倣して広がるネタ要素の強い動画や画像、文章を指す。「ミーム」は、文化的情報の拡がり方を説明するためにリチャード・ドーキンスが著書『利己的な遺伝子』（1976年）で使った言葉。

同時に、ほとんどの公共機関は容認したくないほど自らの権力や影響力がはかないものであることを知っている。このような不安から、政府はその重要性を全面的にあらわにし、知性と労力を惜しみなく注ぎ込んだ文書や報道発表資料を作成するのである。デジタル・チームが成功するためのコツは、自分たちが提供しているものの中身に十分な自信を持ち、お膳立てされた拍手喝采ではなく対話を誘発するような方法で、その内容を世間に伝えることだ。

GDSの場合はこの作業の一環としてデジタル・キャッチフレーズをつくったが、それらは最初に英国で、その後は世界中でよく知られるようになった。たとえば、「Show the thing（お披露目しよう）」、「Simpler, clearer, faster（よりシンプルに、より明確に、より速く）」、「Consistent, not uniform（画一化ではなく一貫性を）」、「Make things open, it makes things better（オープンにした方が状況はよくなる）」、「Start with user needs（ユーザーのニーズを出発点にする）」、「It's OK to...（それ、やっても大丈夫）」、「Digital by default（デジタルが標準）」、「The strategy is delivery（デリバリーこそ戦略）」などがある。

これらのなかには、他に適当な表現がないために拡散したものもあれば、そうはならなかったものもある。ウェブページ上では単調なこれらの短いフレーズは、当たり前のことに感じられるし、安易な言葉にすら思えるかもしれない。だが、確たる形をもつデリバリーと結びついていたため、信じられないほどの力を持っていた。短いフレーズをいくつか見れば、デジタル・チームがやろうとしていることがすぐに分かったのである。これらのフレーズはできのよいジングル[*4]やスローガンのように人々の記憶に残った。ポスターに印刷されて壁に貼り付けられた。ステッカーとしてノートパソコンに貼り付けられた。プレゼンテーション用のスライドでもたくさんのフレーズが使われた。キャッチフレーズは、デジタル組織はまったく異質なものであることを端的に明らかにする役割も果たした。つまりアナログな政府が使うくどくどした専門用語ではなかったのだ。

キャッチフレーズの論理はものに名前をつける場合にも当てはまる。政府は名前をつけるのが大の苦手だ。たとえば、英国の中央政府が提供するサービスに「V890 SORN」という名前のものがある。SORNとは何だろうか。Statutory Off Road Notification の略だ。なるほど。で、それは何？ 公道で利用しない車を一時抹消登録するときに入力しなければならないフォームだ。分かった。では、そう呼ぶことにしよう。英国政府は現在、「Register your vehicle as off the road（公道で利用しない車として登録する）」というサービスを提供している。同様に、「IER」[*5]が何をするサービスか当てた人には賞品が出る。有権者登録と答えられたら、めでたしめでたし。民主主義に参加できる。GDSは略称当てクイズに合格することを投票の前提条件にしてはいけないと考え、新しいデジタル・サービスを「register to vote（投票するための登録）」と呼ぶことにした。

シンプルさを目指して一歩を踏み出すたびに、ユーザーに立ちはだかる障壁が1つずつ取り除

＊4　テレビやラジオなどの音声・映像メディア全般で、場面の切り替わりなどを分かりやすく伝えるために再生される短い音楽等の総称。
＊5　IERはIndividual Electoral Registrationの略。

かれていく。これはまた、同僚にとっても分かりやすい状態に1歩近づいている。どこでも通じる言葉を使おう。これはデジタルの課題をスローガンにすることでもなければ内部に「売り込む」ことでもないが、そこには言葉をうまく使うことによるメリットがあることは間違いない。デジタル・チームが実現しようとしているプロダクトやサービスや組織の変革の背後にあるビジョンを伝えるには、意図していることを書面や口頭で伝えることが必要なのだ。

■②何事もオープンにする

仕事をしている場所がどこであれ――特に政府機関であれば――、デジタル・チームは基本的に活動内容を公開すべきだ。GDSが最初に取った行動の1つは、GOV.UKの構築の進捗状況を説明するブログを立ち上げ、誰でも閲覧やコメント投稿ができるようにしたことだ。

大企業のブログは会社からのメッセージと役員の日記が混在したような奇妙なものになることが多い。だが、重要事項についての記述はなく、「先週、視察でワークソプ[*6]のオフィスを訪れ、スタッフの熱心な仕事ぶりを見て感嘆した」などと、当たり障りのない内容に留まっている。本当のニュースは報道発表を待たなければならないし、役員の本音はパブでしか聞くことができない。あなたの組織のブログがこのような内容ならば、すぐに閉鎖したほうがいい。誰も読んでいないのだから。

また、ごく一部の情報だけをオープンにして、大半の広報活動は閉鎖的で統制されたやり方のままでもあまり意味がない。うわべだけの透明性は形式主義的で信頼性に欠ける。誰もだまされはしない。ブログやソーシャル・メディアを従来の広報手法のおまけと考えるべきではなく、全面的に置き換えるくらいのつもりでいたほうがよい。

デジタル・チームは何事もオープンにする姿勢を仕事のデフォルト・モードにする必要がある。ブログはニュースを発信する場であり、失敗を打ち明ける場であり、チームの成功を祝う場だ。デジタル・チームが稼働し始めたら、数日に1度は新しい情報を発信するべきだ。GDSはGOV.UKの立ち上げまでの5週間で30本以上のブログ記事を公開した。デジタル機関で何が起こっているのかを知りたい人は、同僚であれ、記者であれ、関心のある一般の人であれ、ブログにアクセスして情報を見つけることができる。報道発表はもう必要ない。

だからといって政府のデジタル・チームがジャーナリストと良好な関係を築くことの重要性が薄れるわけではなく、それに要する時間や労力が減るわけでもない。多くのジャーナリストは、政府がやろうとしていることに関する内部情報を独自のつてを使って入手するやり方に慣れている。そのため、ブログで公開される情報量の多さに苛立ちを感じている人もいるかもしれない。これまではニュースをいち早く報道する側だったのに、他の人を後追いする立場になってしまったからだ。信頼と互恵の念に裏打ちされた人間関係をジャーナリストとの間に時間をかけて構築しておくと、リスクや落とし穴があることを事前に警告してもらえて、チームが知らずにつまずいてしまう事態を未然に防げるなど、後々メリットがある。組織内の他の人たちもこのメリットに

＊6　英国ノッティンガムシャー州の都市。

気づき、デジタル・チームのやり方を真似しようとするだろう。GDSの初代広報責任者であるエマー・コールマンが2012年に書いたように、「ホワイトホールで政府広報を担当する多くの同僚たちが、ソーシャル・ウェブ上で私たちが見せる行動を通じて違った関係性を築くにはどうすればよいのか、そしてそれが最終的に政府にとってどれほどよいことなのかを探り始めるだろう」。

何事もオープンにする場合に重要なのは、発言する場所もさることながら、発言する内容だ。大企業や政府の一部がそれぞれのやっていることや今後の計画について率直に話すというのはまだ一般的ではない。その同じ組織が失敗や失策を率直かつ謙虚に認めるのは大変なことだ。だが、とがめられない程度にこのような姿勢を見せるべきだ。特に初期の頃、GDSはチームが間違えたことについてある程度詳しく説明するブログ記事を何度も掲載した。時間が経つに連れてこういうことをあまりやらなくなったが、今から思えばこれは失敗だった。

ほとんどの大企業は謙虚さを示すことを恐れる。だが、過失を率直に認め、それをどのようにして迅速に修正するつもりなのかを説明できれば、これは強さの証明になる。成果を上げているデジタル・チームは柔軟で機敏なため、他の部門よりも間違いを正すのは容易なはずだ。失敗への対処法が違うことを示すのは強力なメッセージになる。本当にお手上げ状態になっているときは、重圧をかけられるがままにして大惨事を招くより、弱さを認めたほうがいい。もちろん、これは口で言うほど簡単ではない。政府や大組織はともするとと何もせずただ幸運を願うだけになりがちだ。だが、これが賢明でないことを証明した例はいくらでもある。

■③インターネット時代のツール

デジタルな組織はウェブを使って自分たちに関する情報を伝える。「デジタル」という言葉はマーケティングやコミュニケーションの世界でいう認知力と非常に深く結びつけられてきたため、デジタル・チーム以外の人々はデジタル・チームがあらゆる種類の最先端のソーシャル・メディア・ツールを使って外の世界に情報を発信するものだと思っているかもしれない。そして、デジタル・チームのメンバーが会議に紙のメモ帳を持って現れれば滑稽に思うだろう。どちらの場合も、重要なのはテクノロジーではなく、そのタスクに最適なツールを選んで使えるかどうかだ。ブログといくつかのソーシャル・メディア・アカウントがあれば大抵のことは解決できるはずだ。

デジタル・チームは試しにソーシャル・メディアを使ってみて、何が相手にとって有効なのかを確認し、最も効果的な伝達手段を使って相手に情報を届けるようにする必要がある。特に政府機関のチームには、十分に幅広い層の人々に情報が伝達されているかどうかを把握する義務がある。新しいものをいろいろと試してみよう。

GDSのスタッフはPeriscope（ペリスコープ）[*7]で動画のライブ配信を試してみた。また、組織の週次報告を文章のブログ記事ではなく動画で行ってみた。GOV.UKに関して疑問がわいたとき

＊7　Twitter 社が提供するライブ配信アプリ。

にはスタッフがコメント・ボードに飛びついた（国家統計局のデジタル・チームのメンバー2人が、あらゆる質問を受け付ける公式のAMA〔ask me anything〕セッションをReddit〔レディット〕[*8]で行ったのだ）。うまくいったものもあれば、そうでなかったものもある。プロダクトをつくるときのように、情報伝達の方法についてもいろいろと試してみよう。

GDSでは、組織全体を対象としたブログをまず1つつくり、それを政府の広報インフラに組み込んだ。そこからさらにテーマを絞り込んだブログを多数つくり、それぞれ別々の決まった読者を対象に、ユーザー・リサーチからデータ・サイエンスや人事まで、さまざまなトピックを扱うことにした。こうすることで、関心があると分かっている読者に向けて専門家が記事を書ける専用スペースが生まれ、一方通行の情報発信ではなく対話を始められるようになった。そこから生まれたネットワークには知識が遺産として蓄積されていて、今も誰でも利用することができる。

多くの大組織では権力支配における一般的な方式としてメールやメモに情報を蓄積している。だが、情報を公開することにすればそのモデルは崩れ去り、権力がより広く分散することになる。会社の広報チームとのやり取りは、どの大組織でも時間のかかる退屈な仕事だ。デジタル・ツールを使ってデジタルなやり方をすることで、面倒なやり取りを簡単になくすことができる。

■④広報とデリバリーを一体化する

デジタル・チームが断ち切らなければならない最も重要な習慣の1つが、デリバリーに関する情報を発信するのは広報の専門家の仕事という発想を持つことだ。デジタル機関には広報に専念するチームが必要になる。このチームがデジタル機関の使用するチャネルの所有者となり、望ましい体裁や雰囲気を設定し、無秩序な状態にならないようにする。だが、デジタル機関の広報手段を管理するのであって、発信する情報をつくることはしない。デジタル・プロダクトやデジタル・サービスのデリバリーを行うチームは、自分たちが取り組んでいることとその進捗状況を自ら責任を持って世間に伝えなければならない。

これは、必ずしもデジタル・プロダクトをつくるチームごとに広報の専門家を配置すべきという意味ではない。開発者、調査員、デザイナー、マネジャーなど、チームの全員が情報発信に寄与することが求められるのだ。だが、これを当たり前に受け入れられる人ばかりではない。デリバリーという「本当の」仕事を邪魔する作業のように感じる人もいるだろう。このような反応には異を唱える価値がある。プロダクトの開発状況を率直に伝えるために必要な規律を課すことが妨害行為のように感じられる可能性もあるが、これはプロダクトの健全性を測る優れた指標なのだ。自分がやろうとしていることをはっきりと文章にできなかったり、直面している課題を正直に伝えることができないと感じたりしているのであれば、目を向けるべきもっと大きな問題があるということになる。

デジタル機関全体として、広報を負担に感じさせないコツの1つは、使用するチャネルの数を減らすとともに、チームの情報発信のやり方をあまり変えないようにすることだ。大規模な組織

*8　ニュースやビジネス、政治、スポーツ、映画、アニメなど幅広い話題を扱う米国発の掲示板型ソーシャル・サイト。

のチームは利害関係者ごとに個別の会議や電子メールで状況を伝えることが多く、それぞれの関心事に合わせて個々に文面をつくり、それを決まった形で不定期にまとめて行う傾向がある。自分たちが何をしようとしているのかを発表するのではなく発送しているのだ。

チームが予測する個々の関心事がすべて正しければこのやり方でうまくいく。だがそうではない場合、さらに次の「協議会」が計画されるまで半年あるとしたら、混乱したり腹を立てたりしている利害関係者を長い間やきもきさせることになる。同じオープン・チャネルと同じメッセージを使って内部と外部双方の利害関係者に少しずつ頻繁に情報を伝達すれば、より柔軟かつすばやく疑問を解決できるようになる。

多くの大組織のコミュニケーションに欠けていることの1つは、チームが成し遂げた仕事を組織内で讃える場を設けることだ。何かを変えるというのは難しい。多くの場合、変革の旅を経験したチームは心の傷のようなものを持ち続ける。この欠落部分を埋めるためにGDSはステッカーを使った。

2012年初頭、GDSチームのメンバー2人がヒューストンのNASA（米国航空宇宙局）を訪れた。宇宙飛行士たちがそれぞれのミッションのためにデザインしたワッペンを見て2人はひらめいたのだ。

それ以来、GDSの各チームには、スケジュールがタイトな一般市民向けプロジェクトを遂行したことに対してミッション・ワッペンが贈られるようになった。GDSのモットーである「TRUST, USERS, DELIVERY（信頼、ユーザー、デリバリー）」の文字が入ったワッペンは自らデザインしたもので、動物も描かれていた。

ワッペンのデザインに関するルールはことごとく破られた。だが、それで構わなかった。（チームが自費でつくった）いくつかのステッカー程度の簡単なものが歴然たる進歩の証しとなり、チーム自身によって所有された独創的な表現形態となったのだから。苦労してデリバリーを行ったら、その苦労を誇示することもできる。一人ひとりが自己を表現でき、自分が関わったデリバリーの物語を自分のものだと感じられる、そのような文化があることが変革を成功させる大きな要素だ。

実際にプレゼンテーションを行う

ウェブ上でストーリーを語るだけでは十分ではない。現実世界で語る機会もたくさんあるはずだ。

組織の規模の大小や官民を問わず、オフィスで仕事をした経験のある人なら、1度はひどいパワーポイント中毒になったことがあるだろう。最初は意識がもうろうとし、そのうちに手足が重たくなってくる。放っておくとうつ病になってしまう。

世界中で行われているプレゼンテーションの質は、どれほど単価の高いコンサルタントがどれほど高層階にある役員室で行っているものであっても、概してひどいものだ。プレゼンターは、多くを語ろうとしすぎるか、語るべきことが何もないかのいずれかであることが多い。デジタル・

チームの人間は、自らを表現する方法に時間と思考と労力を注ぐべきだ。大組織のチームは、よい仕事をたくさんしても最後に見せるスライドが分かりにくくて失敗することが非常に多い。

優れたプレゼンターとは、カリスマ性があってはきはきとものを言う外向的な人物のことではない。基本的なことをきちんと行う人のことだ。自分が実際に思っていることを話す。1スライド当たり100文字程度に抑え、室内のどこからでも読めるようにする。アイデアはスライド1枚につき1つにする。ストーリーを最初から最後まで組み立てる。まずストーリーの構成を説明してからプレゼンを始める。事前に練習をする。プレゼンは短くする。話が短すぎると文句を言った人はいない。

いずれも複雑なことではないが、実に大変な努力を要する。他の情報伝達と同様に、きちんとしたプレゼンテーションに時間を割くことはデリバリーの一部であり、最後に慌ててやることではない。www.doingpresentations.com にはよいプレゼンテーションを行うための実践的なヒントが書かれているので参考にするとよい。プレゼンテーションの「文字を大きくする」、「論点を明確にする」、「我慢できるものにする」ことに関する3つのブログ記事は特にお勧めだ。

ユーザーのためのデザイン

よいデザインは分かりやすい。ジョークと同じで、説明しなければ理解できないデザインはさしてよいものではない。

優れたデザインについて話をしているときに政府や大企業が話題になることはほとんどない。この30年間、ほとんどの民主主義国の国家機構はデザインの力にほとんど関心がなかったようだ。予算に余裕がある場合は、デザインの代わりにもっともらしい広告を打ったり詭弁を弄した選挙活動を行ったりして、政策や実施のガタつきを薄いマントで優美に飾ってきた。

アーキテクチャー、ビジュアル・デザイン、アート、アイコンの力は、ビジネス・ケースの厳格な評価基準に馴染まないものを本能的に否定する代々の役人らによって過小評価されてきた。見映えをよくすることは、よく言えば贅沢、悪く言えば遊びとみなされる。

これは愚かなことだ。今日の優れたサービスは非常にうまくデザインされているというのに。特に成功しているデジタル組織は例外なくデザインに強いこだわりを持っている（エアビーアンドビーは2人のデザイナーが始めたことで有名だ）。デジタル・ネイティブではない組織が提供するサービスも、うまくデザインする必要がある。だがそのためには、馴染みのない方法でデザインに取り組まなければならない。

よいデザインは明白なユーザー・ニーズを満たす。だが、ユーザー・ニーズを特定するのは難しい。ニーズを見つけるには、やっていると人が言っていることではなく、人が実際にやっていることを調査する必要がある。うまくデザインされているサービスは物事をシンプルにするために大変な作業をしている。シンプルにするのは大変なことで、規律と集中力と犠牲を要する。大規模な組織にとってこれは、すべての人が十分に理解している言葉やプロセスを取り除くことを意味する。ただし、ここで言うすべての人には本当に重要な人たち、つまりユーザーは含まれていない。

デジタルの世界ではデザインをＵＸと呼ぶことが多い。ＵＸとはUser Experience（ユーザー・エクスペリエンス）の略だ。だが、情報伝達と同じで、本当にユーザー中心の組織では全員がユーザー・エクスペリエンスの担当者だ。サービスがひどい状態になっている原因がサーバーの速度の遅さにあり、その原因が10年前に締結した古びた契約にあるとしたら、いくらデザインやＵＸに手を加えても解決することはできない。したがって、可能な限り最高のユーザー・エクスペリエンスをデザインすることはチームのメンバー全員の責任なのだ。

公共サービスのデザインは、公務員とその仲間以外にはほとんど意味をなさないものになってしまうことが多い。技術系官僚が顧客基盤や国民全体のニーズを満たすようなサービスをつくれるかというと、それはかなり怪しい。政府や企業のウェブサイトの大半が見苦しいのは、2年間のプロジェクトの最後の2週間でＵＸを仕上げるような計画を立ててきたためだ。こんなのは豚に口紅を塗るようなもので[*9]、まったく意味がない。「ちょっとしたデザインを施す」という要件は満たすかもしれないが、ユーザー・エクスペリエンスはちっともよくならないのだから。

著者の1人ベンとGDSのデザイン・チームが最初の2年間で組織から根絶しようとしたデザインに対する認識は2つある。

1つ目は、デザインはマーケティングや広報ではないということ。組織におけるデザインの主な役割は、組織が提供するサービスや公開する情報をユーザーがより簡単に扱えるようにすることだ。マーケティングとは、何かについて「これはよいアイデアだ」とユーザーを説得して理解させることだ。デザインとは、見ただけでよいアイデアであることが理解できるようにすることだ。実際に使ってもらったほうが、あれこれマーケティング施策を行うより結果が出るし、経費もかからない。

2つ目は、デザインにおける暗黙の階級制度と戦う必要があるということ。「政府にはそれで十分」という理由だけで、政府のウェブサイトがアップルのウェブサイトより見映えが悪くなければならない、という決まりはない。歴史上、最も優れた、そして最も愛されているデザインのなかには公共部門のプロジェクトから生まれたものもある。1970年代につくられたNASAの『アイデンティティ・ガイドライン』[*10]は、Kickstarter（キックスターター）[*11]のプロジェクトとして多大な支持を集め、再発行された。どの業種や部門で仕事をしているデジタル組織も、デザインに関して高い目標を設定するべきだ。

デザインがさまざまな使い方をされるのと同じで、デザイナーもさまざまなタイプが必要になる。優れたデザイナーはユーザー・リサーチャーや開発者と一緒に仕事をしている。優れたデザイナーはプログラミングができる。優れたデザイナーは最初や最後だけ参加するのではなく、サービスのあらゆる段階に関与する。

*9　見映えをよくしても、本質は変わらないという意味の慣用句。
*10　NASAに帰属するものであることが一目で分かるように表示するロゴやマークなどのデザイン等を規定したマニュアル。
*11　モノづくりを支援する米国発のクラウド・ファンディング・プラットフォーム。

クリエイティブ・ディレクターは必要ないし、「アートやデザインの類いに非常に興味がある」という財務部門出身の素人も不要だ。必要なのは、インタラクション・デザイナー、フロントエンド開発者、グラフィック・デザイナー、サービス・デザイナーだ。チームに必要なデザイナーは、構築しているサービスや構築プロセスのどの段階にいるかによって異なる。

インタラクション・デザイナーはサービス全体のインタラクションを手がける。[*12] このフォームは1ページにまとめるべきだろうか、それとも質問ごとにページを分けるべきだろうか。ユーザーにとって使いやすいのはどちらだろう。それを判断するためのプロトタイプもつくる。

フロントエンド開発者はウェブサイトのフロントエンド、つまりユーザーの目に触れる部分のコードを作成する。優れたフロントエンド開発者にはバックエンド開発者やデザイナーと共通する部分がある。ユーザーにとって何がベストなのかを見極める目を持っているのだ。

グラフィック・デザイナーは、ウェブサイトで使用するフォントや読みやすいページ構成など、もっと身近なデザイン面のことを考える。インタラクション・デザインとサービス・デザインをつなぐ重要な役割を担うのがグラフィック・デザイナーだ。

サービス・デザイナーはサービス全体をエンド・ツー・エンドで考える。すべてのパーツをつなぎ合わせるのがサービス・デザイナーで、ビジネス・アナリストの役割を果たすことも多い。これらの作業はすべて、ユーザーを念頭に置いて行われる。

モダニズム建築と同じで、デジタル・サービスのデザインにおいても装飾は悪だ。英国の雇用年金省が介護者手当の給付サービスを開始したときに分析で分かったのは、多くの人が午前4時にフォームを入力していることだった。利用者に理由を訊ねたところ、この時間しか自由にならないというのが多くのフルタイム介護者の回答だった。このような背景を考慮すれば、装飾の出る幕ではない。

とはいえ、機能性だけを追求したデザインにする必要はない。デジタル組織には、国や会社の伝統的デザインを理解し、この仕事に求められる使命感を強く持ったデザイナーが必要だ。彼らの目指すものは、ヘンリー・ベックが地下鉄の地図をデザインしたときと同じものであるべきだ。この取り組みをそうした偉大なデザインと同じ規範に位置づけることを目標とすべきなのだ。そして、そのときの手法はパスティーシュ[*13]やオマージュ[*14]ではなく、組織の創成期にあった人々が採り入れた優れたデザイン原則を活用するというやり方であるべきだ。

これをしっかりと行えば、組織がそれまで立ち向かったことのないデザイン・パターンづくりに取り組むことができる。英国の司法省は、永続的代理権[*15]に関するサービスをGDSのデザイン原則に沿ってデザインし直した。ベータ版がリリースされるとすぐに司法省のコールセンターへの問い合わせが増え始めた。これは不可解なことであり、困ったことでもありそうだった。新しい

＊12 ボタンを押す、リンクをクリックするといった操作を人間が行うと、それに応じて相手側の機械やソフトウェアが何らかの反応を示すような相互作用のこと。
＊13 専攻する作品を模倣すること。
＊14 畏敬の念を込めて元作品を自作品に取り込む行為。
＊15 本人が意思決定できなくなった場合に備えて、財産の管理や医療行為に関する判断を行う代理人を事前に指名する権利。2005年意思能力法（Mental Capacity Act 2005）で規定された。

サービスは問い合わせの電話を減らすものであって、増やすことを意図したものではなかったからだ。後から分かったのだが、電話が急増したのは、サービスをスムーズに利用できたユーザーが開発チームを称賛したかったためだった。そこでこのオンライン・サービスには、プラス評価を伝えるためのボタンが追加された。

何が必要なのかユーザー自身がわかっていない場合の対処方法

ユーザーのニーズに合わせてデザインするという発想でいると、何が必要なのかをユーザー自身がわかっていないように見受けられる場合に問題が起こる可能性がある。政府では、このようなパターナリスティック（父権主義的）な考え方が驚くほどよく見られる。これもちょっとした言い訳だ。

ユーザーは一定のサービスを受ける代わりに一定の税金を納める必要があることを必ずしも知らない（あるいは気にかけていない）かもしれないが、日常生活を送れるようにするためには、短時間で正確に済ませられるくらい簡素で分かりやすい公共サービスが必要だということは十分に認識している。ほとんどの場合、行政サービスに対するユーザー・ニーズは要するに「面倒なことに巻き込まれたくない」なのだ。公共サービスは、抵抗感をほとんど感じさせずに安心感を与えてくれるものでなければならない。だが、これができていないサービスが多い。

企業の世界で古くから使われている成功を引き寄せる手法は、必要だとユーザーが気づきもしなかった——だが、あると知ってからはどうしても買いたい——ものへの需要を創出することだ。ここで意味を持つのが、昔ヘンリー・フォードが言った「人々はもっと速い馬がほしいと言っただろう」という言葉だ。ユーザー中心のデザインをすると同時にあの壁を乗り越えるにはどうすればよいのだろうか？

答えは政府機関の場合と基本的に同じだ。企業の戦略と利用できる技術が明らかになっていれば、どのようなプロダクトやサービスで行くべきか判断できそうに思えるが、ユーザーのニーズがある程度は分からなければ当てずっぽうで進めることになる。ユーザーは、自分が必要としているプロダクトやサービスの全体像が分かっていないかもしれないが、一定の品質を備えている必要があることはなんとなく分かっている。それは、処理スピードかもしれないし、利便性かもしれないし、揃っている機能かもしれない。こうした点をユーザーが相対的にどの程度重視しているのかを知ることで、どのような作りのものにすればよいかが見えてくるはずだ。

規模拡大のポイント

デザインを統制するというのは、組織にもメリットがある（部門や事業ごとに違ったロゴやウェブサイトを作成するための費用と時間を節約できる）し、ユーザーにもメリットがある（ルック・アンド・

フィール[16]に一貫性があると親しみやすく、安心感があり、使い方を覚えやすい）。1つの行政オンライン・サービスの仕組みを覚えるだけですべての行政サービスの動作を理解できれば、プロセスから多くの摩擦を取り除くことができる。

デジタル・チームのつくったデザインが大規模に運用されるようにするには、別のものをつくるよりデジタル・チームのデザインを使うほうが楽だという状況にしなければならない。これには2つの方法がある。別の方法でデザインしようとする他のチームにコストを課せばよいのだ。そのためには、代替手段の使用に関してルールや制約を課すようにする。組織の文化によってはこのようなムチを使う必要があるかもしれない。だが、理想的なのはニンジンをぶらさげることだ。

この目的にぴったりなのがデザイン・パターン——ボタンやボックス、カラー・パレット、スタイル・ガイドライン、マイクロ・コピー・テキストなどのテンプレートとなる小さなひと塊のHTML——だ。こうしたパターンをつくって公開すれば、周到に構築と検証がなされた小型のユーティリティー・ソフトになるため、他の人が同じことをする必要がなくなる。これにより、常に変わらず見映えのよいサービスをデザインするという行為が、労力の増加ではなく最も楽な道になる。開始ページ、終了ページ、ドロップダウン・ボックス、レイアウト、書体、色、フォームなど、どれも1度つくれば共有することができる。

デザイン・パターンをつくり終えたら、それらの管理と改良がデジタル・チームと組織内のデザイン・コミュニティの役割になる。テンプレートは変えられないものと思われてはいけないいため、サービスに携わっているチームが組織内のどこからでも簡単に改良版を入手（・適用）できるようにしなければならない。これを実現するのにいちばんよい方法は、パターンを一般公開し、活発なデザイナー・コミュニティをつくってパターンを常に最新の状態にしておくことだ。

SUMMARY

- 情報伝達はデリバリーの一部であり、独立した分野の仕事ではない。
- 幅広い理解が得られるまで、少数の簡潔明瞭なメッセージを繰り返し発信しよう。
- シンプルな独自の情報伝達スタイルを確立し、あらゆることをそのスタイルで行おう。
- 信頼と互恵の精神に基づいてジャーナリストと建設的な関係を築こう。
- デザインの力は組織のやり方を根本的に変えるために使うものであり、壊れたものを見映えよくするために使うものではない。
- デザインを優れたものにするには、熱狂的マニアではなく優秀な熱意あふれるデザイナーが必要だ。

＊16　ソフトウェアの表示や操作が利用者に与える全体的な印象。

Setting the standard

第12章

基準を設定する

組織を変えようとしているデジタル・チームは規則破りとのレッテルを貼られることがよくある。だがそれは正しくない。成功しているデジタル組織は規則を捨て去ったりはしない。新たに考案するのだ。

DXを行う場合はデジタルな働き方を体系化した基準やマニュアルをつくるのが一般的になってきている。英国政府のデジタル・サービス基準とマニュアルは、ニュージーランドの同様の取り組みをヒントにしてつくられたものではあるが、世界中で採用されている。オーストラリア、カナダのオンタリオ州、スコットランドではそれぞれ独自のバージョンが作成されている。米国デジタル・サービス[*1]と18F[*2]はプレイブックを作成した。英国の地方政府でデジタル化を推進している人々も同様のアプローチを取っている。

官僚機構や大企業に規則があるのは理由があってのことだ。規則は、お金をかけずに行動習慣をすばやく組織全体に浸透させるための手段なのだ。標準化されたプロセスなしに運営できる大組織などない。だが、多くの歴史を背負った動きの遅い組織の場合は、よくも悪くも、規則によって仕事のやり方が1つに固定されがちだ。ここまでのいくつかの章で述べてきたように、デジタル・チームは、組織を支配しているこうした規則を否定する権限を手に入れる必要がある。デジタル機関は俊敏かつオープンで、誤った確実性に対しては慎重でなければならないのに、それとは逆のことが組織で常態化している場合に、権限が必要になる。

組織の上層部から下層部まで、多くの人々が現行の規則や基準にうんざりしている可能性がある。大きな組織にいるほとんどの人は、規則がないよりは悪い規則に従うほうがましだろうと直感的に感じるが、それは正しい。平凡な規則でも無秩序よりはよい。ただし、規則に従いたい人がいるなら新しい規則をつくるべきだ。

規則に関してデジタル機関は2つのことを行わなければならない。1つ目は、既存のものでかえって足手まといになっている規則やほとんど無視されている規則を、他部署の人々に自信を持って捨てさせること。2つ目は、こちらのほうが重要なのだが、他部署の人々に「よい規則とはどのようなものか」がはっきりと分かるような、代わりの基準を用意することだ。

2つ目を行わずに1つ目を行うと、無秩序な状態に陥る。1つ目を行わずに2つ目を行うと、

*1　オバマ政権時の2014年8月、政府が提供する公共向けデジタル・サービスの利便性と信頼性を高めることを目的としてホワイトハウス内に新設された組織。
*2　2014年8月、米国政府調達庁内に設置されたデジタル・サービス・チーム。18Fという組織名は、ワシントンDCにあるオフィスの住所「18th & F Street」に由来する。

いくつもの規則が折り重なって混乱が生じ、全員の仕事が滞ることになる。

デジタル・サービス基準

サービス基準とは、デジタル・サービスを設計・運営するチームのあるべき姿と行うべきことをまとめたものだ。「どのように」と「何を」は同じぐらい重要だ。サービス基準では、どのようなスキルを持った人がチームにいるか、技術やデザインには何を選択しているか、サービスのパフォーマンスをどのように測定するつもりか、などを同等に評価する。

デジタルを既定とする独自のサービス基準と付属のサービス・マニュアル（この基準の背景にある思惑をより詳しく説明したもの）をGDSが発表したのは、チームが活動を始めて約2年後の2013年だった。この基準の目的は、最終的に政府のすべてのデジタル・サービスを優れたものにして、人々がオンラインで用事を済ませたいと思うようにすることだった。GOV.UKで公開する新しいサービスは必ずこの基準に合格しなければならなかった。

サービス基準は、GDSが持つ2つの影響力の1つである「ドメインの力」をどう使うのかを正式に定めたものだ。GOV.UKに掲載してもよいものを最終的に決定する権限をGDSがチームとして持っていた。政府のドメインはGOV.UKしかなかったため、GOV.UKに掲載できなければオンラインの行政サービスを稼働させることは事実上できない。あなたのデジタル・チームが管理するドメインが1つだけであれば、このドメインの力が組織の行動を変える貴重な手段となる。だが、ドメインの力を軸にしてサービス基準をつくる必要はない。たとえば、社内の特定の資金源を利用する権利がどのチームにあるかを判断するための基準としてサービス基準を簡単に使用できる。資金を利用したいのであれば、資金を最大限に活用できる状態にあることをチーム自ら証明する必要がある。

理屈からすると、GDSはサービス基準や新しい規則をつくらなくてもよかった。誰にも頼まれなかったからだ。GDSは、GOV.UKでサービスを開始する許可が下りたかどうかだけを各部門に伝え、そう判断した理由を説明しないで済ませることもできた。だが権力には責任が伴う。認可の判断基準が中央の気まぐれでころころ変わる状況を、GDSの同僚である政府関係者が容認する可能性は高くなかった。さほど悪いことをしなくてもこうした権力は剥奪されていただろう。体系的なサービス基準を策定したことは、他の部門を助けるためであると同時に、GDSをGDS自身から守るためでもあった。

GDSが基準の策定に着手したとき、何を基準に含めるべきか、どこに新しい規則を適用すべきかを見極めるのは難しいだろうと考えていた。だが、これは思ったより簡単だった。英国のデジタル・サービス基準の最初のバージョンは、GOV.UKの本番稼働に向けて作業をしている途中のわずかな空き時間を利用して30分で書き上げられた。

基準の定義をさらに詳しく記述する作業を始めたときは、GDSが出したい結果は何なのか、またこの基準を使って変える必要がある「デフォルト」は何なのかについて、より注意深く考えなければならなかった。ユーザーの意見や感想を参考にして組織のデジタル・サービスを定期的に繰り返し改善できることが重要なのははっきりしている。だが、組織の業務慣行に妨げられずにそのような仕事のやり方ができる環境も確保しなければ、それを基準として策定しても意味がない。たとえば、アジャイルな開発サイクルに沿って仕事をするようチームに求めても、他の部門から従来の管理手法に従うよう求められ、四半期ごとの会議に出席したり大量の会議資料をつくったりしなければならないとすれば、ピリピリしながら無駄な仕事をすることになる。サービス基準にデリバリーの内容を規定することも大切だが、組織の働き方を規定することも同じくらい重要だ。

最高の「何を」と「どのように」を体系的にまとめるのは、おそらく思ったより簡単だ。非常に参考になるサービス基準が現在は数多く公開されている。英国版を作成する際にはGDSのチームもずうずうしく他の国の基準を拝借した。とはいえ、新しい規則で守るべき業務慣行は、デザインし直したサービスを実際に届けることで絞り込まれていく。同様に重要なことは、優れたデジタル・サービスを届けるためにすべき具体的事項をすでに知っているチームが組織のなかにはおそらくたくさんあるということだ。そうしたチームは障害があってもそれを実行しようと長い間辛抱強く努力してきている。彼らに請えば教えてくれるはずだ。このようなチームの多くに欠けているのは、変化を定着させるための支援と上層部の後ろ盾だ。新しい規則の策定を担当するデジタル・チームの責任は、正しいことをしたいと思っている人たちを見つけ、彼らの邪魔をするものすべてを自らの権限で取り除くことだ。

政府のウェブをどのようなイメージのものにすべきかを英国の公的機関が文書にしたのはGDSのサービス基準が初めてではない。GDSでは、新しい基準を詳細に定義する前に、何百ページものウェブ標準規格や技術仕様書をあちこちからかき集めた。公開されていたものもあれば、イントラネットのページに留め置かれていたものや、引き出しの中に入っていたものもある。その多くは数年前のものだった。なかにはお互い完全に矛盾しているものもあった。あなたの組織にもこのようなものがあるのではないだろうか。既存の規則を探すのが本当に大変なのだとしたら、そのようなものに注目している人はほとんどいないと考えて問題ない。GDSはこの仮説を検証するために、基準について書かれた既存のウェブページをすべて削除し、何が起こるか観察することにした。気づいた人は1人もいなかった。

GDSがサービス基準を策定するまで、デジタル・サービスのデリバリー方法に関する政府の規則はほとんどが任意事項だった。つまり、規則に従うかどうか選択することができたのだ。これでは規則というよりむしろガイドラインだ。変化を受け入れようとしない組織や、同僚の経験から学ぶより自分たちの自主性を重んじる独自の部隊を擁する組織には、単なるガイドラインでは厳しさが足りない。

本書で繰り返し述べているテーマの1つは、大きな組織は惰性で動いていて、方向やスピードの変化に抗うということだ。よいものとはどういうものかを示す基準を設定し、本当に影響を与えようとしているのなら、その惰性を断ち切ってくれるものをデリバリーしなければならない。本当に痛い目に遭わせようと思ったら、規則に権限を伴わせる必要がある。デジタル・チームに権限があれば、選択や意思決定を独自に行うことができる。だが、損をする人が出ることになりがちなため、意思決定を下す人は嫌われる。喜んで嫌われ者になろうではないか。

新しい規則をつくる過程でデジタル・チームが嫌われることはよくある。これは気持ちのよいことではないが、新規の規則を作った場合を考えてみよう。ほとんどの官僚機構は賢くて合理的で感じのよい人々であふれている。調和の取れた現行の文化、規則、礼儀作法に疑問を呈する個人的なメリットが、彼らの組織にはほとんどない。そのため官僚が腹を立てるのは、国民や有権者や納税者への公平性が損なわれた場合より、礼儀作法に反する行為があった場合のほうが早いことが多い。彼らにとって国民が重要であることに変わりはないが、彼らの働く組織の大きさがそうした人々を抽象的で遠い存在に感じさせる。善良な人々が結局は惰性の側についてしまうのは、ユーザーの利益のために同僚の負担を増やすのではなく、平和を維持するようにと雇用主が無言で働きかけているためだ。

組織の礼儀作法に逆らうからといって、人としての礼儀作法まで捨て去ることにはならない。型破りなデジタル・チームで働いていても、同僚に対する共感や公平性や配慮を欠いてよいわけではないのだ。とはいえ、うまいこと組織の礼儀作法に反してユーザーのために意見を述べれば、デジタル・チームは厄介な集団だと思われることになる可能性はある。

新しい規則を策定する場合は、恐ろしいことが起こらないようにすることを第一目標にしなければならない。つまり、非常に勢いがつき、お金もプライドもたっぷりかかっていそうなプロジェクトを止めることだ。それがどのようなプロジェクトかは誰でも知っている。崖っぷちに向かって暴走する大型トラックか、何をしても死なないゾンビだ。そういうプロジェクトはいずれ失敗すると誰もが知っている。だがそれを止める力はないと誰もが感じている。今にも失敗しそうになっているときに、自分が見たいと思っているガイドラインのリストを書き、それに気づいてもらえることを祈るなどというのはほとんど時間の無駄だ。埃を被った任意選択のガイドラインやベスト・プラクティス・マニュアルの山がたくさんの大惨事と共存していることがそれを物語っている。

デジタル機関に強い権限がなく、支出を止める、何かのリリースを阻止する、重要な資金を拠出するといったことができないのであれば、当面は新しい規則をつくることを諦めたほうがよいかもしれない。処世術に長けた経営陣や役人は、自分の目的を達成するにはデジタル・チームの話に耳を傾ける必要があるのかどうかをすぐに察知するはずだ。彼らがデジタル・チームを避けて通る可能性があるのであれば、1番に稼働させるもののデリバリーに専念し続けることに時間を費やし、彼らが自ら押し寄せてくるように仕向けたほうがいい。適切な判断ができるチームであると信頼される権利を獲得しなければならない。デジタル・チームがうまく立ち回れば、そのうちその仕事を任せてもらえるはずだ。

CASE

給付金オンライン照会サービス

給付金オンライン照会サービス（BESOL）は、受給しているすべての給付金をユーザーが1つのオンライン・ダッシュボードで一括表示できることを目的としたデジタル・サービスだ。英国の雇用年金省（DWP）が主導し、あるシステム・インテグレーターがデリバリーを担当した。

GDSのところまできた時点で、すでにBESOLは中止の試みを何度もはねのけていた。前政権のプロダクトであり、政治的な味方がほとんどいなかったが、それでも開発が継続されていたのだ。それまでに行われた何回かの審査や機能性を保証するための演習でも勢いを止めることはできなかった。サービスの開発期間は4年以上になっており、投入された資金は2000万ポンドを優に超えていた。その間、公式にテストされた部分はなかった。

一方、サービスの開発が進められていた間に社会保障政策をめぐる状況は激変していた。給付金の多くはユニバーサル・クレジットという新たな社会保障制度に移行されることになっていたため、BESOLで表示されることになっていた情報の多くは、もはや意味のないものになっていた。ユニバーサル・クレジットがBESOLと統合される予定はなかった。おまけに、データを供給する目的でBESOLに接続されていた非常に古いシステムの多くが週末は稼働していなかった。土日にＢＥＳＯＬで情報を得ようとするユーザーに不正確な情報が表示されることは確実で、ＤＷＰの問い合わせ窓口に怒りやとまどいの電話が殺到するのは必至だった。

比較的小規模な入札（２００万ポンド未満）が行われたときにＢＥＳＯＬがＧＤＳの支出規制プロセスに引っかかったことで、ＧＤＳはこれをデジタル・サービス基準に照らして評価する好機を得た。ＢＥＳＯＬは26ある評価項目の大部分で不合格となり、ＢＥＳＯＬを担当していた業者はそのほとんどに対処できないことがすぐに明らかになった。

ＢＥＳＯＬには致命的な欠陥があったが、ＤＷＰ内では相応の勢いとサンクコスト[*3]が発生していたため、役人がこれを止めるのは非常に困難になっていた。支出規制があったおかげで、デジタル・チームが介入して共同責任で開発を中止させることができた。ＤＷＰがこれを単独で行うのは困難であったが、それはＢＥＳＯＬの欠陥がＤＷＰ内で十分に認識されていなかったからでもあり、そうするための政治的擁護者がＤＷＰの高官になかったからでもある。

＊3　埋没費用。回収不能な投入済み費用を指す経済学の概念。

とりあえず、デジタル・チームは基準を設定することができ、組織内のチームを基準に照らして評価する権限を獲得したとしよう。このような権限が確立されても、「もうそんなやり方はしない」と堂々と言うには、それなりの自信が必要だ。その種の難しい対話をうまく着地させるためには、組織内の他の人を味方につける必要がある。それまでのやり方で成果を上げていた人たちは、状況が自分たちに都合よく変化していないことにいずれは気づき始めるため、新しい仕事のやり方を強力に支持し、議論が始まればすぐに立ち上がってくれる支援者が不可欠なのだ。

支援者から信頼を得るには、何をよいデジタル・サービスの条件とするかの判断に信頼がおけると確信してもらう必要があるし、自分たちの置かれている状況が理解されていると安心してもらうことも必要だ。何がよくて何が悪いのかを判断する際には、その理由を明らかにするべきだ。判断が間違っていた場合は謙虚に受け止める必要があるが、経験を重ねながら学んでいるという事実を申し訳なく思う必要はない。

デジタル・チームは、仕事のやり方を押しつけるばかりで実際にはどうすればよいのかを何も示さない、どこにでもいる規則策定者と同じになってはいけない。デジタル基準というムチには、差し出せるいちばんおいしいアメを付け、規則を無視するよりも従うほうが楽になるようにしたほうがよい。英国のサービス基準は、付属のデザイン・マニュアルなしでは成功していなかっただろう。マニュアルには、デザイン・パターン、手引書、職務記述書《ジョブディスクリプション》、実践コミュニティへのリンクなど、さまざまなものが含まれていた。これにより信頼関係が築かれ、意味が明確になり、「よいもの」のイメージを組織全体で共有できた。

中心的なチームの数人だけでいつまでも新しい規則を定義するべきではない。大勢が知恵を出し合ったほうが最終的には物の見方がはるかに豊かになる。基準を設定する立場にある中央のデジタル機関は、その役割を徐々に議事進行役へと進化させるべきだ。つまり、「よいものとはどのようなものか」についての議論が結論に至らないまま延々と続くことがないように監督し、ベスト・プラクティスの現行版を記録したものを管理する役割を担うのだ。このような議論を続けるには努力が必要だが、常に最新のベスト・プラクティスを見ることができる、サービスが失敗に終わる事態を未然に防ぐことができる、優秀な人材が集まりやすくなり、そうした人材と一緒に仕事ができるようになる、などの形で努力は報われる。

英国では、GDSのサービス・マニュアルが公開されてから長い間そのままの状態で放置されすぎた。継続中の仕事を部署内で称賛する機会があるのに、それを十分に活用しなかった。GDSを手本にしてサービス・マニュアルやサービス基準を作成した人たちは、それらの面倒を見てやらなければならない。

支出を規制する

サービス基準は、GDSの1つ目の力である「ドメインの力」をGDS流に体系化してまとめたものだ。2つ目の力には別の規則が必要で、それは少し異なる目的を達成できるように考案されたものでなければならなかった。

ＧＤＳはGOV.UKの管理の他にデジタルやテクノロジー関連プロジェクトへの政府支出の監督も任されており、一定額を超えるすべての支出にＧＤＳの承認が必要だった。デジタル・プロジェクトの場合はこれがゼロから始まっていた。つまり、何かを変更するには必ず承認を得る必要があった。

支出規制を導入したのは内閣府のフランシス・モード大臣で、当初は政府の莫大なＩＴ支出を抑制するための手段とされていた。資金の流出を大幅に減らしてもよりよい成果を上げることは可能だ、というのが政府の仮説だったが、結果的にこれは正しかった。規制の対象はテクノロジーだけではなかった。フランシス・モード率いる内閣府が目指していた効率化と改革の対象ははるかに広く、不正やミスの削減、民間事業者との取引成果の向上、広範囲に及ぶ政府所有不動産の整理なども含まれていた。支出規制が、変化を起こすための要《かなめ》となったのだった。

デジタル・サービス基準は基本的に創造的な規制であり、GOV.UKに掲載するユーザー中心のデジタル・サービスを全政府機関のチームが容易に構築できるようにすることを目指したものだ。コストが削減されたのは人々がオフラインではなくオンラインでサービスを利用するようになった結果であり、それはデザインし直したオンライン・サービスのほうが使い勝手がよかったからだ。何百万人もの人々の目の前によりよいサービスを差し出すことが、真の成功だった。

一方、デジタルとテクノロジーに関する支出規制は破壊的な規制だ。支出規制の成功は、納税者にとって価値の低い業者との契約を統合、見直し、停止した結果、支出されなかった金額で評価された。英国には対処すべき契約がたくさんあった。今でもある。２０１５年に英国が公示した公契約のうち、１億ユーロを超えるものは１６７件あった。ＥＵ加盟国で次に多いフランスはわずか29件だった。[*4] [70]

支出規制の規則はサービス基準のそれとは異なる性質のものだった。時とともに変化するデジタル・サービスのデザインのベスト・プラクティスに対応できるよう、サービス基準には意図的に曖昧な部分が設けられたが、支出規制の規則は「絶対的基準」としてはるかに厳格に規定された。よくない発想だと広く認識されているにもかかわらず組織内で行われ続けている行為をやめさせることに重点が置かれていたのだ。これに対して、サービス基準は過去の新規サービスとして考えられていた基準寄りに作用していたため、ＧＤＳがすべてに答えられるとは限らないという点が考慮されていた。支出規制は比較的よく知られている原則を規則としてまとめたものだが、これが組織では何年も無視されていた。

たとえば、テクノロジーの支出規制では、耐用期間の合計支出が１億ポンドを超えるＩＴの契約を締結することが禁じられていた。１億ポンドというのはＩＴとしてはかなりの額だ。英国政府は何年もの間、基本的に大手の技術コンサルタント会社と非常に高額な複数年契約を締結してきたのだった。公共部門の大惨事の事例を見ていると、こうした契約が何度も出てくる。テクノロジーの支出規制に大臣の後ろ盾がついたことで、このような契約は阻止されるようになった。

＊4　２０１５年時点では英国もＥＵ加盟国。

支出規制はサービス基準のように比較的流動的なものにするわけにはいかないことが多い。組織のＩＴ支出はとてつもなく膨れ上がることもあるため、その対策も必然的に同じくらい極端なものになる。支出管理が絶対的なものになるもう１つの理由は、政府におけるテクノロジー契約の性質上、手に入れた最初のチャンスで大きな改善ができるようにしておかなければならないことだ。政府のＩＴ契約の多くは5年か7年で、10年に及ぶものまであった。上手な買い物をするチャンスを今回の交渉で逃したら、次の国会、あるいはその次の国会が開催されるまでチャンスがめぐってこないかもしれない。

ＩＴコストが増大し続けている大企業は、市場の動向に逆行していることを認識する必要がある。定着したテクノロジーのコストは下がり続けているのだから、さらに多くのテクノロジーを購入するというのは、企業が最もしてはいけないことなのだ。ビジネスに同じ成果を求めるのであれば、ＩＴのコストは減少するはずだ。テクノロジーの進化と同じペースで成果を向上させたいのであれば、コストはほぼ変わらないはずだ。そして、最先端に身を置きたいのであれば、賢明な投資をしているかどうかをしっかりと見極める必要がある。

評価を実施する

デジタル基準や支出規制の最大の試練は、初めてプロジェクトを中止させるときに訪れる。遅かれ早かれ大型トラック――すでに数百万ドルが費やされ、いつ大惨事になってもおかしくないということが広く知れ渡っているITプログラム――と対峙することになる。現実的にプログラムを止めることができる、あるいは少なくとも今よりはましな道に向かわせることができる唯一のものとして、新しい基準が注目されるはずだ。そのときが来たら、決まったプロセスにきちんと従わなければならない。問題を避けて通りたくなっても、特別免除をしたりしてはいけない。そんなことをしたら新しい規則はおしまいだ。

評価の対象になったサービスが満足できるものでない場合、デジタル・チームはそう言わなければならない。これはチームが何年も取り組んできたことではないだろうか。高圧的になってはいけない。嬉々として言ってはいけない。見下すような態度をとってはいけない。あらかじめ準備しておいた上層部のサポートを最大限に活用しよう。つらいことだろうし、時間もかかるだろう。だが、デジタル・チームが最初に中止するプロジェクトが絶対的な基準となるのだ。「もう許容できません」と礼儀正しく言うことにしよう。この初期段階で譲歩すれば、惰性を増長させることになる。

支出規制にしてもサービス基準にしても、規則を策定しただけではまだ道半ばだ。本当に状況を変えようと思ったら人を変える必要がある。

第8章で述べたように、多くの大企業ではテクノロジーに関する意思決定が脇に追いやられ、IT部門は他の事業部門とはほとんど別個の事業体のようになっている。テクノロジーへの投資や新しいオンライン・サービスの有効性を戦略的に評価しようにも、十分な情報に基づいて意見を述べられるだけの知識や関心を持った人が組織内にほとんどいない。そのため最悪の場合、企業や政府機関は達成しようとしている戦略や政策の目標とはまったく無関係に、テクノロジーに関してコストのかかる決定を下すことになる。そして経営陣は、高価な新システムが機能しない理由が分からず途方に暮れてしまう。ＩＴ部門を脇に追いやっておけば、何もかもうまくいかなくなったときの責任を首脳陣ではなくＩＴ部門に押しつけやすくなる。だが、テクノロジーの失敗は組織の失敗だ。

支出規制とサービス基準が持つ最も根本的な影響力を引き出すのは、規則そのものではなく、それらに基づいて政府の事業に戦略的な意思決定を下す権限を持つ人々だ。テクノロジー投資やデジタル・サービスが賢明なものかどうかの判断は、テクノロジーを深く理解している人や、デジタル・サービスを構築した経験のある人が行うべきだ。これは当たり前のようだが、そうなっていないことがよくある。査定や評価は賢いゼネラリストが書類を見て行うよりも、何人かの鼻を明かすことを恐れない専門家からなる部門横断型の審査委員会が行うべきであり、自分のキャリアを気にしているゼネラリストではない。

規則や規制の管理手法やプロセスを設定するときによく聞かれるのが、評価を実施する専任チームを置くべきだという意見だ。そう思うのはもっともだ。巨大な組織でこの種のプロセスを成功させるには、中央に小さなチームを置き、少数のメンバーで実施要領を管理し、一貫性を維持し、規則や基準を常に最新の状態にしておく必要がある。だが、評価の業務は組織内にいる適任者に可能な限り幅広く分散させるべきだ。基準に照らしてデジタル・サービスを評価する場合は、評価する側もされる側も、デジタル・サービスのデリバリー経験をいくらかは持っていたほうがよいのだ。自分の組織にいるデジタルの専門家たちに他者のつくったものを評価させる場合は、本来の業務の一部として評価の業務を担わせるべきであって、業務全体をそれにするべきではない。

検査や評価を専業にする人を置くことには問題があるが、それは、そもそもサービスの質を効果的かつ共感をもって判断するうえで不可欠な、デリバリーを経験したときの実感が薄れる危険があることだ。同様に、テクノロジー市場での経験もそれへの関心もない人に対して、クラウド・ホスティングやデータセンターに関する5年契約の入札を行うことがどれほど賢明なことかを判断するよう要求するのも、よい考えとは言えない。

新しい規則や基準をつくれば、業務慣行を組織全体にすばやく浸透させることができる。また、適任者を集めた部門横断型のグループにチームの評価を任せることで、業務慣行の健全性を維持できる。

バタフライ効果

新しい規則を設定することに伴う最大のリスクは、新しい規則で置き換えようとしていたものに新しい規則が似てくることだ。新しい規則を設定しても、大きな組織をよく表す特徴が「惰性」

でなくなることはなく、進行方向が多少変わるだけだ。目的にかなったものにしておかないと、新しい規則はたちまち翌年の面倒なプロセスになってしまうだろう。

すべての官僚が直面する問題は、どのプロセスも小型化や短縮が非常に困難になることだ。プロセスというものは常に警戒していないと大きくなってしまう。規則集に次々とページを加えること自体は、完全に目的にかなった行為なのかもしれない。予期せぬ問題が新たに発生するたびに、同じことが二度と起こらないように別の規則や基準を追加するのは自然な反応だ。大きな組織は規則が好きなのだ。だが、毎回その自然な反応に任せていれば、不格好な怪物が出現することになる。

デジタル・サービス基準が策定されてから2年も経たないうちに、GDSは規則がじわじわと増えていく問題を経験した。あるチームとそのチームがつくったものを基準に照らして初めて評価したときにかかった時間は25分。評価項目は3つで、参加者は4人。結果はメール1通に集約された。2年後には、所要時間4時間、参加者10人、評価項目18個、最終的に分厚い報告書ができあがり、長いメールのやり取りが行われるのが普通になっていた。だからといって、後者のプロセスが破綻しているというわけではない。後者の評価のほうがフィードバックははるかに充実していたし、チームに伝えられる情報が増え、ユーザーへのサービスは改善された。だが、そこまで厳格にするとスピードが犠牲になる。

スピードと厳格さのバランスをとるのに完璧な答えはない。デジタル・チームには、組織に浸透している文化に意識的に刃向かい破壊するような方法で活動すべきときもある。公的な大成功を収めた後や設置当初などがそうだ。原則として、ほとんどの大組織にはスピードより厳格さを重視する文化がある。デジタル・チームのスター性が高まっているときは、可能な限り迅速かつあっさりした方法で基準や規制を運用するべきだ。とにかく、既存の文化に最も反するやり方をするのだ。一方、リスクの高い時期はより慎重になるべきであり、評価プロセスをより厳格なものにするのが賢明なやり方だ。

基準の適用の仕方は状況に応じて柔軟に変えたほうがよい。大きな組織ではいつでもスピードより厳格さのほうが受け入れられやすいということを覚えておくべきだ。迅速な行動ができるデジタル・チームは、その能力を放棄しないように注意する必要がある。

2つ目に考えるべき問題は、基準をできるだけ軽くしておくためには何を除外すればよいかということだ。繰り返しになるが、上位組織は包括的な方向に進んで行く可能性が高く、それによってどのくらいスピードが犠牲になるかを必ずしも考慮しはしない。このような理由もあって、大組織の規則は干渉し合っているものが多い。役人は、1つのフォームがまったく記入されないリスクよりも、3つのバージョンの同じフォームを記入させて人々を混乱させるリスクを取るのだ。

組織の新しい規則をつくるときは、すでにデフォルトの行動となっているテーマに関わる基準を入れてはいけない。チームがすでにやろうとしているのなら、今さらそれをやるよう指示しても意味がない。そうしたくなるような別のインセンティブが組織内にはすでにあるからだ。ビジネス・ケースの作成は、デジタル・サービス基準に含める必要のないものの好例だ。ビジネス・

ケースを分析したがっている人はすでに十分すぎるほどいるのだ。

SUMMARY

- 新しい規則を策定することで組織の行動を大規模かつ迅速に変えることができる。
- 技術リテラシーの高い担当者が評価を行う支出規制は、DXによるコスト削減をそれだけで達成できる最も効果的な手段だ。
- ひどいプロジェクトを阻止する権限を基準と規制に付加し、それを一貫して使おう。
- プロセスは時間とともに拡大する。デジタル基準はできるだけ軽いものにする必要がある。
- 基準や支出規制に照らしてチームを評価する担当者は、専任で基準の設定を行っている人ではなく、デリバリーを理解している人でなければならない。

Finding leaders

第13章

リーダーを見つける

担当部局の予算がどのように使われているのか大臣が理解していないことが許されないのと同様に、テクノロジーが自分の任務にどのような影響を与えるのか大臣が理解していないのは許されない。[*1]

――マーサ・レーン・フォックス

本書で紹介してきたDXのモデルは組織の中心部から推進していくものであり、権限を持つ中央が気運を盛り上げて全体を変革するというものだ。専門家が周縁部から取り組みを始めて大規模な組織に受け入れられるまでの道のりは似通っていて、統計学者なのか科学者なのか経済学者なのか、どの専門分野の人が始めたとしても、広く認められるまでには、官僚機構の中枢で首尾一貫した意見を強力に発信する代弁者が必要だった。焦点の定まらない協同体制ではそれができ

*1　2017年9月、英議会上院の討論会での発言。

なかった。デジタルもこれと何ら変わりはない。

だが、中央から変革の手綱を引くという戦略はさほど長くは続かない。ほとんどの大きな組織では、権限を持つ中心部隊の影響力は時の経過とともに変動し、全権を掌握していたものが実質的な傍観者へと変わっていく。すべてを中央からコントロールするというやり方は、いつまでもできるものではないし、望ましいものでもない。政治的資本が尽きないうちに、あるいは疲れて燃え尽きないうちに、中央のデジタル・チームが設定した新しい針路を揺るぎないものにするには、この取り組みを別の場所で前進させることができるリーダーを連れてくることが必要になる。彼らこそ、部局や事業部が針路を外れないようにしてくれる存在だ。

技術リテラシーの高い人間が上層部にいないことが、多くの民間企業と同様、公的機関でも長い間構造的な弱点となっていた。英国政府の幹部レベルでは、シニアリーダーにテクノロジーの基礎知識を求めることがほとんどなかった。役人は、テクノロジーの知識が皆無だということを何の不安もなく公言することができた。金融や経済について同じように無知であると公言することは絶対に許されないだろうに。困ったことに、このようなリーダーたちの多くは、同じくらいあけすけに、この弱点に対処することにほとんど関心がないと語っていた。「知らない」ことは許される。だが、この弱点に対処することに「興味がない」のは許されることではない。

これは政府に限った問題ではなく、多くの民間企業はそれを認めることにもっと後ろ向きだ。両者を経験した私たちからすると、レガシー主導で運営されているほとんどの大組織では、テクノロジーについての無知をリーダーが恥ずかしいと思う度合いは相変わらず低い。長い歴史を持つ大手企業のほとんどが、受信したメールをすべて印刷するようなシニア・マネジャーを何人も抱えているはずだ。これが常態化しているのは、テクノロジーに関して無能であっても問題ないとリーダーが容認しているせいだ。同じように堂々と素人だと言う人間が、たとえば会計を担当したらどうなるか想像してみてほしい。そんなことをすれば、コストのかかる恥ずかしいミスがいくつか発生するだろう。ＩＴ絡みの大惨事はもっと多くても不思議ではない。

テクノロジーに無関心なリーダーが作り出す問題は数知れない。テクノロジーは単に配管の問題に過ぎないのだから、大人たちが戦略上の真の課題に対処している間は（何か問題が起こらない限り）配管や配線のことは無視していても構わない、と思わせる文化を組織に植え付けるのは彼らだ。このような態度を見た野心的な職員は、テクノロジー・プロジェクトなどに関わっていたら出世ができなくなると考えるようになる。技術力のある人材やテクノロジーに関心を持った人材は組織からいなくなってしまう。

そうなると、組織はテクノロジーの納入業者に対して無力になるため、彼らは何の理由も付けずに多額の金を自分たちの方にそっと動かすことができる。納入業者を強欲だと責めてはいけない。彼らは目の前に置かれたインセンティブに従っているだけなのだ。責められるべきは、テクノロジーに関して賢明な判断を下すために必要な能力を外部に委託するというシナリオをつくった大きな官僚機構なのだ。

テクノロジー・リーダーのこととなると、デジタル・チームが担うある仕事は厳しいものになることが多い。どうしようもなく役に立たない人を排除するという仕事だ。組織の最高情報責任者（ＣＩＯ）やＩＴ担当責任者の世代がＤＸの最大の妨げになっているとしたら、厳しい話し合いを覚悟しなければならない。

自分と意見が合わない人を動かすことが目的なのではない。あなたが踏み込もうとしているレガシーに関する経験と知識を踏まえて反対意見を言う人は貴重なのだから、何としても残ってもらわなければいけない。懐疑的なものの見方を建設的にできる人がいると、さもなければ見落としたかもしれない罠を発見して対処することができる。排除すべきは、新しいものを受け入れる姿勢も好奇心もまったくないリーダー層だ。このような人たちがいると、ほんの少し前進するにも毎回戦いを強いられることになる。放っておくと、あなたのほうがへとへとになって撃退されてしまうだろう。彼らを教育したり、指導したり、避けて通ったりすることはできない。退出していただこう。

最初にやるべきこと

組織のテクノロジー・リーダーシップを内部から揺さぶるには痛みを伴う議論をする必要があるが、デジタル機関はその前にまず、部門リーダーのグループをきちんとつくる必要がある。

中央のチームと各部門との関係を組織的なものにすることは、早めに済ませておくべき重要な課題だ。これには非常に現実的な理由がある。権限を与えられた代表者が組織のさまざまな部分から集まってグループをつくれば、デジタル・チームが他の事業部等と行わなければならない議論の数を管理しやすい数に抑えることができる。

最初につくるこのデジタル・リーダーのグループに適した候補者は、部門の役員レベルから一歩離れたところにいる人たちだ。つまり、それぞれの属する組織の見解を語れるだけの上級職に就いていながら、どの会議にも出席しそうにないほど役職が高すぎない人がふさわしい。変革の最初の年は、自ら手を挙げた人が部門のデジタル・リーダーになることが多い。リーダーの役割を担えるだけの好奇心があって楽観的な人であれば、まずまずの候補者といえるだろう。

英国政府では、各部門のデジタル・リーダーのグループが毎月会合を開いていた。政府のガバナンス会議では異例のことだが、1回目の会議は正直な告白で幕を開けた。「このグループで何を決定することになるのかはっきりしていない」と伝えられたのだ。はっきりしていたのは、中央政府全体に適用される意思決定をしようとしていたことだ。これは議論をするだけの会議ではなかった。このような会議の議題や成果を決めるのは必ずしも中央ではなかった。意見の合わない部署は、それぞれ意見の食い違いを解消して結果を報告することになっており、中央のデジタル・チームが勝者を選ぶようなことはしなかった。

デジタル・リーダーのグループを設置してよかったことは2つある。組織中から代表者が集まってデジタルの課題を取り扱うただ1つの意思決定機関ができただけでなく、増殖していた数多くのデジタル会議やテクノロジー会議を廃止する資格も手に入った。デジタル機関を設置して最初の2年間は、原則として、既存の会議を少なくとも2つ廃止しない限り、新しい定例会議を始めないようにすべきだ。

インターネット時代のリーダー

実効性のあるガバナンス体制を確立した後に取り組むべき次の課題は、部局や会社の役員レベルで業務を行う新しいタイプのテクノロジー・リーダーを迎え入れることだ。このような人材は、最初につくったデジタル・リーダーのグループのなかにすでにいる場合もあるだろうし、組織内の別の場所にいる場合もあるだろう。だが、外部から人材を探すことが必要になる可能性も十分にある。必要になるのは2つの異なるタイプのリーダーだ。

■最高デジタル責任者

最高デジタル責任者（CDO）とは、組織のなかの、ユーザーのエンド・ツー・エンドの経験に責任を持つ人物だ。

外部から見ると、部門から提供されるサービスをユーザーにとってよりシンプルで、より分かりやすく、よりスピーディーなものにする最終的な責任者がCDOだ。サービスは最初からきちんと動く。不明瞭な部分が少しもない。オンラインでの取引はオフラインのどの段階とも切れ目なくつながる。ウェブを利用できない人には代わりの手段を用意する。

組織のなかでは、CDOがユーザーの代弁者として役員会のなかで最も強い発言権を持つ。また、これまでの章で説明してきたデジタルな働き方――アジャイル、分野横断型、デジタルのスキルと昔ながらの職能を持つ者同士の連携――の最も強力な支持者となり、後ろ盾となってくれるはずだ。彼らは、役員たちがよく知らないインターネット時代の実務や運用モデルについて、役員たちをサポートし、教育する。

最高デジタル責任者というのは大きな仕事だ。伝統的な執行役員会に定着させるのが難しい仕事でもある。政府機関の役員会では、政策と実務（デジタルではこの2つの分野を明示的に結合させる）の担当者が分かれているかもしれないし、政策分野ごとに担当者がいる（デジタル・サービスは複数の分野にまたがることもある）かもしれない。CDOは組織横断的な役割で、最高財務責任者のように組織全体を相手に仕事をする。だが、縦割りされた事業分野や政策方針で行われていることにもCDOは不可欠だ。CDOは大きな組織の旧態依然とした構造とは根本的に相容れない存在なのだ。これは偶然ではない。だが、そのためにCDOはときに孤立することもある困難なポジションであるため、簡単には引き受け手が見つからない役職なのだ。

とはいえ、この構造に関わる議論を組織の上層部と粘り強く重ねていくことがCDOの重要な役割の1つだ。この役回りから逃げる方法は2つあるが、どちらもよい結果にはならない。1つ目のケースでは、結局1つの事業領域や政策分野をCDOが担当することになり、縦割りされた部門のいずれかの面倒を実質的に見ることになる。これでは、組織の一部は変革できるが残りの部分はほとんど手つかずのままとなる。もう1つの選択肢は、財務部門や人事部門のように、組織の上層部に従う中心的機能として業務を行うという方法だが、この場合はCDOの役割の重要性が薄れ、「イノベーション」の世界から抜け出せなくなる危険性がある。最高イノベーション責任者は素晴らしい試作品やアルファ版を生み出す。組織に刺激を与え、変革を実現する方法をいくつか提示してくれる。だが、実際にビジネスを変革できるだろうか。最高イノベーション責任者にならないように用心しなければならない。

■最高技術責任者

変革が必要な理由とそのやり方を組織に理解させることがCDOの役割だとすれば、最高技術責任者（CTO）は深い技術知識に基づいて戦略が議論される状態を取り戻すために存在する。

パブリック・クラウドにデータを移行する、新しいシステムに投資する、人工知能やマークルツリー[*2]を試してみるなど、自社のビジネスに根本的な影響を与えるテクノロジーに関する問題に直面したとき、大方の経営幹部は基本的に推測で判断せざるを得ない。助言を求めるにしても、頼れる相手は（中立的な意見を述べるはずのない）テクノロジーの納入業者や経営コンサルタントか、過去に読んだ、テクノロジーを理想化した記事やテクノロジーに対する恐怖を煽る記事、あるいはそれまで支えにしてきた経営者としての勘だけだ。このいずれに従っても、必ずうまくいくとは言えない。

CTOの役割は、経営陣がばかげた決定を下すことを実際に止めることではない。CTOの肩書きにふさわしい候補者なら、明らかに無能な人たちとはそもそも関わらないだろう。そうではなく、CTOの役割は、テクノロジーやそれに関連する市場の状況をあまり理解していない人にとっては理にかなっていても詳しい人にとっては明らかに危険な最終判断を首脳陣が下さないよう誘導することだ。

たとえば、すでに10年間取引をしている業者から人事と財務の新しいプロプライエタリ・システムを5年契約で購入することは、技術者でない人には賢明なことのように思えるかもしれない。そのシステムは非常に使いづらい（しかも、膨大な費用がかかる）という事実に首脳陣が気づく可能性はある。だが、このようなシステムは5年も経たないうちにコモディティ化する可能性が高い――つまり、安価な類似品と簡単に交換できるようになる――という事実には気づかない。無知と惰性が相まって、この部門は間違った契約に自ら縛られに行き、その結果、戦略的に自らを制約することになる。このような失敗を防ぐのがCTOなのだ。

対外的なCTOの役割はCDOの役割より分かりづらい。CDOは組織をオンライン上でどのように売り込むかについて責任を負わなくてはならない。CTOの主な対外的役割は、本当にテクノロジーを理解している人たちに対し、自分の所属する政府機関や組織が真剣に検討するに値する相手であることを公に示すことであり、そのために、カンファレンスやミートアップに参加したり、ブログ記事の投稿や広報活動を行うことだ。人材募集のメッセージとして、ほとんどの

＊2　データの要約結果を格納するツリー状のデータ構造。主に大きなデータの要約と検証に使用される。ハッシュ木とも呼ばれる。公開鍵暗号の開発者の1人ラルフ・マークルが1979年に発明した。

大企業ができるよりはるかに多くのものを伝えることができる。

新しいリーダーを見つける

「狂気とは、同じことを繰り返して異なる結果を期待することだ」という古い決まり文句がある。デジタルやテクノロジーの分野のリーダーを採用するときに大半の組織が採っている方法はまさに狂気だ。

中央のデジタル・チームができる最も価値のあることの1つは、この状況を変える手助けをすることだ。レガシーを抱えた大きな組織の場合、一般的なやり方で探してもインターネット時代のリーダーはおそらく見つからないだろう。通常の福利厚生パッケージで彼らを釣ることもできないだろう。このような人材を獲得するにはもっと柔軟になる必要があるし、創造性も少しは必要だ。

最初に目を向けるべき場所は自分の組織のなかだ。テクノロジーや変革に関する能力をすべて外部に頼ってきた場合はこの方法が使えないかもしれない。だが、特に変革に関しては、うまくいくかもしれない。敏腕として知られる人ばかり探してはいけない。探すべきは、組織がテクノロジーや文化の面で異常を来しているために強い不満を抱くようになった、能力も意欲もある怒れる人たちだ。彼らは組織の弱みを握っているだろうし、うまくいっていない会社の方針を回避する方法をすでに考え出しているに違いない。彼らを厄介払いしない職場環境づくりにチャレンジするよう彼らに働きかけ、彼らが正しいことに挑戦できる場所を確保してやるとよい。

組織内で人材が十分に見つからなければ、組織外から探さなければならない。これは簡単なことではない。大きな組織のDXができるだけのスキルを持った人材の数は、増えてはいるものの少ないのが現状だ。シリコンバレーの巨大デジタル企業から人材を引き抜きたくなるかもしれない。引き抜く人によってはそれも正しい判断かもしれない。だが、ブランドにだまされてはいけない。アマゾンやフェイスブックなどは偉大な企業だが、最初からデジタルだった。あなたはそうではない。旧態依然とした組織をインターネット時代に移行させるという難しい取り組みには違う問題がついてくる。

それぞれの都合に合った枠組みのなかで、特徴や事業を変革した企業や政府機関を探したほうがよい。ネットワークを活用しよう。自分たちの求めているものを新しいCDOやCTOがもたらしてくれるとすれば、役員レベルの関係者は彼らと信頼関係を築くことが不可欠だ。間接的に、またはさらに人を介して彼らを既知の人物として迎え入れることが、有用なスタートとなる。

一方、外部から加わるCDO候補やCTO候補は、本書の初めのほうの章で説明した状況の兆候がないかどうかを確認しようとするだろう。あなたの組織に加わることで彼らは自分のキャリアを賭けたギャンブルをすることになる。慌てて求人広告を出したそもそもの経緯を詳しく知りたがるはずだ。危機はどこにあるのか、この人たちはそれに対して個人的に何をしようとしているのかを知りたいと思うだろう。

彼らが求めているのは、政治レベルまたは最上層の幹部レベルの有力なリーダーだ。大臣やCEOとの面談の場を設定し、候補者が新しい上司の本音を探れる機会をつくるほうが、CDOを募集している理由をよく理解していない人事部長とおしゃべりするよりはるかに意味があるだろう。

インターネット時代のリーダーを採用する必要性を認識している組織にとって最大の危惧の1つは、彼らを雇う余裕がないかもしれないということだ。どれほどのコストがかかるかということに気づき、CDOやCTOを招こうと考えること自体を政府がためらった例をいくつか知っている。CDOやCTOが務まる人材は乏しく、引く手はあまただ。安価に雇えるものではない。だが、こう危惧する本当の理由は報酬というわけでもない。

公共機関には、リーダーを惹きつけるという意味では「ミッション」という素晴らしいカードがある。GDSの広報を見た何人もの優秀な人材が、自分も参加したいと直接チームに問い合わせてきた。政府機関が日常的に取り組んでいる問題よりも大きくてインパクトのある問題に取り組む機会はそうそうない。しかし、公共部門の組織の大半が用意している幹部向けの福利厚生パッケージは、どちらかといえば給与は低く、雇用の安定性は比較的高く、年金や休暇は比較的多いなど、キャリアの特定の段階にいる特定のタイプの人々にとってのみ魅力的なものだ。だが、多くのCDO候補やCTO候補の経歴はこれには合致しない。彼らは3〜5年の比較的短い任期で1つの仕事を集中的に行って転職することを好むだろう。官僚向けのキャリア・インセンティブはこれをしにくくする。インターネット時代のリーダーを政府に――というより、階層構造が主体となっているほとんどの従来型組織に——迎え入れるには、福利厚生パッケージを見直す必要がある。

多くの政府はこれに気づいている。だがおかしなことに、この種の人材が組織に加わることを妨げている構造的な問題には目を向けず、正規のCTOでも果たせる役割を臨時雇用のコンサルタントに任せ、高額な賃金を支払うというのが基本になっている。これとまったく同じ問題が、組織のあらゆるレベルのデジタル（およびその他）の専門家についても発生している。このような臨時措置的な解決策ではコストがかさむばかりで組織にはほとんど知識が残らない。それでもこの状況が続くのは、コンサルタントと正規職員に別々の予算枠が割り当てられているからだ。これではまったく筋が通らない。

新しいリーダーを見つけることは簡単ではなく、しかも戦いの半分に過ぎない。彼らを受け入れられる体制を整えることも同じくらい重要だ。

SUMMARY

・テクノロジーについてほとんど知識がなくてもよいと考えているリーダーが上層部にはまだ大勢いる。

・意思決定のためのシンプルなガバナンス体制を構築して各部門のデジタル・リーダー

に権限を与え、機能していない会議を廃止しよう。

・本物の技術者を組織の幹部に迎え入れ、戦略的なミスをなくそう。

・新しい幹部や高官を外部から各部門に送り込めばうまくやってくれると思ってはいけない。事前に適切な環境を整える努力が必要だ。

What comes next

第14章

次の展開

デジタル機関の構築をここまで進めてこられたとすれば上出来だ。組織の中心でデジタル機関が活躍し、どの部門にも熱心なリーダーがいて、新しいデジタルな仕事のやり方が組織全体に定着し始めている。どれも実に大きな成果だ。2〜3年前なら不可能だと思われていたようなことも成し遂げた。ここまでの進歩が組織をよりよい方向へと変えていってくれるはずだ。ユーザーは自分たちの使うサービスが変わったことに気づくだろう。同僚も同じだ。組織にとっては今や、針路に沿って進むより昔の悪いやり方に戻るほうが努力を要する。惰性がようやく味方に付き始めようとしている。

次の段階では、インターネット時代が脱工業化社会[*1]の官僚組織にもたらす最も根本的な変化に対処することになる。具体的には、説明責任、資金、リスクをどのように管理するかということ

＊1　中心産業が工業からサービス業に移行した社会。

だ。公共機関にとって、これらはより民主的な制度の基盤をどうつくるかの問題でもある。この最後のステップを完了した企業はほとんどなく、政府は皆無だ。そこに最初に到達した国は必ず大きなご褒美を手にするはずだ。

まだ誰もゴールにたどり着いていないため、そこに到達するまでの全行程が具体的にどのようなものになるのか正確には分からない。この章では、一定の評価を得てこの段階まで至ったデジタル・チームが将来遭遇するであろう問題について、いくつかの提言をする。

やることを減らす

既存サービスのDXは可能だし実行する価値もあるということを示した後で、チームは強い疲労感に襲われていることだろう。変革というものは肉体的にも精神的にも疲労を招くもので、それによって引き起こされる確執は特にそうだ。大きな組織のDXにくたびれるのは、これによって失われるものがあるからでもある。望みどおりの変革が実現しかかっているとすれば、さまざまな役割、プロセス、慣行は最終的に過去のものとなる。この喪失に耐えている人々は、自分でどうにかすることができないと感じる状況なら特に、この変革にどこまでも付き合うことはできない。

組織変革が健康に与える影響を無視するのは間違っている。仕事上のストレスにさらされて心身の健康が損なわれれば人々は苦しむ。組織もだめになる。急ピッチで作業を進めてきたことでたまった負債を整理しなければならない時が、変革の途中で訪れるはずだ。長時間の激務を続けていれば、2年もしないうちに訪れるのは確実なのだ。

負債のなかには技術的なものもあるだろう。デリバリーを急ぐあまり拡張性と正確さを犠牲にしてあり合わせの部品でつくられた不具合の多いコードは見直すことが必要になる。中途半端なデザイン・パターンやハッキングされたプロセス、みすぼらしいオフィス・スペースも同じだ。だが、負債の多くは人的なものであるはずだ。絶えず降りかかるストレスは大きな負担となる。時間をかけて健康を取り戻し、エネルギーを補給してから改めて変革を進めるべきだ。私たちも政府で仕事をしていたときにはこのようなことをもっとしておけばよかったと後悔している。

デジタル・チームのメンバーは全員、これから起こることに備えてエネルギーを補給する必要があるだろう。この段階では、組織内のかなりの人がチームの仕事はほぼ完了したと考えているかもしれない。彼らにしてみれば、きちんとしたデジタル・サービスをいくつかリリースしたし、多額のコストも削減した。ミッションは完了したのだ。途中で迷惑をかけられた人はもちろんいて、それは残念なことだが、だからこそ、そろそろ成功を確固たるものにしてペースを落としてもいい頃だと彼らは考える。変革を続行できないほどデジタル・チームが疲労困憊しているとしたら、楽な生活に戻りたいと思っている人たちから反発を食らうだろう。

誇大宣伝に抗う

ビジネス戦略のプレゼンテーションには必ず次のような内容のスライドが含まれている。「AI、ブロックチェーン、機械学習——私たちはどうしたらよいのだろうか？」。ほとんどの組織にとってこの議論は少し時期尚早だ。

こうした画期的な技術への過度な期待がほぼ頂点に達しているという事実を考慮しても、大きな組織（官民を問わず）にとってこれらが重要でないというわけではない。むしろその逆だ。人工知能やコネクテッド・デバイス、暗号技術の進歩はきっと世界を変える。これらが持つ本当の価値を私たちよりもはるかに公平に評価している優れた本や講演、ブログはたくさんある。

だが、DXを目的としているときに、信頼できる旅費精算システムを従業員に提供できない組織がすべてを賭けて人工知能による影響を確実に物にすべきだとはとうてい思えない。火を消そうとしているときにガソリンを注ぐようなことはやめるべきだ。

ある種の技術系高官にとってイノベーションは、議論にかまけて実行をおろそかにすることが許される、またとないチャンスをもたらすものだ。ブロックチェーンや人工知能などの技術が、オープン・インターネットの影響にほとんど対応できていない組織の幹部を特に魅了していることは注目に値する。私たちの経験では、地位が上の人ほど目新しい技術への関心が高い。傍目からするとこれはおかしなことのように思える。もっと明白な分かりきった動向には目を向けもしなかった上層部が、どうして突然シンギュラリティ[*2]の流行に乗るのだろうか。

その答えは、新しい技術の大部分がまだ理論の域を出ていないことにありそうだ。デリバリーについては、まだ組織全体に十分に理解されていなかったり示せていなかったりする。機械アルゴリズムに「学習」させることができる情報基盤を構築できるほどのデータ量やデータ構造が整っている企業（ましてや既存の公的機関）はほとんどない。データは信頼性が低いか、ばらばらか、まったく存在しないかのいずれかだ。土台を先に整えることをせずに新しい技術を時代遅れの組織にさらに追加すれば、なおさら複雑になることは目に見えている。

このことに気づかないのか関心がないのか、ビッグデータやコネクテッド・デバイスなどの行く末について抽象的な議論をすることで満足している幹部も（特に政策主導の政府官僚機構のなかには）いる。彼らはこのような頭の体操ばかりしていて、十分に理解されている技術を使った実際のアプリケーションのデリバリーができるかどうかについては考えようともしない。

皮肉屋なら、このようなリーダーたちは「議論をすることは何かをすることと同じ」という考えに慣れてしまったのだと言うかもしれない。だが、おそらくそれは違う。それよりも、ハイテク好きな人たちが議論ばかりしていても許される時代遅れの官僚文化が原因である可能性のほうが高い。賢い役人や戦略家は、新しい技術を導入した場合に国民の生活や将来の収益性がどうなると予想されるのか、それについてのポジション・ペーパー[*3]の叩き台をつくることができる。

＊2　人工知能（ＡＩ）が人類の知能を超える転換点（技術的特異点）、またはそれがもたらす世界の変化のこと。米国の未来学者レイ・カーツワイルが２００５年に The Singularity Is Near（邦題『ポスト・ヒューマン誕生』）で提唱した概念。

＊3　新しい問題やアイデアに関する見解や論点、解決策をわかりやすくまとめた資料。

だが官僚組織では、新しい技術を実際に使って仮説を検証するといった実験的なことは法律で禁じられていて、できないのが普通だ。

ハイテク好きが抱えるこの矛盾に対する答えは、こうした新しい技術を完全に議題から除外することではない。AIがなくなることはない。AIを完全に無視することは、AIの潜在能力に気を取られるよりも危険な戦略だ。ただし、新技術が持つ破壊的な可能性について考える際は、政府機関も企業も、新技術を最大限に活用できるような組織体制になっているかどうかを考えるべきだろう。

組織の文化、人材、仕事のやり方が、電報の時代に定められた原則に基づいたままであれば、必須条件である柔軟性と俊敏性を持って機械学習に対応できる可能性は低い。まがい物を買うことは絶対にないだろうか。どの役割や専門職の人が議論に参加すべきなのだろうか。時代遅れになりそうなのはどれだろうか。AIやデータ・サイエンスのサービスで使用されるビジネス・モデルを採用することはできるだろうか。組織の最初のDXを成し遂げられなかったとすれば、2回目を最大限に活用することもできないだろう。

この次なるテクノロジーの波に対する組織の成熟度と準備状況を測る1つの方法は（デジタルな働き方がすでに文化として定着しているとすればだが）、データがどのように管理されているかを見ることだ。所有しているデータの内容を把握し、機械で読み取れる状態にし、データ保護やプライバシーの問題を考慮したうえで責任を持ってデータの管理がなされていれば望みはある。そうでなければ諦めたほうがよい。

宣伝文句がどのようなものであれ、機械学習のような新しい技術はしかるべき質問を明るみに出すことを余儀なくさせる。そのほとんどは、信用という根本的な問題から来るものだ。サービスの変革から組織の変革へと移行するためには、信用、説明責任、権力のバランスを新たな視点で見直す必要がある。

プラットフォームとしての政府

英国政府をはじめとする多くの政府では、官僚機構の指揮命令系統が縦割りになっている。英国憲法は柔軟性に富んでいることで有名だが、ある種の決まり事は不変だ。簡単に言えば、首相は閣僚全体の仕事ぶりについて国会に説明する責任を負っている。閣僚は自身が担当する省全体の業績について国会に説明する責任を負っている。国会は有権者に対して説明責任を負っている。単純明快だ。官僚にも国会に対する説明責任があり、各省の責任を追及するためにさまざまな委員会が設けられている。

この制度における政府組織の単位は「省」だ。予算が割り当てられ、省の運営方法を決定し、政策を担当するのは省である。決定を下すのはその省の大臣だ。このモデルで少し問題なのは、高級官僚——3000人ほどいる幹部職員——を管理しているのが、厳密には、中央の省である内閣府だという点だ。それでも、大多数の公務員は各省に配属され、そこに雇われているかのように行動する。

こうした背景を押さえておけば、政府が最も効果的に機能するのは1つの省から何かを提供しようとするときだ、ということの説明がつく。そのような場合は、予算、差配、責務、説明責任のすべてが1本の管理系統のなかに収まる。だからといって成功が保証されるわけではない。個々の省の組織、管理、政治面での問題がいとも簡単に物事をだめにすることもあるからだ。だが、一般的には、関与する省が増えれば増えるほど、物事を成し遂げるのは難しくなる。

省に分けるというモデルは必ずしも破綻しているわけではない。世界中のほとんどの先進国では、保健省、教育省、内務省などと、政府の部門に必ずと言っていいほど同じ名前を付けている。このモデルに落ち着いているということは、政府が政策活動の単位に自らを分割したこの行為は、正しいとは言えないまでも、最も間違いの少ない体制を目指した試みとして妥当なものであったことの示唆でもある。

省別モデルが明らかにうまく行かないのは、すべての省に必要なものをデリバリーするときだ。たとえば、予約管理や職員のラップトップ・コンピュータの購入ができるシステムを構築するとなれば、各省に自分たちは特別な存在だと思わせるインセンティブばかりになる。さほど特別ではないという自覚があったとしても、鉛筆省のシニアリーダーが「これは万年筆省に片づけてもらおう」などと言うわけがない。万年筆省の仕事がお粗末だったために鉛筆省のサービスが動かなかったら誰が責任を取るというのだ。

このような省（部門）別の説明責任体制――そして、この独立した省（部門）同士の信頼関係が気づかぬうちに失われていく現象——が最も顕著なのは政府だが、多くの巨大企業グループでも見られる。特に顕著なのはコングロマリット（複合企業）で、グループ内企業のそれぞれのCEOは自分の会社を自分の管轄とみなし、グループ内の他の会社との共有を危険だと考える。

DXに話を戻すと問題点は簡単に分かる。サービスを変革し、デジタルな働き方を個々の部門に適用するのは簡単なことではないが、説明責任の経路が明確であることを考えれば比較的御しやすい。だが、組織全体を真の意味でユーザー中心の組織に変革することは、まったく別の問題だ。ユーザーはどの部署がサービスを提供しているかは特に気にしない。きちんと動いてくれさえすればいいのだ。納税者や株主はオンライン決済システムを誰が構築したのか、あるいは購入したのか、などを気にかけたりはしない。同じものの30個のバージョンに組織が別々にお金を払うのを見たくないだけだ。

世界経済を支配するまでに成長したデジタル企業のほとんどはプラットフォーム企業だ。市場全体の基盤となるインフラを提供し、それを利用する何百万ものユーザーからわずかな利益を得ている。これは、タクシー、宿泊施設、広告、ニュース、小売など、他のさまざまな分野でも同じだ。これらの分野の最大手企業は在庫や不動産を所有していないことが多い。彼らは市場を所有しているのだ。

政府がこのようなプラットフォームを構築することは十分に可能だ。ほとんどの公共サービスはオンラインとオフラインの部品で構成されており、それらは国民の負担で何百回もつくり直されたり購入されたりしたものだ。決済、請求、情報の公開、電子メール等による進捗通知、予約、免許、助成金申請など、さまざまなものがある。こうしたものを1度つくって何百もの公共機関に利用させ、その間に時間をかけて着実にサービスを改善していくことができたらどんなに素晴らしいだろう。

プラットフォームが現体制にもたらす脅威とは、政府をまとめる枠組みとしての省という概念が徐々に失われ、公共サービスの利用者が期待するものにより近いものに取って代わられることだ。なかには、これがきっかけとなり最終的には憲法上の規範が必ず破られることになると見る向きもある。プラットフォームという考え方に反対する人たちは、古い組織体制に取って代わるものがいったい何なのかまったく分からない、と当然のごとく非難した。これは少し公平性に欠ける。省に分割する案が選択されたとき、その影響の全容が理解されていたとはとても言えないのだ。

GDSは抵抗に遭ったが、しかし、それはあまり深く考えられたものではない傾向にあった。政府の運営側にいる人の多くは、既知の非効率性のほうが未知の未来よりも怖くないと考えていた。高級官僚は自分の選択が招いた結果による被害を大して受けない。なかには、慣習を守ることを優先して、自分は永遠に使うことのないきちんとしたサービスをデリバリーしようとしない人もいるのは残念だが、それも当然かもしれない。その慣習があったからこそ今の彼らがあるのだから。

では、プラットフォームを、ひいてはレガシー主導の組織からインターネット時代に対応した組織への真の意味での変革を成功させるには何が必要なのだろうか。確かなことは言えないが、成功に近づくには少なくとも5つのものが必要になる。

■データの作成

共通プラットフォームは、プラットフォーム政府の表向きの顔であり、ユーザーが見たり使ったりするサービスの構成部品だ。一方、これらの部品を使って構築されるサービスの下に位置するデータ・アーキテクチャはあまり華やかなものではない。

正確なリストを作成するのはつまらない作業に思えるかもしれないが、大半の古い組織が抱えている不正確で雑然とした重複を招きやすいデータ・アーキテクチャを新しい正統なデータ・ソースに置き換えることは、ユーザー向けプラットフォームよりずっと重要なはずだ。正確で信頼性の高い情報源が1つだけ存在し、企業や政府のすべての部門がそれを参照できるようになっていれば、ユーザーが何度もデータを入力する手間やその際のミスを大幅に減らすことができる。

ほとんどの官僚組織にとって、信頼できるデータを作成する作業はいつ終わるとも知れない不快な仕事のように思える。互換性のないデータ・ソースや誤った情報の寄せ集めから、持つ価値があるとデジタル・ネイティブ企業に認めてもらえるようなアーキテクチャへの移行を完了するには、10年かかるかもしれない。この作業を先延ばしにすればするほど、プラットフォーム企業としての成功は遠のくことになる。

■中央の権限

プラットフォーム政府における中央の役割については議論の余地がある。議論の大半は、プラットフォームの設計や運営に関して中央の部門や機関はどのような役割を果たすべきか、議長や基準を設定する者としての役割を果たすべきか、あるいは、余計な口出しはせず各部門にうまくやるよう優しく働きかけるべきか、という点に集中する。少なくとも英国の場合は、1世紀半にわたって3つ目の選択肢を実践してきたが、組織横断的に機能するプラットフォームは実現していない。

プラットフォームのデリバリーに直接関わる役割を中央が果たすか否かという問題は——プラットフォームを自ら構築する役割なのか納入業者からの購入を調整する役割なのかどうかにかかわらず——答えを出すのが困難だ。私たちとしては、少なくともいくつかの共通プラットフォームのデリバリーで中央のデジタル機関が主導的役割を果たしたほうがよいような気はしている。その主な理由は、中央機関を議長職に就かせてしまうと、中央機関のデリバリー力が衰えることだ。そうなると、他の場所でのデリバリーの質を判断する際の的確さや信頼性が低下してしまう。それに、中央がすべてをやることはできない。

■指揮権を伴う説明責任

政府である程度の地位に就くと、人生の大半を会議に割かれ、他人の仕事の説明や弁護をすることになるが、その多くは1度か2度しか会ったことがない人かもしれない。委員会のメンバーは個人的に難しい立場に置かれている。説明責任はあるのに、自分の担当業務に対する指揮権はまったくと言っていいほどない。そのため、最上位の仕事に最もふさわしい候補者は最高のプロジェクトをデリバリーしている人ではなく、頭に血が上った国会議員が課す試練を適当にごまかして切り抜けられる人、という奇妙な状況が生まれる。

プラットフォーム政府――というより、あらゆる形態のデジタル政府――が機能するためには、説明責任と指揮権の関係をより緊密にする必要がある。これは、公衆の面前や議会で自分の仕事を説明するよう求められる役人の数が格段に増えることを意味するかもしれない。また、立法府が官僚の責任を追及する方法が根本的に変わるという意味でもあるかもしれない。型にはまった委員会公聴会――すべての事実を把握しているわけではない国会議員の弁明や後付けでの正当化など、これ自体はドラマにうってつけなのだが――をやめるのはよいアイデアかもしれない。日々のデリバリーを担当する公務員と議会が定期的に対話する機会を増やすことで、説明責任のプロセスはもっと価値のあるものになるだろう。

■信用

信用はデジタル時代の最も貴重なコモディティだ。これがあってこそオープン・インターネットは機能する。政府であれ企業であれ、自らを信用できない組織は永遠に足を引きずりながら歩くことになる。

威厳やプロセス、手続きを取り除いてみると、驚くほど多くの困難を官僚が抱えている主な原因は、幹部職員が同僚も政治側のボスも信用していない点にあるということが分かる。プラットフォームを中心として築かれた透明性の高い政府機関は心配の種となるだろう。

政府高官同士が互いの仕事をあてにできるほど信用し合えるようにならない限り、プラットフォームとしての政府は実現できないし、いつまで経っても実現しない。

■信用の危機

変化を起こし、DXを次のフェーズに進めるには、危機がもう1つ起こる必要があると私たちは考えている。民主的な制度に対する信用を数値で測るのは非常に難しい。だが、本当の意味で重要な指標は、包括的な概念としての信用ではなく、特定の活動を遂行するために必要な組織の信用だ。たとえば、かかりつけ医を信用しているとしても、給湯器の修理を任せようとはしないはずだ。

未来については1つの説がある。デジタル時代への移行が速いペースで続くという説だ。できることに対する人々の期待は高まり続けているが、政治絡みの大きな衝撃があっても、国家との関わりを通じて人々が日常的に得る経験への影響は驚くほど少ない。「そもそもこの政府機構が何かを提供してくれると信じてよいのだろうか」と一歩下がって考える人が増えるかもしれない。

SUMMARY

・特に最初の1年半は、燃え尽きに注意すること。ハイペースで活動しているチームには充電する時間が必要だ。

・技術の誇大宣伝には懐疑的な好奇心を持つべきだ。本物のブレイクスルーのなかにはまがい物がたくさん含まれているはずだ。

・組織の垣根を越えて再利用できるプラットフォームやデータ・ソースを構築することで大きな利益を得られる可能性がある。ただし、そうした再利用可能なプラットフォームは、組織の現状に大きな疑問を投げかけるものであるため、抵抗する人もいることを心得ておこう。

Successful successions

第15章

バトンタッチを成功させる

この戦略は一時的なものであり、新たな発見があれば、当然それに合わせて変更が加えられることになる。

——政府デジタル・サービスCEO、トム・リード[*1]

英国の政府デジタル・サービスは2021年12月に10回目の誕生日を迎えた。その間に少なくとも3人の首相、6人のデジタル担当大臣、6人の最高責任者に仕えたことになる。オフィスは3カ所を移り変わり、何千人もの公務員を雇用し、何百社もの納入業者と関わった。1度辞めて戻ってきた人もいる。これを2回やった人もいる。

GDSの想定していたことが実現している。たとえば、最初から携帯端末できちんと動作するようにGOV.UKをデザインすることにしたのは意図して決めたことであり、当然のことではなかった。2012年には携帯電話やタブレットからのアクセスは全体の約20%だったが、

2020年には常時50%を超えるようになっていた[71]。世界中どこでも、ほぼどの年齢層でも、インターネットへのアクセスに使用されるデバイスは携帯電話が圧倒的に多い。

2011年には予測されていなかった事態にもGDSは対応してきた。ブレグジット[*2]や新型コロナウイルス感染症の世界的大流行《パンデミック》にも対応し、どちらの激変のときもGOV.UKが国家と市民の関係の中心にあった。だが、最初からGDSに関わっていた人たちにとって最大の驚きは、GDS自体がまだ存在していることではないだろうか。

GDSの壮年期の歩みは、本書で主に取り上げた初期の頃とは対照的に、同様の旅を続けている他のチームにとって参考になる。今も昔も欠点があるというのに、GDSは珍しく長続きしている。政府の中枢で変革を起こす使命を帯びてつくられたチームがこれほど長く続くことはあまりない。首相のデリバリー・ユニット[*3]は諸外国の手本となったもう1つの英国の輸出品だが、存続したのは9年だ。行動インサイト・チーム、別名「ナッジ・ユニット[*4]」は6年後に会社として独立した。

だが、政府内に足がかりが得られればデジタル・チームの力は必然的に増していくと思っては

＊1 Tom Read：2021年2月から現職。2021年5月21日のブログ記事より。
＊2 英国の欧州連合（EU）離脱。2016年6月の国民投票でEU離脱が決定。2020年1月31日、正式にEUを離脱し、移行期間を経て2020年12月31日に完全離脱。
＊3 2001年6月、重要政策を確実に遂行することを目的にトニー・ブレア政権下で設置された組織。
＊4 行動経済学や心理学などの学術研究から得られた知見を公共政策やサービスに応用することを目的として2010年にデイビッド・キャメロン政権が内閣府に設置した組織。

いけない。メキシコの優秀なデジタル部隊は２０１８年に大統領が交代してから活動が停滞した。同じように目覚ましい進歩を遂げたアルゼンチンも、１年後の大統領選挙後に同様の挫折を経験した。どちらのケースでも、デジタル・チームに与えられていた政治的な権力と保護を失ったことで、素晴らしいリーダー（それぞれヨランダ・マルティネス[*5]とダニエル・アバディ[*6]）を失うことになった。注目、勢い、人材も、リーダーとともに姿を消した。

ＧＤＳの有利に働いたものの１つは――いとこのような存在であるワシントンの米国デジタル・サービスと同じく――時間だった。ＧＤＳは4年をかけて、政府の壁に「手がかり」を深く彫っていった。おかげで、２０１５年に政治の嵐が吹き荒れたときも壁にしがみついていることができたが、もっと規模が小さくておとなしい、設立間もないチームだったらこうは行かなかったはずだ。このように考えると、誰かに追いつかれないうちにできるだけスピーディーに行動するというのがデジタル・チームにとっては賢明な戦略だが、これには不和を引き起こすリスクが伴う。穏やかに着々と合意を形成していくほうが抵抗は少ない。だがあいにく、政治のサイコロが再び振られたときに守ってくれるものが減っていくことの多い戦略でもある。

２０１５年、連立政権の終焉とともにＧＤＳの第1期が終了したときの最も重要な変化は、純粋に政治的なものではなく、個人的なものでもあった。フランシス・モードがデジタル担当大臣の職を辞したことでＧＤＳの立場ががらりと変わったのだ。

これは意外なことでも何でもない。なんと言っても、決めるのは大臣なのだ。だが、順調に進んでいるデジタル・サービス部隊の舵取りを新任大臣が行う場合、歩みを止めたり進行方向を変えたりするつもりで着任することは滅多にない。デジタル政府が党や派閥の問題になっていないのは、話がまだ技術寄りすぎるからかもしれない。それよりも、デジタル・チームが新しい大臣を見て気づいた重要な違いは、チームの影響力を守ることに対して前任者たちほど政治資金を使えなかった——あるいは使おうとしなかった——ことだ。保護を失ったデジタル・チームは、相応の理由があってデジタル・チームの力が弱まるか奪われるかすることを望んでいた勢力にさらされることになった。

本書を読んでお分かりいただけたと思うが、強力で安定した政治的スポンサーさえいればデジタル・チームは成功すると考えるのは短絡的すぎる。また、デジタル・チームの勢いが止まる可能性があるのは強力な大臣を失ったときだけだと考えるのも浅はかすぎる。

2016年から2020年までの4年間でGDSは勢いを失ったのではないだろうかと心配する記事を書いている人が、本書の一部の著者も含めて何人かいる。注意しなければいけないのは、勢いが失われたこの時期は最も調子のよいときだったということだ。2016年、英国のデジタル政府は国連のランキングで世界第1位となるほど好調だったし、GDSは財務省との激しい交渉

＊5　Yolanda Martinez：メキシコの国家デジタル戦略を担当した。
＊6　Daniel Abadie：アルゼンチン政府のデジタル政府次官を務めた。
＊7　英国議会の下院（庶民院）議員を選ぶ総選挙が行われた。現職の首相だったデイビッド・キャメロンがEU離脱の賛否を問う国民投票を行うことを公約にしたり、2大政党以外の小政党も参戦するなどして争点が定まらず混乱した。結局、キャメロン首相率いる保守党が過半数326を上回る332議席を獲得する結果となった。

の末、「プラットフォームとしての政府」戦略を実現するために必要な4億5000万ポンドの予算を獲得したばかりだった。首脳陣は刷新され、新しい大臣が着任した。お膳立ては整ったように見えた。

その後に起こったことは私たちが期待していたものとは違った。どうしてそうなったのか、理由を探ってみたいと思う。政治的な力を失ったという理由だけでは説明がつかないからだ。後継者を育成することがデジタル・チームのあらゆる部分にとって重要であり、それがうまくいかなければ結果的に痛い目を見ることになる。

大きな組織でシニアリーダーを務め続けるのは難しい仕事だ。ある程度の規模の組織になると、通常、役に立つのは社内政治をうまくやり過ごす能力や、同僚や上司と良好な関係を維持する能力だ。そういった点を上手にこなすことがユーザー・ニーズに応えることとうまく一致することもあるが、必ずしもそうではない。

政府は2つのスピードで動いている。1つは恒久的な公務員の世界だ。そこで昇進するには、若いうちからずっとそこでキャリアを積む必要があるのが普通だ。一方で、大臣や任用された人たちが来ては去るという、持続期間の短い政治の世界がある。公務員が昇進を早めようと思ったら、選挙に勝った人たちの短期的な要求を厳選し、それに応えてやればよい。この場合の政治的要求は、有権者の目に留まりやすい最も話題性のあるものが中心になることが多い。だが、一人の公務員としての長期的な成功を決定する主な要因は、大臣を喜ばせる能力ではなく、政権が変わっても同僚と親しい間柄でいられることなのだ。

ＧＤＳも含め、世界中の多くのデジタル・サービス部隊のリーダーたちは行政のことを何も知らなかった。公務員としての長期的なキャリアを視野に入れず着任した人はほとんどいないが、退職までの道のりを最優先に考えて着任した人も同様に少ない。彼らを駆り立てたのは目の前のミッションだった。

英国ではこの文化的ギャップが明らかになるまでに時間がかかったが、兆候は早い段階からあった。最も顕著だったのは、対立に対するデジタル・チームのアプローチだった。英国政府《ホワイトホール》で対立が起きた場合の処理の仕方はいつも興味深いものだった。カナダやオーストラリアの行政機構でも似たような形跡が見られた。現場の職員でさえ、対立はよくないものだという考えをすぐに理解する。露骨な言い争いや揉め事があればそれ自体が問題となる。言い争っているということは、プロセスが機能していないということだ。問題はすべて事前に解決しておくべきだったのである。

実際に揉め事を解決するには難しい会話が必要で、最終的にはどちらかが「負ける」必要があり、したがって何かを断念しなければならなくなる。順風満帆のときでもこれは気まずいことなのに、何十年も一緒に仕事をしなければならない人が相手であればなおさらなのだ。そこで公務員は、関係者全員の面子を保つための妥協案を上手につくるようになる。そうすれば、すべての当事者が当初やろうとしていたことをほぼその通りに全員で進めることができる。内部の調和が保たれるというわけだ。この点で損をしがちなのは、政府の職員に明確さや決断力を求める人たち、つまり他の人たち全員ということになる。

対立に対するGDSの考え方は大きく異なっていた。多くの場合、対立という概念は受け入れられた。だがこれは、ほとんどの公務員にとって完全に常識に反するものだった。不和や揉め事を表面化させることは――たとえ短期的には困難だったり不愉快であったりしても――よいことだ、という考えそのものに納得がいかなかった。内閣官房長官だった故ジェレミー・ヘイウッド卿[*8]がGDSを「反逆児」と評したが、それはこの特性を指してのことだった。

揉めることの価値をめぐって意見が分かれた理由の1つは、GDSのリーダーや技術者の一部がチームに持ち込んだ考え方にあるが、他のいくつかのデジタル・サービス部隊も同じ考えを持っていた。彼らの最優先事項は自分のキャリア・アップに役立つネットワークを構築することではなく、チームのミッションを遂行することだった。だからといって、ネットワークを構築することが必要でなかったわけではない。当然、必要だった。政府では、自分ひとりでは大したことができないからだ。だがGDSは、いざとなれば、よりよい成果を出すために人間関係を危険にさらすのが普通だった。高級官僚が取る基本的な行動は通常これとは正反対だが、それには正当な理由がある。そうしなければ出世の妨げになるのだ。

ここには重要な、ある条件を満たした人がいる。GDSは時折、間違ったタイミングで間違った争いに関わることがあった。争点は協力と対立の適切なバランスを探り出すことだったのだが、このバランスは微妙なうえに主観的で、時間とともに変化する。協力するのは本質的によいことだと言われることもあるのだから、どの大組織でもこれをうまく行うことが必要であり、これには難儀する。だが、協力するのもタダではないし、それですべての問題を解決できるわけでもない。ときとして、しかるべき人がしかるべき時に真正面からしかるべき採め事をしない限り、釈然としない状態が続き、恒久的な変化を起こせないこともある。双方が誠意を持って対立に臨めば、創造性が生まれ、中途半端な妥協をすることはなくなるだろう。協力と同様、これをうまく行うことが必要であり、これには難儀する。

こうしたことを考慮すると、デジタル・チームのリーダーについて興味深い疑問が浮かんでくる。デジタル・リーダーとして成功するには、変革を起こす妨げになっている制度上の問題を取り除くために、ある程度の対立を容認すること——もちろん協力する能力も——が求められる。問題をはっきりさせることを軽視するばかりか、そうしようという気さえ起こさせようとしない文化のなかでデジタル・リーダーがそのような行動を取るということは、初日から辞表を書いているようなものだ。では、長い間進歩を持続させるにはどうすればよいのだろうか。

その答えは、変革をマラソンではなく駅伝だと考えることだ。そのためには後継者を育成することが欠かせない。2014年以降、GDSの最初のリーダー・グループには映画の終わりがどのようなものになるかはっきり分かっていた。力を注いだのは、その時が来たときに次のリーダーたちにたすきを渡せるようにすることだった。新しいボスが指揮を執り、未来の偉大なリーダーたちがより際立つ役割を担うようになった。だがその後、残念なことに、幹部の高官たちがどうしようもなく不器用なやり方で口を挟んできたのである。

＊8　Sir Jeremy Heywood：1961～2018年。2011年12月から2018年10月まで内閣官房長官。

いったいどうしてこのようなことになったのか、その経緯については諸説ある。ずっと目障りだったチームを叩きつぶすチャンスを狙っている部門長がいるという噂は広まっていた。とはいえ、政府のことだから、陰謀と同じくらい失敗の要素は常に存在するだろう。失敗説の根っこは対立をめぐる問題と同じだ。上層部にしてみれば、不和の原因をつくってばかりいるGDSはうまく行っていないとしか思えなかったのだ。

この問題に対して行政機関は信頼できる解決策を2つ持っている。1つは、船を揺さぶろうとしない「信頼できる人」を着任させる方法で、もう1つは、「グッド・チャップ理論」[*9]を拠り所とし、クラブの一員とみなされるにふさわしい上級職に就いていて、クラブに留まるつもりでいる人物を確実に着任させる方法だ。そのような人は、わざわざ他のクラブ・メンバーを苛立たせるようなことはしない。デジタル・チームの翼を切ることで内部対立を解消するというやり方は、ホワイトホールの定義する「よい運営」に合致する。

繰り返しになるが、これはデジタル公共サービスをデリバリーするGDSの能力を低下させようというはっきりとした意図があって行われたものではない。誰もそのような結果を求めてはいなかった。だが、高級官僚が感じていたもっと大きな問題——GDSの好戦的な態度に不快感を抱いていたことや、自分たちだけの領域だと思っていた問題にGDSが首を突っ込んできたこと——を解決するには、GDSのデリバリー力がいくらか低下することになってもやむを得ないと考えられたことはほぼ間違いない。

GDSの政治的影響力が低下した直後の2016年にGDSの後継者育成が中断したことで、

チームの勢いは著しくそがれた。だが、上層部が後退したにもかかわらず、GDSは、衰退するはずだった4年間に多くの成果を上げた。各種行政サービスに共通して利用できる拡張性のあるパターンを供給するデザイン・システムをリリースし、少なくとも年間1700万ポンドのコスト削減を実現した。GOV.UK Pay[*10]とNotify[*11]のプラットフォームを世界レベルのスタートアップから世界レベルのスケールアップへと導いた。調達の改革とオープンなデジタル市場という概念を世界中の取り組みにした。GOV.UKは世界の模範であり続けた。ブレグジットや新型コロナウイルス感染症にもほぼ確実に迅速な対応が行われた。これらは、世界に通用する技術者のチームが築き上げた、本物の、目に見える成功だ。そして同様に重要なことは、政府内の各省でたくさんのデジタル・チームが中央チームの定めた原則に従って仕事をし、そうすべきときには独自の道を切り開きながら優れたサービスを世に送り出したことだ。

GDSの未来も明るそうだ。首脳陣が刷新され、明確な戦略の下、GDSは再びデリバリーに注力している。つまり、体制づくりではなくサービスを届けることで自らの価値を証明しようとしているのだ。GDSは2012年当時の組織と同じではないし、そうあるべきでもない。問題も、政治も、姿勢も違っているのだから。

*9　英国の憲法はすべて成文化されているわけではないが、英国の政治家は憲法の不文律がどこにあるかを知っていて、それに反することはしない、という考え方。歴史家のピーター・ヘネシーがこう呼んで有名になった。
*10　オンライン決済サービス。
*11　電子メール、ショート・メッセージ、書面による通知に対応したサービス。

ＧＤＳがあと10年続くかどうか思案してもあまり意味はない。もしかすると、ＧＤＳが必要とされなくなることが本当の成功かもしれない。今後もまだ浮き沈みはあるだろう。英国や他の国で運命の逆転現象が起きたとき、悪意が抵抗を招いたと言う人もいた。だが、実際にはそれほど悪気はない場合が多い。デジタル・チームが挫折しがちな理由は、そのものズバリの「無頓着」だ。要するに、成功しているデジタル・チームが関心を持っているものに関心を持たない上層部の決断力――というより、たいていは決断力の欠如――だ。上層部はインターネット時代が引き起こした変化にも、その変化が組織にとって意味することにも関心がない。デジタル・チームのリーダーや技術者にも大して関心がない。自分たちの普段のネットワークに加わる可能性がある彼らのことを、この仕事に生涯を尽くす人間だと思っていないのだ。デリバリーにもさほど関心がない。ユーザー・エクスペリエンスにも関心がない。

そして、関心を持とうとしないのには相応の理由がある。彼らが無関心なのは関心を持つ必要がないからだ。だがそれは、彼らが悪い人間だからではない。すべてのことに気を配っている時間がないのだ。そして、そうしたものに関心を持っていなくても仕事に支障を来したことが過去にはまったくない。他のこと――プロセスをうまく処理すること、自分と一緒に出世しそうな仲間と親しくすること、内部的な合意を形成すること、誤った確信をビジネス・ケースで納得させること、自分の手の内を隠しておくこと、など――に非常に深く気を配ってきたことで、彼らは現在の高い地位に就いている。大きな組織はどれも現実とは別の次元で動いている。現実の世界よりそちらの世界での認識のほうが重要なのだ。

だが、同じ非難――高尚な別の世界に住んでいる――を受けるべき人が、デジタル改革を行っている側にもいると言っておかねばならない。各省で正しいことをしようと全力を尽くしている多くの人々は、デジタル・チームのような自由を享受していない。それに、改革を行っている彼らデジタル・チームがずっとここに留まり、現体制に挑んだ結果を見届けてくれるとは必ずしも思っていない。

変革を進めるなかでGDSの影響力と役割が変動したことを踏まえると、公的機関か民間企業かを問わず、デジタル・チームが考えなければならない問題は2つある。1つ目は、デジタル・チームのスポンサーや権限が減ったならどうするか。そして2つ目は、破壊者と高官のどちらを目指すべきか、という問題だ。

足場をつくる

実際に有力な大臣や上層部のスポンサーを失ったとしても、さまざまな戦略をとることで、比較的好調だったときの進歩を維持することができる。

最も効果的でない戦略は姿をくらますことだ。重要な人物の辞任に備えることができなかった場合や一夜にして状況が激変した場合は選択の余地がない。バリケードを築き、自分の仕事に集中し、スポットライトが他の場所を照らしてくれるのを待つのだ。大きな組織での生き残り戦略として、この方法は驚くほど効果的だ。運よく危機に見舞われず、新任の大臣やCEOがあなたのやっていることにあまり関心がなければ、純然たる惰性で物事が進んでいくかもしれない。この場合の問題点は、変革に向けたビジョンや使命があると思ってデジタル・チームのメンバーに加わった人々が、当てが外れたと思う可能性が高いことだ。彼らは退屈したり不満を感じたりして去っていくだろう。また、辞めようとしている理由をネットワークのなかにいる他の人にも話すだろうから、優秀な人材を集めるのがさらに難しくなる。

そうであれば、批判や攻撃にさらされたときに備えて対策をし、中央のデジタル・チームが優位に立っていない期間は、組織のあちこちにある別のチームに優秀な人材が異動して活躍できるようにしておいたほうがよい。GDSが縮小された時期と政府内の他のデジタル・チームが成熟期を迎えて活躍していた時期が重なったのは偶然ではない。中央のチームが積極的に各部門のチームをサポートし、中央から各部門へ（そして各部門から中央へ）優秀な人材が絶えず流れていくようにすることは誰にとっても有益だ。そうすることで、最も優秀でやる気のある人材にいつも成長を促すことができる。重要なのは、このような気前のよい行為を、まだ順調なときに始める必要があるということだ。スポンサーがいなくなるまで優秀な人材をすべて中央が抱え込んでいれば、組織内の他の場所に優秀な人材を急に送り込もうとしても無視されてしまうかもしれない。

順調なときに人を手放すべきタイミングを見極めることのもう1つの利点は、そうすることで、困難なときに非常に役に立ってくれるかもしれない友人や元同僚の広範なネットワークが生まれることだ。これは、大蔵省や財務省が何十年も使っている戦術だ。志の高い聡明な若手職員を中央に吸い上げて短期間の任務に就かせ、その後、機構内のさまざまな場所でキャリアを積んで再び頭角を現すのを見守るのである。デジタル・チームと感情面でのつながりを持つ人々のネットワークが政府全体に広がれば、噂話やノウハウ、サポートをもたらす供給源として強力なものとなる。だが、あまりにも長い間1つのグループを中央の近くに置きすぎると、そのようなネットワークを構築することが非常に困難になり、チーム外からデジタル・チームの代わりに発言してくれる人が少なくなってしまう。

行政機構のなかで支持者を増やすだけでなく、外部にも強力な支持者を何人か確保して保険をかけておくのが賢いやり方だ。理想的なのは、この件にほとんど関わりがない人、つまり、個人としても会社としてもあなたの成功に関して特に利害関係がない、信頼できる支援者だ。幸運にも、GDSには申し分のない友人――ティム・バーナーズ＝リーやティム・オライリー[*12]といったインターネット界のヒーローたち――がいた。ウェストミンスター（英国政府）とは無関係の尊敬すべき人物からのより重みのある発言の結果、彼らは私的または公的に助け船を出してくれた。そのような支持表明があったからといって状況が完全に変わるわけではないが、そうした発言は非常に貴重だ。大臣は専門家ではないのだ。デジタル担当の職員が正しいことをしているという

＊12 Tim O'Reilly：1954年生まれ。オライリー・メディア（旧O'Reilly & Associates）の創立者でフリーソフトウェアとオープンソース運動の支援者。Web 2.0の提唱者の一人でもある。

安心感を、関係者以外から得られることで心配事が1つ減る。

破壊者になるか高官になるか

本書の初めのほうで、デジタル部隊の基盤となる2つの最初のチームについて書いた。1つ目はプロダクト・デリバリー・チームで、2つ目は、この1つ目のチームの邪魔をする組織的な障害を取り除く役割を担う官僚ハッカーの集団だ。

関心の対象、スキル、ものの見方、経験が異なるこの2つの世界を融合させることが、政府のDXの勘所だ。両者を正しく組み合わせ、両者の間に必然的に生じる（できれば健全な）緊張関係を管理することが、往々にして最も難しく、最も重要なことなのである。両者ともに、必ずしも容易とは限らないことをする必要がある。最も成功しているデジタル部隊は、分け隔てなく仕事ができるよう互いを尊重し合う心を育てること、双方がともに自己をかえりみて各自の強みと弱みを認めること、そして変革はチーム・スポーツであるという理解を生み出した。全員が参加しなければこれは実現しない。

この10年間で、デジタル政府の概念や実現が世界中で本格的に前進したことは間違いない。だが、公務員の部族主義がいまだに根強いことも事実だ。ほとんどの組織には特に尊敬される分野が今でも残っている。政府機関でいえば政策、医療機関では臨床医、高等教育機関では年長の学者だ。こうした専門家の部族を1つにまとめているのは権力で、それがどこから来ているかというと、自分たちの機関を利用する人々のニーズを特定するという意味で最も知識があるのは自分たちだ、という思い込みだ。そして、彼らはたいてい頭がよいため、彼らの判断が正しいこともときにはある。だが、そうでないときもある。

組織をどのようにデザインするかが重要なのだ。新旧の両分野を含む分野横断型チームのなかで、組織全体により均等に権限を割り当てることで、より大きく前進することができる。デジタル技術者が目指しているのは、他の専門分野の席を奪うことではなく、より多くの席を確保することだ。

そのためには、押すことが必要になる場合もあれば、引くことが必要になる場合もあるだろう。難しい会話や議論が必要になることもあれば、連携や協力が必要になることもあるだろう。混乱を招くことが必要なときもあれば、堂々と交渉することが必要なときもあるだろう。だが、どのような場合でも、信頼、ユーザー、デリバリーに焦点を合わせる必要がある。

SUMMARY

- デジタル・チームが長期的に成功するためには後継者を育成することが重要だ。
- 政治的な後ろ盾は入れ替わるものだ。苦しいときに助けてくれる支援者や協力者の幅広い基盤を構築しておくとよい。

・初期段階でチームが速く遠くに行けば行くほど、達成したことを帳消しにされにくくなる。

・DXとは、何度も組織をデザインし直すことであり、架空の目標状態を目指すのではなく、不確かななかでも成功できる組織を構築することである。

Epilogue

エピローグ

本書で説明しようとしたのは、旧態依然とした大きな組織をデジタル時代に適合させるのは複雑なことではない、ということだ。ただし、大変だということは忘れないでほしい。

DXを推進しようとするチームの最大の責務は学び続けることだ。何をするか、どのようにするかを何度も考えなければならない。ミスに気づいたら間違いを正し、その間もずっと、ユーザーが求めているものから絶対に目を離してはいけない。

GDSはアナログな組織をデジタルな組織に変貌させようとする政府などの手本となった。だからといってGDSが完璧だったわけではない。一政府機関としてのGDSそのものはまだベータ版と言ってもよい。つまり、巨大な組織を変革する方法を探るための当座のプロトタイプであり、変革を進めるなかで学習し、改良が加えられていったということだ。すべてがうまく行ったわけではない。だが、英国のチームがやったことを見れば、他の政府や大組織は同じ過ちを犯さなくて済むはずだ。

デジタル改革を行っている人たちは、改革の途中で組織の他の部分と必然的に対立することになると気づくだろう。だが、ちょうどよい場所にいる一人の人の尽力で、何百人分もの大変な仕事が取り除かれることもある。この違いを生むのはとても単純な質問だ。私たちは市民、顧客、ユーザーのニーズを中心にして組織を構成しようとしているのだろうか？　それとも、恐怖、礼儀作法、惰性に基づいて、組織が必要と考える構造を維持しようとしているのだろうか？

後者の道を進もうとする限り、組織は賭けをすることになる。自分自身のニーズに応えている組織は、与えられたものをユーザーが容認し続けること、一定レベルのサービスで我慢すること、人々が現状維持に賛成票を投じ続ける——そのために商品を購入したり投票所に足を運んだりする——ことを当てにしている。要するに、インターネットは世界を変えたかもしれないが、組織は自分たちの世界を変える必要はないと思い込んでいるのだ。

政府の官僚機構や大規模な組織に雇われている人々は、自分たちには自分たちが仕えている相手[*1]より知識があると信じている。そういうときももちろんある。だからこそ、私たちは組織を信頼するのだ。だが、彼らの知識が彼らの仕えている相手より少ない場合に、そのことを認めざるを得ない証拠を彼らが直視しようとしなければ、私たちの誰もが困ることになる。過剰な自信と現実を認めようとしない姿勢に対処することも、デジタル・チームが担うべき仕事の1つなのだ。

デジタルな組織になるのも賭けだ。これはタダではない。大量の時間、エネルギー、人材を投資する必要がある。つまり、リソースの使い道を変えたり、他の優先事項の順位を下げたりするということだ。つまり、ほとんどの場合は拒否されることになる。不確実な未来に積極的に対応するために投資する政府や組織が違うのは、最悪でも何かを学べるという点だ。自分の知っていることに無頓着にこだわっている人の場合、最悪の結果は誰にも必要とされなくなることだ。

企業の場合は、好奇心を持って大胆かつオープンな態度で次の展開に臨めば、会社が存続し、競争力が向上し、デジタル時代の最も貴重な商品——才能と共感力のある人材——が手に入る、といった見返りがある。

政府の場合は、デジタルの原理に基づいて国家を編成するという発想を最初に受け入れた国が、過去に起きた技術革命に基づいて自国の制度を再構築できる先見性を持っていた国と同じ、大きな見返りを得ることになるだろう。そうなれば、世界の他の国々は後れを取らないようにしなければならなくなるはずだ。

＊1　国民や顧客のこと。

謝辞

本書を形にするには、多くの専門分野にまたがるチームが必要だった。

エマー・コールマン、ラッセル・デイヴィス、ジャイルズ・ターンブルは言葉について思慮深い助言をくれ、いたずらに多くの人を困らせることがないようにしてくれた。

ダイアン・コイルは優秀で忍耐強い編集者だった（ばかりか、そもそも本書の執筆を依頼してくれた親切な人物だ）。出版という不慣れな世界をあまりつまずかずに進めたのは、リチャード・バガリー、ジョン・ウェインライト、サム・クラークのおかげだ。フランシス・モードは忙しいところ、寛大にも序文を書いてくださった。

称賛すべき人はまだたくさんいる。本書に逸話や助言を掲載できたのは彼らが懸命に仕事をしてくれたおかげなのだ。政府をデジタル時代に適したものにするために仕事をしている世界中の皆さん、そしてGDSや英国政府の他の部分で私たちと一緒に仕事をしてくれた皆さんには特に感謝している。また、ジェニファー・パルカ[*1]やトム・スタインバーグ[*2]のように外部で功績をあげ、GDSが今回のことを実現できる場を与えてくれた人たちにも同様に感謝しなければならない。

そして、今も内部で力を尽くしている人たちには、これからも頑張ってほしい。

そして何よりも私たちの家族に、とりわけハンナの愛情とサポート、そして限りない忍耐力に感謝する。

＊1　Jennifer Pahlka：Code for America の創設者で元執行役員。２０１３年から２０１４年までホワイトハウスの科学技術政策局で米国副最高技術責任者を務め、米国デジタル・サービスを設立した。

＊2　Tom Steinberg：シビック・テックの草分けである mySociety の共同設立者。

論文『Boiling frogs』のなかでは、「デジタル戦略」がざっとこのように定義されている。この論文はGithub（https://github.com/gchq/BoilingFrogs）で入手可能。

66. https://designnotes.blog.GOV.UK/2015/06/22/good-servicesare-verbs-2/
67. https://www.mckinsey.com/industries/public-sector/our-insights/deliverology-from-idea-to-implementation
68. https://www.innovationaus.com/nsw-secret-weapon-500m-boost-for-nsw-digital-restart-fund/
69. https://www.GOV.UK/government/publications/digital-efficiency-report を参照。デジタル化とIT経費の節減により、GDSは2011年から2015年の間に政府支出を最終的に41億ポンド削減した。
70. http://www.civilserviceworld.com/articles/news/whitehall-dependent-supersized-outsourcing-contracts-saystaxpayers%E2%80%99-alliance
71. https://insidegovuk.blog.gov.uk/2020/07/23/improving-the-mobile-experience-on-gov-uk/

45. https://www.theregister.com/2019/04/23/hertz_accenture_lawsuit/
46. https://arxiv.org/ftp/arxiv/papers/1409/1409.0003.pdf
47. https://www.instituteforgovernment.org.uk/explainers/big-vs-small-infrastructure-projects-does-size-matter
48. https://www.theguardian.com/politics/2016/sep/05/nick-clegg-michael-gove-lib-dem-coalition-idealogue
49. 書簡の全文：https://www.GOV.UK/government/publications/directgov-2010-and-beyond-revolution-not-evolution-a-report-by-martha-lane-fox.
50. https://youtu.be/OIlxdpfu71o
51. 600万豪ドルで契約したものに12億豪ドルを支払う羽目になったうえに、8万人の医療従事者に給与が正しく支払われないという事態が発生した。https://www.henricodolfing.com/2019/12/project-failure-case-study-queensland-health.html
52. https://gds.blog.GOV.UK/2011/09/19/introducing-the-needotron-working-out-the-shape-of-the-product/
53. 2014年10月、Institute for Governmentでマイク・ブラッケンが行ったスピーチより。スピーチはこちら（http://mikebracken.com/blog/on-policy-and-delivery/）を参照。
54. http://www.britishroadsignproject.co.uk/jock-kinneir-margaret-calvert/
55. Leisa Reichelt, http://www.disambiguity.com/alphagov/
56. http://www.literacytrust.org.uk/adult_literacy/illiterate_adults_in_england
57. https://contentdesign.london/store
58. https://gds.blog.GOV.UK/2015/07/10/you-cant-be-half-agile/
59. オンタリオ州（カナダ）の最高デジタル責任者、ヒラリー・ハートリー（Hillary Hartley）のブログ記事（https://medium.com/ontariodigital/hello-ontario-f11c4e0a847）が非常に参考になる。
60. https://blog.mattedgar.com/2015/05/12/most-of-government-is-mostly-service-design-most-of-the-time-discuss/
61. Reg Ward and Ted Doggett. 1991. *Keeping Score: The First Fifty Years of the Central Statistical Office*. Central Statistical Office.
62. こちらのウェブサイト（http://www.wardleymaps.com/）が非常に参考になる。
63. ポケベルはNHSの一部で今でも比較的よく見かけるデバイスで（今でも使われている全世界のポケベルの10％をNHSが占めている）、13万台のポケベルが看護師の個人用スマートフォンと一緒に仲良くポケットに収まっている。https://www.theguardian.com/society/2017/sep/09/old-technology-nhs-uses-10-of-worlds-pagers-at-annual-cost-of-66mを参照。
64. http://www.bbc.co.uk/news/entertainment-arts-22164715
65. 英国政府通信本部（GCHQ）（訳注：情報共同体において、偵察衛星や電子機器を用いた国内外の情報収集・暗号解読業務を担当する情報機関）が公開した素晴らしい

thing-of-the-past
24. National Audit Office, Information and Communications Technology in government: landscape review, paragraph 2.18.
25. https://publications.parliament.uk/pa/cm201012/cmselect/cmpubadm/715/71507.htm#n48
26. https://publicadministration.un.org/egovkb/en-us/Reports/UN-E-Government-Survey-2008
27. Quarterly National Accounts – National accounts aggregates, Office for National Statistics. 2013.
28. https://medium.com/@nicolewong/building-a-tech-policy-movement-74058d48dceb
29. http://www.gao.gov/products/GAO-15-675T
30. https://www.gartner.com/en/newsroom/press-releases/2021-04-07-gartner-forecasts-worldwide-it-spending-to-reach-4-trillion-in-2021
31. https://www.GOV.UK/government/news/digital-marketplace-transforming-how-small-businesses-sell-services-to-government
32. http://kk.org/thetechnium/the-shirky-prin/
33. Jonha Revesencio, Philippines: A Digital Lifestyle Capital in the Making?, HuffingtonPost, 2015/4/5. https://www.huffingtonpost.com/jonha-revesencio/philippines-a-digital-lif_1_b_7199924.html
34. https://rsf.org/en/news/china-3
35. ブログ記事の全文：https://gds.blog.GOV.UK/2013/03/12/were-not-appy-not-appy-at-all/
36. https://en.wikipedia.org/wiki/Digital_transformation
37. https://www.forbes.com/sites/johnkotter/2011/09/15/can-i-use-this-method-for-change-in-my-organisation/#2d1c6cdb1ce6
38. https://gilest.org/normal-words.html
39. http://www.abc.net.au/news/2016-09-01/canada-ibm-payroll-debacle-echoes-queensland-health/7802944
40. https://www.theguardian.com/australia-news/2017/jan/09/ombudsman-launches-investigation-into-centrelink-debt-recovery-crisis
41. https://www.computerworlduk.com/it-vendors/universal-credit-it-write-offs-will-reach-500m-claims-hodge-3582955/
42. http://www.bbc.co.uk/news/technology-40297493
43. http://www.telegraph.co.uk/news/2017/05/27/british-airways-chaos-computer-systems-crash-across-world-causing/
44. http://www.independent.co.uk/life-style/gadgets-and-tech/news/data-leak-swedish-government-prime-minister-stefan-lofvenelection-latest-a7863186.html

原注

1. https://www.nao.org.uk/wp-content/uploads/2015/12/E-borders-and-successor-programmes.pdf
2. Cabinet Office, Common Assessment Framework CAF 9, September 2010, version 1.4.
3. https://medium.com/doteveryone/what-a-digital-organisation-looks-like-82426a210ab8
4. https://www.theatlantic.com/technology/archive/2012/11/when-the-nerds-go-marching-in/265325/
5. https://unctad.org/news/how-covid-19-triggered-digital-and-e-commerce-turning-point
6. https://www.washingtonpost.com/graphics/2020/politics/government-hollowed-out-weaknesses
7. https://soranews24.com/2020/10/02/ridiculous-photo-of-japanese-governments-digitalization-promotion-team-inspires-zero-confidence/amp/?__twitter_impression=true
8. https://www.innovationaus.com/misguided-vic-govt-ditches-covid-platform
9. https://www.tracetogether.gov.sg/
10. https://www.digitalhealth.net/2020/09/total-cost-of-nhs-contact-tracing-app-set-to-top-35-million/
11. https://www.zdnet.com/article/australias-covidsafe-costs-au100000-per-month-to-keep-running/
12. https://www.instituteforgovernment.org.uk/publications/digital-government-coronavirus
13. https://www.wired.com/story/wired25-day3-audrey-tang-taiwan/
14. https://github.com/cagov/covid19/wiki/Crisis-standard
15. https://service-manual.nhs.uk/design-system
16. https://notification.canada.ca/
17. https://a2i.gov.bd/digital-financial-services/
18. https://travel-declaration.novascotia.ca/en
19. https://committees.parliament.uk/oralevidence/2249/pdf/
20. Alessandro Longo. 2020. L'app Immuni cambia. Seguirà il modello decentralizzato di Apple e Google. *Il Sole24Ore.*
21. Natasha Lomas. 2020. Germany ditches centralized approach to app for COVID-19 contacts tracing. *Tech Crunch.*
22. https://publications.parliament.uk/pa/cm5801/cmselect/cmpubacc/686/68603.htm
23. https://www.futurelearn.com/info/press-releases/global-report-suggests-job-for-life-a-

[監訳者]

岩嵜博論　Hironori Iwasaki

武蔵野美術大学クリエイティブイノベーション学科教授／ビジネスデザイナー。博報堂においてコンサルティングや新規事業開発に従事した後、武蔵野美術大学クリエイティブイノベーション学科に着任。ストラテジックデザイン、ビジネスデザインを専門として研究·教育活動に従事しながら、ビジネスデザイナーとしての実務を行っている。著書に『パーパス――「意義化」する経済とその先』（共著、NewsPicks パブリッシング）、『機会発見――生活者起点で市場をつくる』（英治出版）など。イリノイ工科大学 Institute of Design 修士課程修了、京都大学経営管理大学院博士後期課程修了、博士（経営科学）。

[訳者]

川﨑千歳　Chitose Kawasaki

大東文化大学外国語学部英語学科卒。日本ヒューレット・パッカード株式会社等でコンピューター・システムの構築や運用に従事した後、翻訳者として独立。製品マニュアル、ウェブサイト等、主に IT 企業の翻訳を手がける。

[著者]

4 人の著者は全員、Public Digital 社のパートナーである。Public Digital は大規模な DX に取り組む大規模な国際組織、政府、経営陣の支援を行っている。これまでに 30 カ国以上の組織と提携し、欧州連合や米州開発銀行をはじめとする複数の国際機関で仕事をしている。2020 年、同社は博報堂 DY ホールディングスの戦略組織「kyu」グループに参入。

アンドリュー・グリーンウェイ　Andrew Greenway

GDS（政府デジタル・サービス）を含む 5 つの政府部門に勤務し、チーム・リーダーとして英国のデジタル・サービス基準の策定に携わった。また、2014 年に政府の首席科学顧問を通じて英国首相から依頼された「IoT の応用に関する政府レビュー」を主導した。現在は、政府や制度の改革に関する記事を英国内外の出版物に寄稿している。

ベン・テレット　Ben Terrett

GDS のデザイン部門担当責任者として GOV.UK の部門横断型デザイン・チームを率い、2013 年にはデザイン・オブ・ザ・イヤー賞を受賞。政府の仕事に従事する以前は、Wieden+Kennedy 社のデザイン・ディレクターを務め、The Newspaper Club を友人たちと共同で設立した。現在は、ロンドン芸術大学の理事、HS2 デザイン・パネルのメンバー、ロンドン・デザイン・フェスティバルのアドバイザーを務めている。2017 年、Design Week の殿堂入りを果たした。

マイク・ブラッケン　Mike Bracken

英国政府のデジタル担当執行役員（2011 年～）、同最高データ責任者（2014～2015 年）を歴任。政府による公共サービスのデジタル・デリバリーの監督・改善する役割を担った。政府退職後は、最高デジタル責任者として Co-operative Group の役員を務めた。政府の仕事を始める前は、十数カ国でさまざまな分野の DX に携わり、Guardian News & Media 社のデジタル開発担当責任者を務めたこともある。2014 年には CDO オブ・ザ・イヤーに選出され、大英帝国勲章第 3 位を授与された。

トム・ルースモア　Tom Loosemore

英国の政府デジタル戦略を作成し、GDS の副部長を 5 年間務めた。また、GOV.UK の初期段階の開発を主導した。政府以外では、Co-operative Group のデジタル戦略担当責任者、OFCOM（英国情報通信庁）の上級デジタル顧問を務め、2001 年から 2007 年まで BBC のインターネット戦略を担当した。

PUBLIC DIGITAL（パブリック・デジタル）
巨大な官僚制組織をシンプルで機敏なデジタル組織に変えるには

発行日	2022 年 8 月 8 日　第 1 版　第 1 刷
著者	アンドリュー・グリーンウェイ、ベン・テレット、マイク・ブラッケン、トム・ルースモア
監訳者	岩嵜博論（いわさき・ひろのり）
訳者	川﨑千歳（かわさき・ちとせ）
発行人	原田英治
発行	英治出版株式会社 〒150-0022 東京都渋谷区恵比寿南 1-9-12 ピトレスクビル 4F 電話　03-5773-0193　　FAX　03-5773-0194 http://www.eijipress.co.jp/
プロデューサー	高野達成
スタッフ	藤竹賢一郎　山下智也　鈴木美穂　下田理　田中三枝 安村侑希子　平野貴裕　上村悠也　桑江リリー　石﨑優木 渡邉吏佐子　中西さおり　関紀子　齋藤さくら　下村美来
印刷・製本	中央精版印刷株式会社
翻訳協力	株式会社トランネット（www.trannet.co.jp）
校正	株式会社ヴェリタ
装丁	英治出版デザイン室

ISBN978-4-86276-317-4　C0034　Printed in Japan

機会発見　生活者起点で市場をつくる

岩嵜博論著　本体 1,900 円

「いまよりいいもの」ではなく、「いままでにないもの」をどうつくるか？　全く新しい価値を生み出すには慣れ親しんだやり方をいったん脇に置く必要がある。社会学×デザインシンキング×マーケティングの実践知による「生活者起点イノベーション」の手法を体系化。

101 デザインメソッド　革新的な製品・サービスを生む「アイデアの道具箱」

ヴィジェイ・クーマー著　渡部典子訳　本体 2,500 円

ひらめきに頼らない——。新しいものを作り出すための「武器（101 のデザイン手法）」と「地図（7 つのモード）」を手に入れる！　キャリア 30 年超の大家による、イノベーション完全攻略ガイド。

ネイバーフッドデザイン　まちを楽しみ、助け合う「暮らしのコミュニティ」のつくりかた

荒昌史著　本体 2,400 円

近くに暮らす人々の「ゆるやかなつながり」で、まちの課題を解決する。都市部におけるコミュニティ開発の手法を実践例を交えて紹介。まちづくりに携わる人、自分の住むまちを良くしたい人、必読の一冊。

集まる場所が必要だ　孤立を防ぎ、暮らしを守る「開かれた場」の社会学

エリック・クリネンバーグ著　藤原朝子訳　本体 2,400 円

ここでは、誰にも居場所がある。——シニアがゲームに熱狂する図書館、親どうしのつながりを育む学校、子どもがスポーツを楽しむ警察署……あらゆる人が受け入れられる「社会的インフラ」では何が行われ、何が生まれているのか。

持続可能な地域のつくり方　未来を育む「人と経済の生態系」のデザイン

筧裕介著　本体 2,400 円

長期的かつ住民主体の地域づくりはどうすれば可能なのか？　SDGs（持続可能な開発目標）の考え方をベースに、行政・企業・住民一体で地域を着実に変えていく方法を、ソーシャルデザインの第一人者がわかりやすく解説。

社会変革のためのシステム思考実践ガイド　共に解決策を見出し、コレクティブ・インパクトを創造する

デイヴィッド・ピーター・ストロー著　小田理一郎監訳、中小路佳代子訳、本体 2,000 円

その “ 解決策 ” が、実は問題を “ 悪化 ” させている？——厳しく取り締まっても犯罪はなくならない。よかれと思う行為が逆の結果を生むとき、何が起こっているのか？　20 年以上の実践から生まれた、複雑な問題の本質に迫るアプローチ。

DXの実務　戦略と技術をつなぐノウハウと企画から実装までのロードマップ

古嶋十潤著　本体 3,200 円

DX の実務とは、「戦略」と「技術」をつなぐこと。——データ利活用の本質は何か。AI はどのように駆動するのか。どの順に、何を考え、何に注意してプロジェクトを行うべきなのか。DX 推進のリアルな行程を具体性と汎用性にこだわって解説。

未来を実装する　テクノロジーで社会を変革する4つの原則

馬田隆明著　本体 2,200 円

世に広がるテクノロジーとそうでないものは、何が違うのか。電子署名、遠隔医療、加古川市の見守りカメラ、マネーフォワード、Uber、Airbnb……数々の事例とソーシャルセクターの実践から見出した「社会実装」を成功させる方法。

組織の壁を越える　「バウンダリー・スパニング」6 つの実践

クリス・アーンスト、ドナ・クロボット＝メイソン著　三木俊哉訳　本体 2,000 円

組織の壁を越えるには大きな困難が伴う。社員数 1 万を超える PC メーカー、数百人規模の非営利組織など、多種多様な世界中の事例を包括的に分析し、導き出した「バウンダリー・スパニング」の方法論。この 6 つの実践が組織を変える。

ティール組織　マネジメントの常識を覆す次世代型組織の出現

フレデリック・ラルー著　鈴木立哉訳　本体 2,500 円

上下関係も、売上目標も、予算もない!?　従来のアプローチの限界を突破し、圧倒的な成果をあげる組織が世界中で現れている。膨大な事例研究から導かれた新たな経営手法の秘密とは。12 カ国語に訳された新しい時代の経営論。

組織の未来はエンゲージメントで決まる

新居佳英、松林博文著　本体 1,500 円

働きがいも、生産性も、すべての鍵がここにある。——世界の成長企業が重要視する「エンゲージメント」とは?　注目の HR テック企業の経営者とビジネススクール人気講師が実践事例と理論をもとに語る、組織・チームづくりの新常識。

カスタマーサクセス　サブスクリプション時代に求められる「顧客の成功」10 の原則

ニック・メータ他著　バーチャレクス・コンサルティング訳、本体 1,900 円

あらゆる分野でサブスクリプションが広がる今日、企業は「売る」から「長く使ってもらう」へ発想を変え、データを駆使して顧客を支援しなければならない。シリコンバレーで生まれ、アドビ、シスコ、マイクロソフトなど有名企業が取り組む世界的潮流のバイブル。